欧阳自珍：培养儿童思考力

决定孩子学习能力的养成教育

欧阳自珍　黄学诚　著

中国妇女出版社

图书在版编目（CIP）数据

欧阳自珍：培养儿童思考力 / 欧阳自珍，黄学诚著. -- 北京：中国妇女出版社，2017.1

ISBN 978-7-5127-1375-8

Ⅰ. ①欧… Ⅱ. ①欧… ②黄… Ⅲ. ①儿童—智力开发 Ⅳ. ①G610

中国版本图书馆CIP数据核字（2016）第269037号

著作权合同登记号 图字：01-2016-8155

欧阳自珍：培养儿童思考力

作　　者：欧阳自珍　黄学诚　著
责任编辑：王海峰　袁　荣
装帧设计：尚世视觉
责任印制：王卫东
出版发行：中国妇女出版社
地　　址：北京市东城区史家胡同甲24号　　邮政编码：100010
电　　话：（010）65133160（发行部）　　65133161（邮购）
网　　址：www.womenbooks.com.cn
经　　销：各地新华书店
印　　刷：北京中科印刷有限公司
开　　本：165×235　1/16
印　　张：17
字　　数：200千字
版　　次：2017年1月第1版
印　　次：2017年1月第1次
书　　号：ISBN 978-7-5127-1375-8
定　　价：35.00元

目录

Contents

第1章

家庭教育要教孩子什么

家庭是教育的根

你教会了孩子什么

考场状元≠职场状元

家庭教育应该给孩子什么

不要放弃寻找你喜爱的东西

品德教育始于父母，伴随一生

家庭教育对孩子的影响

家庭是教育的根

前些日子，我与一位早几届学生的家长相约喝咖啡，她有个朋友的孩子大学毕业已半年多了，却没有积极去找工作，整天窝在家里，白天睡觉，晚上上网。最近他突然跟父母要钱，想去美国游学，朋友不知如何是好，跑来问我的学生家长，她也正烦恼不知该如何帮忙，而我则回应说："如果真的要为孩子好，就让他去美国，但是不要给他钱。"

反应快的读者或许能够猜到接下来我所要说的是什么，猜到了吗？没错！孩子现在的样子就是做父母的你们给塑造出来的！**现在的他假如体能不好，是因为你在他还小的时候没有让他充分运动；假如中文不好，是因为你从小没有培养他的有效阅读；假如品行不佳，那更是因为你从小没有教好他品德规矩。**每个人都应对自己的生命负百分之百的责任，孩子快乐的基础来自家庭教育的付出，快乐和悲伤一样是会彼此传染的，学校的压力再大都敌不过父母给予他的爱与勇气，这股巨大的力量，足以支撑孩子以乐观的态度渡过种种艰难，并懂得如何去爱别人与尊重别人。

● 童年的记忆会影响长大后的行为与思考模式

照理说，社会富裕了，现在孩子的生活该是多么幸福快乐！可是一眼望去，除了可以远眺到处都是万家灯火的美景窗户外，没有庭院、池塘、大水沟的居住环境，甚至连对门和隔壁的叔叔阿姨是谁都不知道；每天一早出门，没有机会走路或骑单车去学校（因为，马路如虎口），而是享受由父母亲自开车接送的服务。台北捷运的便利须等到高中、大学才有机会学习如何使用悠游卡①来感应进站；在学校的生活就无须多谈了，几十年前的学生时代，体育课被牺牲用来上英文、数学，现在还是一样，只不过更变本加厉；过去，学校没有游泳池，所以旱鸭子一堆，现在大多数小学都有了游泳池，可是旱鸭子照样一堆；过去放学留校加强补习是好学生的噩梦，现在比较好也比较人性化，因为有义工妈妈会带点心，甚至晚餐给孩子鼓励——继续念书吧；过去虽然周六上半天课，不过至少有半个周六和一个周日是 Happyday（快乐时光），社团活动可忙碌的咧！现在两天的周末假日反而更辛苦，想要补个觉都没时间，因为上午要加强英文、下午要去弹钢琴、晚上 K（攻克）数学，隔日要去学溜冰、舞蹈，顺便再补个科学实验……等可以好好休息时，偷偷上个网，也要被念叨个不停，只好被迫再继续预习下周的功课及复习考试内容。

我们的孩子每天除了看不同的白板黑板、彩色屏幕外，有时我很怀疑，他们知不知道玫瑰花是什么颜色？闻起来的味道是怎样？会不会爬山？懂不懂分辨五谷、家畜？科技进步了，家庭富裕了，可是给予他们的成长环境是更好更丰富了吗？未来当他们回顾起记忆中的童年，也许是苹果电脑、苹果手机、平板电脑、PSP（一种多功能掌上游戏机）、Xbox（微软公司开发的一款家用电视游戏机），以及补习，补习，补习……更或者根本想不起来童年是什么。国外在研究犯罪档案时，常常会先了解犯案人的童年生活，因为潜意识中童年的记忆会影响我们长大后的行为与思维模式。也许你无意中已错误地给了孩子过多、过少或不良方式的爱。深思！深思！！

请你好好思考这个影响的严重性，或许才能从分数的恶性竞争中唤醒自己应该尽的职责。让我们再换一个角度思考：你们这样努力地“培养”孩子，到底可以让他们得到或学习到什么？你又教会了孩子什么呢？

---

① 悠游卡：台湾地区的一种非接触式交通电子票证系统。

你教会了孩子什么

• 自主学习的能力

在西方教育中，幼儿时期用餐时，父母会将孩子的饭菜准备好，脖子套好围兜兜，让小婴儿在餐桌上自行吃饭且与家人一起共同进餐。此时，孩子的手尚拿不稳汤匙，虽然常吃得满身满脸，桌上、地上到处都是饭粒，但是，这就是自主学习的开始，在不断地尝试与摸索中学习。东方的孩子多由家人喂饭，日常生活中过多的干预，使得自主能力易被大人所剥夺，长大后，行为模式较易形成被动、依赖、不积极的态度。尤其是妈妈愈主动帮孩子做过多的生活事务，孩子自主学习能力丧失得愈快。

• 青少年的人际关系能力

青少年时期，孩子开始发育，精力旺盛，对异性开始产生好奇，此阶段的成长，需注意多方发展体育运动来消耗旺盛的精力，以便协助身体的自然成长，学习如何结交朋友与人际沟通；此阶段若花过多的时间于读书上，忽略了交友的重要性及运动习惯的建立，对人格与心理、生理的发展都不利，将来容易胆怯、害怕且人际关系不佳，极可能成为宅男、宅女。很多父母为了课业，在青少年期不给孩子充足的睡眠，使之缺少自然健康的饮食，也没有足够的运动，孩子当然长不好，却又不从问题根本上做改善，反而相信广告让孩子吃一些长高的药，你想过它的副作用吗？

再想想，你的孩子何时会主动大方地与人寒暄、打招呼？会与朋友或父母聊天讨论人生？假日与同学一起出游，懂得安排自己的生活呢？

● 独立生活能力

国外的孩子总是期盼 18 岁赶快到来，因为满 18 岁就是大人了，他们要开始独立生活，可以开始做自己。不过在此之前，多数孩子也乐于学习独立做自己，期待快快变成大人。每次出国，在国际各大机场，常看见许多年轻有活力的背包客四处去体验人生，着实羡慕他们可以提早打开人生的视野，可惜很少从中看到中国台湾的年轻人。同样地，我们也希望孩子能够提早学习、提早训练。我的孩子小学三年级开始学习坐公交车，五年级坐捷运趴趴走①，初中骑单车从花莲至垦丁东岸，初三独自坐火车出游。我们的学生也做同样的规划与训练，提供平台与机会去挑战。但是成不成功取决于父母的观念，通常对孩子愈不放心的家长，孩子也愈没有机会成长。

台湾地区现在提倡大学生壮游到全世界，这确实是值得多多鼓励年轻人去尝试与体验的学习。韩国、日本的学生通常只身游遍世界各国，因为家长鼓励支持自己的孩子提早做这样的体验，除了训练他们以英文和国际人士沟通外，也借此开阔国际视野，找到自己未来的方向。反观我们的家长，不知何时才能有这样的认知与行动。

你的孩子何时可以自行规划买机票、整理行李、计划自己的行程？而你们不会担心害怕呢？

上述能力的学习，学校的课程没有教，中考、高考也不考，当然，还有好多好多学校没有教的，而在家庭教育中，你该去做、该去教的，不知你教了没有？

---

① 趴趴走：闽南语，不受限制地到处乱走的意思。

考场状元≠职场状元

先看看以下的例子：

2010年北京市某中学学生李某，平时成绩杰出，而且是班长、学生会主席、校模拟联合国主席、两次全国数学奥林匹克竞赛一等奖获得者、全国作文竞赛二等奖获得者，托福和“SAT”也取得了不错的成绩。本次大学高考分数是703分，外加20分竞赛分数为北京地区的状元，厉害吧！他同时向美国申请了11所大学，结果全部被拒，全国一片哗然，李生惨败之冲击波已远远超过其高考夺冠的声誉。

那么问题究竟出在哪里？美国11所名校为何一致将“中国状元”和被其校长赞为“德才貌兼具，极富领袖魅力的人才”拒之门外？同时间，再对照另一则新闻：一名女学生因为书法写得好，申请的3所名校（哈佛、斯坦福、麻省理工）全部热情相邀。

• 会独立思考的孩子才有竞争力

为什么会有如此大的差异？事实已清楚地说明，国外名校欢迎“不一样”与“特别”的学生，这些学生拥有考场外的个性特长、实践能力、独立思考能力和关怀社会的责任心，而不是一沓沓亮丽的成绩与奖状。这样的改变并不是现在才开始的，这次事件是因为状元被11所名校通通拒绝，上了媒体，成了新闻，才让问题浮上台面，造成教育界与家长间的震撼，从而引发讨论。多年前，我们即著书希望唤起家长注重孩子能力与兴趣方面的发展，分析了知识与能力优先级的重要性。这里再一次强调，知识不是不重要！但是**将所有的心力投注在知识上，对孩子的成长绝对不是好事。能力与兴趣是必须从小就开始训练与开发的**，要知道，人的潜能必须通过不同方式的刺激才得以慢慢开发，家长没有找借口的权利，因为过了18岁，很多事情想做都来不及了。能力的不足将影响孩子一生的发展，我们言者谆谆，家长听者藐藐，实为可惜！

再让我们看看两个依自己的兴趣发展的例子：

曾雅妮，6岁就跟着爸爸在球场上进出，小学每天花两小时练习推杆、挥杆，小学四年级开始陆续参加青少年比赛。上了初中后，因课业压力大，妈妈要她在“打球和念书”中选择一个，没想到她回答“我都不放弃”。这种坚持到底的个性成就了年轻的她，已是2008LPGA（美国女子职业高尔夫协会）锦标赛冠军，年度最佳新2009LPGA史上最快累积奖金破200万美元的球员，2010纳贝斯克锦标赛冠军，曾世界排名第一，LPGA冠军连拿4座，真的是国人之光。

姚明，篮球运动员，出生于上海，曾是中国国家篮球队队员，曾加入上海大鲨鱼篮球俱乐部，曾效力于美国男子篮球职业联赛（NBA）加盟队——休斯敦火箭队。2009年，姚明全资拥有的上海泰戈鲨客投资管理有限公司与上海东方篮球俱乐部的股东就俱乐部股权转让事项达成一致，并正式签署俱乐部股权转让的“框架协议”，姚明成为上海大鲨鱼篮球俱乐部老板。姚明从小就热爱打篮球，刚去美国时，他在火箭队的初期，其实是连自己都感到失望的。靠着自己对篮球的热爱，他在很短的时间里，调整心态，认真学习，刻苦训练，终于开发了体能与潜力，也很快地学会了英文，适应了美国的生活。篮球职业之外的他，对于骨髓库的慈善活动也不遗余力，大家亦称他慈善家。其感人的故事被好莱坞拍成了电影——*The Year of The Yao*。

可能你会问，那能力与学历到底哪一个重要？其实，两者都重要。

● 你支持孩子发展自己的兴趣吗

所不同的是，能力的开发有其时间性，而学历的取得随时可得，只要有心，不乏很多的例子是七八十岁才获取学士、博士之学位。但是，如果曾雅妮为了父母的期待，暂且先放下对高尔夫的热诚，好好用功读书，考个理想的大学，而后再拾高尔夫球杆，努力进攻职业的比赛与训练，你认为她未来成功的概率能有多高？姚明从小即开始玩篮球，假如他的父母告诉他：打篮球是不会有出息的，好好用功，考上北大想玩什么都让你玩。相信，如果他真的这么做了，中国篮球和美国职业篮球史上，将不会有姚明这个名字。我们敢肯定的是现在会打球的姚明一定比会读书的姚明生活得自在愉快。相同地，曾雅妮的成就也是在他父母的大力支持下，让孩子可以勇敢自主地做她的选择，活得自在且很有成就。

而你是怎样对待自己孩子的呢？

做父母的你允许自己的孩子去寻找他的兴趣吗？允许他自己做选择吗？还是只要一想到会影响功课就立刻向分数、名校的诱惑投降？观念不是拿嘴来说的，是要内化成为真正的执行才能帮助孩子，创造双赢的局面。

家庭教育应该给孩子什么

• 在动物的世界，母亲传播的是“生存技能”

在非洲的草原上，一只花豹妈妈带着两只花豹宝宝在狩猎，小花豹聚精会神地看着妈妈矫健的身手飞速奔向猎物，学习如何猎杀、如何躲开其他想要来抢夺食物的对手，如何将猎物叼上树杈……饱餐一顿后，接着是玩耍游戏的亲子时间，小花豹在游戏中练习捕捉猎杀的技巧，妈妈在旁慈爱地守卫着宝宝的安全。小花豹跟在妈妈身边学习两年，其中一只来不及长大，便在弱肉强食的自然法则下死亡。仅存的这只，偏偏不好好学习，总是依赖妈妈狩猎，坐享其成。到了小花豹该独立的年龄时，有一次，妈妈将一只猎物完整地放在树上留给小花豹，之后便默默地离开了。这是妈妈最后一次给它准备食物，以后的日子，小花豹就要靠自己了。

• 妈妈的爱就是帮助孩子独立

在世界的另一头，母熊妈妈带着 3 只小熊在河边觅食，一只公熊突然出现，朝着母熊的方向而来，打算抢夺食物，小熊看情形不对，慌忙躲了起来，而母熊妈妈为了保护宝宝，硬着头皮和迎面而来的公熊厮打起来，公熊意外地被打落水中，妈妈赶紧回到小熊身边。但是不久之后，也许是为了报复，这只公熊再度回来挑衅。远远的，母熊妈妈犹豫了一下（自己与公熊身体体形差异太大，胜算不高)，但为了小熊的安危，仍然奋不顾身地越过河流冲向体形比她大上许多的公熊，猛烈攻击，那种奋不顾身的气势，将公熊打得毫无招架之力，落荒而逃。妈妈再度回到小熊身边，然后教小熊将刚刚的情景重新演练一遍（向母亲学习）。

在动物的世界可以看到母爱的伟大，为了保护宝宝，妈妈奋不顾身的情形很多。可是每个动物到了一定的年龄，都会离开妈妈，自己独立生活。而妈妈在孩子离开之前，会将所有生存的技巧通过不同的方式毫无保留地传授给宝宝，妈妈的爱就是帮助宝宝们独立！

“独立”与“爱”是父母应该给子女的，过多或过少都不好。而独立是有条件的，没有循循善诱的综合能力训练，孩子不会一夜之间就可以独立。这章一开头的例子，那位赖在家不找工作、想要钱出国的孩子，一定是自小父母没有给他提供训练独立的机会，赖在家里很可能是因为不知道要干吗，找工作又没信心，因为能力不足，说要出国也很可能只是逃避。假如知道为什么要出国，就该靠自己的能力赚到钱再出去，否则无法独立，走到任何地方都无法生存，只好永远在家靠父母养，如此一来，父母不就成了使他变成寄生虫的帮凶了吗？父母的爱不是用来溺爱孩子的，而是帮助孩子早早独立，让他成为他自己而展翅高飞。受伤了，这个家永远是他疗伤的最好的温暖的避风港；伤好了，再鼓励他继续勇敢地飞。毕竟父母是孩子人生最初，也是影响最大的生命导师。

不要放弃寻找你喜爱的东西

苹果公司已故前执行总裁乔布斯曾说：你必须要找到你所钟爱的东西（You have got to find what you love），因为它是你成功坚持的动力。

乔布斯曾在斯坦福大学毕业典礼上发表演讲时说：“我非常幸运，因为我在很早的时候就找到了我钟爱的东西。沃兹尼亚克和我在 20 岁的时候就在父母的车库里面开创了苹果公司。在 30 岁的时候，我被炒鱿鱼了。我生命的全部支柱离我远去，这真是毁灭性的打击。在最初的几个月里，我真不知道该做些什么。我把从前的创业激情给丢了，我当时没有觉察，但是事后证明，从苹果公司被炒鱿鱼是我这辈子所遇到的最好的事情。

“在接下来的 5 年里，我创立了一个名叫‘Next’的公司，还有一个叫 Pixar（皮克斯）的公司，在后来的一系列运转中，苹果公司收购了 Next，然后我又回到了苹果公司。如果我不被苹果公司开除的话，这其中的事情一件也不会发生。

“这味良药的味道实在是太苦了，但是我想病人需要这味药。有些时候，生活会拿起一块砖头在你的脑袋上猛拍一下。不要失去信心。我很清楚唯一使我一直走下去的，就是我做的事情令我无比钟爱。你需要去找到你所爱的东西。对于工作是如此，对于你的爱人也是如此。

“如果你现在还没有找到喜欢什么，那么就继续找，不要停下来，全心全意地去找，当你找到的时候你就会知道的。就像任何真诚的关系，历久弥新。所以继续找，直到你找到它，不要停止！……你们的时间很有限，所以不要将它浪费在重复其他人的生活上。不要被教条束缚，那意味着你在和其他人思考的结果一起生活。不要被其他人喧嚣的观点掩盖你内心真正的声音。还有最重要的是，你要有勇气去听从你的直觉和心灵的指引。”

他的名言“你必须要找到你所钟爱的东西”，值得年轻人和所有为人父母者思考和学习。

多年下来，我们看过太多的案例，唯有到孩子出了状况、发生问题，家长才会开始急着找方法，而往往这个时间点多发生在青少年阶段。家庭的冲突常常让青少年对人生产生许多问号，找不到答案，得不到排解，就容易钻牛角尖。台湾地区青少年犯罪率升高，不是孩子想要做坏事，很多时候他们只是在环境或朋友的煽动与诱惑下，一时冲动而回不了头，很是可惜。我们的传统教育制度与社会观念让父母常常无形中做了许多相反的事，如打击孩子信心、阻碍他的天赋、扼杀他的创造力。结果，许多孩子长大以后，不知道自己喜欢什么，要的是什么，就算知道，仍然屈服于种种压力之下，没有信心与勇气坚持下去。

人生没有预演，更不能重来，任何的选择都要付出代价，养儿育女尤其责任重大啊！

品德教育始于父母，伴随一生

前几年高雄有则“奇怪”的新闻：一对姐妹没戴安全帽跑去与朋友飙车，恰巧遇上警察执勤，为了躲避，与警方发生追逐战，这对姐妹因车速太快撞上了电线杆，造成一死一重伤的惨剧。而事后妈妈赶到医院得知事情始末，看着躺在急诊室的女儿，哭喊着指责警察，说正是因为警察要一直追逐两姐妹，才会发生此不幸。事情是这样的吗？你看出问题所在了吗？媒体一面倒地指责执行公务的警察，可是却没有人问那哭得肝肠寸断的妈妈：为什么你的宝贝女儿们深夜不待在家中而与朋友去飙车，又不戴安全帽呢？

另一个台湾怪现象也值得观察，现在年轻人打破原有拾金不昧的优良品德，在捡到他人的财物后，以法律的某条规定，理直气壮地向对方索取三成“应得”的酬劳。最近的新闻是一个年轻人捡到别人的笔记本电脑，当下的反应是去找厂商估价笔记本电脑的现值是多少，打电话给失主索取他应得的三成酬劳。这是谁教出来的孩子？在他理直气壮的同时，殊不知，对方也可以告他故意侵占他人财物的非法侵占罪。这些“怪异”的社会现象正在扭曲社会。搭乘捷运时，也常常看见父母或爷爷奶奶带着孩子，看到空位，一定都让孩子先坐，大人则站在孩子的前面。我曾见过一个小女孩和爷爷一起坐博爱座，小女孩很霸道地要爷爷站起来，不可以坐，爷爷拗不过就站在小孙女前面（罚站吗?）。过了一会儿爷爷累了坐下去，小女孩大声呵斥不可以坐只能站着，还一副很得意的表情。我很生气地直瞪着小女孩，她看着我犹豫了一下，才心不甘情不愿地叫爷爷坐下。天啊！这样教孩子，长大会成什么样？

古人有云："弟子规，圣人训，首孝弟（悌），次谨信，泛爱众，而亲仁，有余力，则学文。""父母呼，应勿缓，父母命，行勿懒。父母教，须敬听，父母责，须顺承。"

小朋友在幼儿园或读经班中，常朗诵上述《弟子规》的文句。其意思是说在日常生活中，首先要做到孝顺父母、友爱兄弟姐妹。其次在一切日常生活和言语行为中要小心谨慎、要讲信用。和众人相处时要平等博爱，并且亲近有仁德的人，向他们学习。以上都是日常生活必须要做到的事，做到了以后，还有多余的时间精力，就应该好好地学习六艺等其他有益的学问。父母呼唤，应及时回答，不要慢吞吞地回应。父母有事交代，要立刻去做，不可推托敷衍或偷懒卸责。父母教导我们为人处世的道理，是为了我们好，应该恭敬地聆听。做错了事，父母责备教诫时，应当顺从接受，不可顶嘴强辩，使父母生气、伤心。

● 父母才是孩子品德教育的模范

别说是读经班，日常生活本就应该如此，我们的家长到底怎么了？《弟子规》谈论的都是生活中极为平常之事，十分容易做到并实践于生活之中。但是不知从什么时候开始，"孝顺"二字的定义被现在的父母自然地改版诠释为——"孝顺儿女"。现在有些父母，生活与期待都以儿女为重心，为孩子做牛做马才是爱的表现，完全忘了"孝顺"本义是孝顺父母，是晚辈对长辈的生活礼仪。若以孝顺子女做自我解嘲，还以此为乐，实在是本末倒置。被扭曲的观念让父母忘了原本该有的态度，倒转过来纵容孩子无法无天。在这种扭曲的观念的影响下，一些独生子女俨然成了小王子、小公主，他们平均由 6 个大人共同来照顾，先别提未来的影响会如何，光是现在由品德衍生出来的社会问题就多得不知如何是好。

假食物、假药品……这些制作假产品的黑心家伙为了赚钱做出这样伤天害理的事情，就是因为品德堕落。没有品德的人永远自私得只顾自己生存，不管他人死活，只要利益放在面前就可以六亲不认。老百姓多是如此，社会不会安宁；反之，有品德的人做不出没良心的事，百姓都如此，社会就会和谐。要提升民众品德，就必须得从教育着手，学校教育是辅，**唯有父母才是孩子品德教育的真正导师与身教的学习样本。“现在不投资教育，以后就得花钱盖监狱”**真是至理名言啊！

● 家庭的基本教育决定孩子的品德

让我们再想想，当家族长辈同桌吃饭时，谁先动筷？谁又应该先吃那只最大的鸡腿与好的部位？乘坐交通工具时，是你让位子给儿子坐，还是儿子先把位子让给你？出门旅游时，重的行李是你来拿，还是让孩子帮你拿，或你帮孩子提他的行李？放学去接孩子下课回家时，是姥姥帮外孙子拿书包，还是外孙子自己背书包并会搀扶着姥姥走路呢？天冷时，小心着凉，是你提醒孩子要多注意身体，还是孩子主动向父母来问候呢？这些生活上非常微小的事情，却大大关系着孩子品德的潜移默化。同样地，假如你对待长辈是恭敬的，与兄弟姐妹和睦相处，和朋友之间讲求仁义，对他人以礼相待，生活上每一点一滴你的孩子都会看在眼里，学在心里；反之，你的坏德行也一样会看在孩子眼里，学在孩子心里。如果，每一个家庭都能做到最基本的态度——温良恭俭让，那我们还会有黑心产品的担心、害怕吗？

千万不要说孩子还小，良好的品德就是从小开始培养的，愈晚开始愈难建立。不要说这是过时，这是“八股”，高科技并没有让人类更快乐，科学也并没有提升人类心灵的净化而让社会更和谐。我们不珍惜自己最宝贵的文化资产，国外现在反而对儒家思想视为珍宝，努力研究，说起来是不是很惭愧，也很讽刺呢！

大陆近年来已开始提倡品德教育，大大小小的团体陆陆续续、接二连三地在推行传统文化，希望唤起父母和学校对品德教育的重视。不论团体是大规模地宣传或默默地推行，只要有推广，只要有开始，都是国家之幸，社会之福。

推卸责任是要付出代价的！别忘了，你的身教将是孩子品德的榜样。

“夫孝，德之本也，教之所由生也。复坐，吾语汝。身体发肤，受之父母，不敢毁伤，孝之始也。立身行道，扬名于后世，以显父母，孝之终也。夫孝，始于事亲，中于事君，终于立身。”

——《孝经》

• 少女慈善家

我们再来看一个被列入台湾地区教科书的令人感动的故事：一个少数民族小女孩从襁褓开始，就随着父母经历了各种不同的谋生方式，像摆小摊、一家三口和狗笼挤在一辆小货车上，父母日夜奔波于生活的压力之下，让她比同龄的孩子都早熟。贫困的生活并没有让她愤世嫉俗，反而因为贫困，让她看到了社会底层小老百姓的辛苦，小小的心灵即决心要唤起大众对这一人群的关注。

小学六年级她就立志要做公益为弱势群体发声。从 10 岁那年开始，家贫的她用妈妈典当玉镯的钱买了一台二手计算机。刚接触计算机与网络的她，看到种植柚子的爷爷，没有因为柚子丰收而高兴，反而为了收购价格过低而苦恼，小小年纪就利用网络尝试营销，“我爷爷种的柚子很好吃，有需要的可以来订”。她顺利地提高知名度，帮助爷爷解决了销路问题，也从此开始踏上了公益之路。12 岁时，她通过自学在网络上开设免费的在线教学平台“安安”帮助弱势朋友，已在海峡两岸暨香港、澳门累积了 350 万使用者上网学习；14 岁的她向报社投书建言，成功地推动了“全民吃橙子运动”；15~18岁，她将关怀推及更多的弱势团体、青少年、少数民族等；19 岁时，她深入到台湾的大街小巷，用镜头去捕捉社会底层劳动者的身影，完成了“草根台湾脸谱”的图像，并且举办了展览。《读者文摘》亚洲版称她为“少女慈善家”，她的事迹还被载入初中教科书。这些年她凭借自学考取超过 40 张计算机执照，为企业建设网站再加上参与公益演讲等活动所赚取的外快近 300 万元（新台币，下文所提及的货币单位元，如无特别说明都是指新台币的单位），难能可贵的是她将其中 280 万元都投入自己参与推广的公益事业，而不是换掉他们目前居住的铁皮屋内的家具。看过她故事的人都不禁赞叹说："太优秀啦！"她却谦虚地说："我是一个摊贩、一个乡下小孩。"她，就是沈芯菱。

• 你的孩子 14 岁时学会了哪些能力

10 岁，12 岁，15 岁，19 岁，当时你的孩子在做什么？又曾经做过什么值得回忆的事？每个人一天都只有 24 小时，沈芯菱的时间除了可以完成这么多有意义的事之外，还是个优秀的大学生。看完沈芯菱 22 岁之前的故事后，你除了大声称赞她对一心热爱的志向所做的专注、学习和投入公益事业的热忱外，亲爱的家长，你能从她的影子反射于自己的孩子，从中可以了解并体悟到些什么吗？

一个小朋友在尚未完成高等教育之前，就已经取得了许多三四十岁的人都不一定获得的成就，人生中的"第一桶金"虽然早已赚到，却不是用来赚更多的钱，而是帮助更多的弱势群体，做更多的公益。她的心胸和视野会让许多"砸"钱养孩子也要让孩子赚大钱的父母感到惭愧。各位父母，和沈芯菱比起来你家孩子的生活环境优渥太多了，使用的计算机设备也比她的二手货好上百倍，而请老师比起芯菱靠自学来的效果应该更强，然而，你的孩子 14 岁时学会了哪些能力？当他们到 16~18 岁时，你花钱投资的结果，是否在孩子身上看见任何成效呢？

22 岁之后的沈芯菱又会有哪些成就，相信她的父母不仅不会担心，还会为他们的孩子感到骄傲。假如沈芯菱想要申请哈佛之类的名校，我们相信以她如此关怀社会的仁善之心，必定为各大名校争抢。相比之下，你最应该清楚教育孩子的方式，到底哪里出了问题吧！

• 如果你没有勇气改变现状，将来也没有资格后悔

如果你现在仍对孩子有过多的担心，你将会没有勇气对现在的状况做出任何改变，未来也没有后悔的借口。机会对每个人都是公平的，现在的裹足不前，机会将留给勇敢向前的人，遗憾与后悔将留给裹足不前的父母。

有一位智者所住的村子里，每年都有青年男子离开家乡到外面闯荡，在

送行的时候，智者为他们祝福的同时会交给他们两个锦囊，让他们在以后遇到困难时打开第一个锦囊；当他们年老决定返回家乡的时候，再打开第二个锦囊。有一个青年人外出后果然碰到了困难，于是打开智者给他的第一个锦囊，里面只有两个字："无惧！"等到有一天，他历经风霜要回家乡时，想起智者的话，打开了第二个锦囊，里面写着："无悔！"

谨将这样的智慧送给身为父母的你们！

家庭教育对孩子的影响

哪些能力是孩子必要的？又该怎么训练呢？

教育可以分为三大块：家庭教育、学校教育、社会教育。

根据统计：目前台湾地区青少年问题最突出的前三位是：家庭教育、媒体（社会教育）、学校教育。统计也显示：有七成的小学生不快乐，九成的父母不快乐，初中生通通不快乐。很可怕吧！

猜猜看其中最失败的是哪一项？没错！其中最失败的竟然是“家庭教育”，表示家长在自己的角色上太失职了。简单举例：我们的青少年患抑郁症的比例逐年升高，青少年的自杀率亦逐年提高，这是哪里出了问题？简而言之，就是“家庭教育”要负的责任。

这一章开头所写的那些不跟随父母脚步的孩子，相信他们一定不会抑郁，因为有开明的父母支持，人生才有挑战的勇气。父母的支持是最有力量的精神支柱，可以让孩子勇敢地面对所有的困难。有智慧的父母懂得孩子的需要，也会适时地给予孩子空间让他发光发热。能够走自己的路是一件多么幸福的事！不管路多么曲折难行，毕竟是自己选择的路，人生才没有后悔。

除了知识以外，父母更要担负起启发与能力培养的角色。因为学校没有教，只有靠家庭教育帮助孩子。

教育不仅是在教室完成的。人们常说世界上最棒的教育家就是那些游走于世界各地的商务人士，看过这么多国家，接触这么多不同的人，让他们最清楚应该给下一代什么，也深知“能力”才是让自己与下一代走出去的关键，能力是生存的基本要件。

上课时曾有一个学生说即使到路边卖蚵仔面线也可以生活呀！没错！的确可以生活，条件是要有消费者来买你的面线啊！有那么多卖面线的，消费者为何要买你家的？若是你无法做出吸引顾客上门的面线，恐怕早晚会关门大吉！这也是能力。学校有教吗？没有！重要吗？非常非常重要。小至卖小吃，大到做 CEO（首席执行官），请问哪一种行业不需要多项能力？暂且不提你家的孩子具备了哪些能力，应该问问：你开始培养孩子的能力了吗？

大陆有位家庭主妇做水饺贴补家用，后来她的水饺被营销到世界各地，做了企业董事长。这就是能力，思考能力、创新能力、营销能力与敏锐的判断力，让小小的水饺也能创造出大奇迹。

• 你是让孩子变聪明还是变笨

我一位好友的小孩六年级时，虾放到面前都不知道怎么吃——因为爸爸从小帮他剥虾壳。想不到吧？先别笑！

再举一个例子：一位家长在孩子小学六年级时的一次亲子旅行中，眼睁睁地看着她的儿子帮班上的一名女生搬行李、扛行李，卖力得不得了，却把自己的妈妈丢在一旁独自背行李，旅行的过程中没有帮任何忙，更没有一句关心的话。这让她百感交集，伤心不已，觉得自己全心全意地付出与爱他、疼他，得到的回报却是连一个同学都不如，愈想愈难过，却又不知该怎么办！

对比另一位聪明家长的例子：她的两个孩子在小学三年级时，有一次好朋友两家在外聚餐，一共 4 个大人、4 个小孩。菜一上桌（大伙都饿极了），4 个孩子 4 双筷子立刻秋风扫落叶般吃个精光。4 个大人当场目瞪口呆。很多人可能会说，哎呀！孩子嘛！饿了就先吃吧！大人可以忍一下嘛，有什么关系！哦！当然有关系！而且关系可大了！这位聪明的家长虽然当时觉得很尴尬，但还是等到晚上回家后才严格地规定两个孩子以后吃饭时一定要让父母先吃，同时也要看看其他人是否也能吃到，不能只顾自己。自此之后，每当吃饭时两个孩子都会帮父母先夹菜，若爷爷奶奶同桌，也会夹菜给他们，甚至在外吃零食，即使是一支雪糕，都会先请妈妈尝一口。这位聪明的妈妈会毫不客气地一口咬下去，没有超过一半绝不罢休，若不到一半还会再补上一口，非得吃它个一大半。因为她要测试孩子是否心甘情愿。若孩子嫌她吃太多或面露不悦，就表示还不懂得“分享与关怀”，教育尚未成功！现在她的孩子上初一了，亲子之间的沟通与感情好得让人羡慕。

这两个强烈对比的案例充分说明很多的教育关键其实是在家庭。家庭教育的关键就在观念！很可惜的是我们大多数父母的观念都还停留在过去，完全没有改变，也不愿意改变。一厢情愿的结果受伤的岂止是孩子！

再说一个我亲身的经历：有一次在咖啡店吃简餐，隔壁桌是一位妈妈带两个孩子来用餐，他们点了两份套餐，分别给了两个孩子。正好奇好像少了妈妈的餐，却看见两个孩子把他们不喜欢吃的东西拣出来，妈妈赶快确认：“这个你不吃哦？”下个画面竟然是妈妈在吃孩子挑剩不吃的食物，好像乞讨般的卑微，看得我直摇头。这是怎样的爱孩子啊？假如这位家长知道孩子自私自利的个性就是如此养成的话，相信她肯定悔恨至极。父母这样的付出当然得不到好的回报。孩子又怎会懂得尊重？更甭提分享、关怀了。同样的事因为不同的观念而有不同的做法（教育）。父母若再不好好做家庭教育，等孩子大了，刷爆你的卡，赖在家里“啃老”，并留一堆烂摊子让你收拾时，连悔恨也没机会了，因为这是自己教出来的“好”孩子。不相信的人可以去一趟医院，看看有多少老人是有孩子侍奉在旁的就很清楚了。

教育并不能完全依赖学校，家长必须真切地认识家庭教育的责任与重要性，才有可能弥补学校教育的不足。其中身教是一种很重要的修炼。医生的家庭出医生，音乐家的家庭出音乐人，都是在家庭中耳濡目染使然。所以，家长若天天坐在牌桌上打牌，孩子也会有样学样；家长不爱运动，孩子应该也不喜欢运动。所以假如此时再抱怨孩子哪里不好，可能因为我们没有提供给他一个适当的环境或样本。譬如说，很多家长希望孩子积极主动，可是在生活中却没有给他积极主动的机会与训练，怎么能够要求他主动又积极？前一阵子，一名大学生开车轧死他的前女友，这则新闻真是骇人听闻，轧一次不够，竟然还倒车回来再轧一次，最终把前女友轧死了。他的同学目睹当时的情况，都不敢相信竟有如此残暴的人。这是孩子的错吗？当然！他已成年，做错事就得付出代价。可是回过头来看看他的家庭，爸爸做生意，家境不错，从小就受父母宠爱，考上大学还送他一辆轿车代步。（天啊！上大学是一件困难的事？值得这样做？）以前交过一个女友，女方要求分手后，他也曾骚扰过人家一阵子。这次交往的女友在提出分手后，他一样死性不改，在女方住处大吵大闹。闹得连同学都看不下去打了好几次电话给他妈妈，提醒家长可能会出事，希望家长赶紧处理。没想到妈妈根本不以为意，每次有事，只会给孩子更多的钱，对事情本身却毫不关心。惨剧发生后，父母才知道事态严重。爷爷奶奶伤心欲绝地痛打孩子的父亲，责问说："你是怎么教孩子的？怎么教成这样？"来得及吗？来不及了！这个孩子的一生已经毁了。谁该负最大的责任？答案不言自明。

父母的价值观与做人做事的态度对孩子的影响都是最关键的，不可轻视。会打老婆的男人，他的儿子以后打老婆的概率就高，因为爸爸的"样本"告诉他打老婆是理所当然的。懂得尊重孩子的家长，孩子也会懂得尊重他人。

我在小学、中学时，我的母亲就从不翻我的抽屉，也不拆我的信件，当时她告诉我这是一种尊重。到了高中，看到很多同学与父母关系紧张，原来是父母希望孩子专心学习，不交异性朋友，而翻同学的书包、抽屉，连电话都会主动过滤，气得同学与父母吵架的事时有耳闻。那时我才了解母亲给我的尊重与信任。所以，直到今天，我们对来上课的孩子都给予尊重与信任，希望在他们的人生中因为得到尊重而能够自爱与自重。

第2章

你的教育方法真的适合孩子吗

测一测你的孩子会思考吗

先让我们来看看下面的 3 个故事：

● 船长的年龄

“小朋友们，注意听我下面的问题，答对的人就可以得到一份礼物！”老师指着讲台旁一大堆系上缎带、包装精美的礼盒，15 个小学三四年级的小朋友专注地看着老师手指的方向，每个人的眼睛里都露出想要得到奖品的渴望。他们正聚精会神地听讲台上的老师出题。老师清了清喉咙，说：“有一个船长，开着一艘船，船上载着 35 头羊、65 头牛！注意！问题来了！请问你们，这个船长的年龄是多大？”

老师的话音刚落，大部分的小朋友都快速地举起手来。“嗯——看起来，这个问题好像大家都会，小明，你说答案是什么？”

在所有人艳羡目光的环绕下，小明兴奋地站起来，大声地回答说：“100 岁！”老师愣了一下，摇摇头，说：“不对！”

这时，其他没有被老师点到名字的小朋友又兴奋起来，因为他们还有机会得到奖品。大家几乎是立刻又争先恐后地举起手来，这回小杰手举得特别快，老师注意到了，说：“小杰，你来回答！”

“30 岁！”小杰自信地说出了答案。

“错！”老师再度宣判，小杰也无法得到奖品。但这回，台下的小朋友都露出不可置信的表情，你望望我，我看看你。他们小声地相互讨论着，一个小朋友不服气地跟旁边的同学说："没错啊！65 减 35 不是 30 吗？小杰没有答错啊！"另一个同学却歪着头，若有所思地说："不对啦！我觉得小明答的才是对的，应该是 65 加 35，船长应该是 100 岁啦！"一群小朋友讨论了半天，为什么 30 是错的？100 也是错的？他们互相争辩着，再也没有一个小朋友举手。

- 白线长几厘米

不气馁的老师，再度出了一道题目，他说："小朋友们，刚刚没答对没关系，还有一次机会，大家这次要更加注意听我的题目喔！这个问题更简单，答对的人可以得到一份更大、更棒的礼物。"眼看着桌子旁边一大堆的礼物没有机会送出去，老师特意给每个同学都发了一张白纸，要大家把答案写在纸上。

第一道题目没有得到奖品，每个小朋友都很失望，但听到老师说还有第二道题目，小朋友们的希望又再度燃起。这回大家聚精会神，竖起耳朵，仔细听老师即将抛出来的问题。老师特意把语速放慢，一个字一个字清楚地说："有一条红线长度是 100 厘米，红线比白线少 50 厘米，请问你们，白线有多少厘米长？"怕学生听不清楚，老师又把题目复述了一遍，讲完第二遍，他说："好了！现在大家把答案写在白纸上，一起交上来！"

老师心里想，这回总会有人答对了吧！好心的老师，不想打击小朋友们的信心，他希望这堂课小朋友们都能上得开开心心，所以特地让大家把答案写在纸上，让每个小朋友都有机会得到礼物。

答题纸交上来后，15 张白纸上，15 个小朋友写下的答案，都是"50"。

老师又一次愣住了，桌子旁边那一大堆礼物，他还是没有机会送出去。

这不是一则笑话，而是真实发生在我们学校课堂上的故事，这群小学三四年级的孩子，没有一个人答对这两道题目。作为家长的你或许会觉得不可思议，其实一点也不用奇怪，因为现在的小学数学教育，早在这个年级前就已经教会他们加减乘除等基本的运算。所以，他们听到老师第一个问题："船长的年龄是多大"时，就不加思考地运用他们所学的加法，65 加 35；或是减法，65 减 35，因此在他们的头脑里，答案不是 100 就是 30。机械式的思考运算，使得我们的孩子根本没有去想，到底牛与羊的数目和船长的年龄有什么关联性？不管用加法或用减法，其实根本算不出船长的年龄。

坦白说，传统的教育，就是一种“制式教育”，所有的学习都套进公式里，学校老师教孩子的只是“记住这些公式，运用这套技巧”。即便**像数学这种必须靠思维逻辑来演算的学科，在“制式教育”的训练之下，孩子们其实仍是用“记忆与背诵”来学习。**

所以，当孩子们一听到老师的问题中出现数字时，他们立即就把数字套进加减乘除的公式里，直觉告诉他们，不是加就是减。其实他们根本没有去“思考”，也不会去“想”船长的年龄和牛、羊的数目有什么关系，所以才会得出这种令人啼笑皆非的答案。这个故事清楚地告诉我们，在传统制式教育下，是没有第三种“无解”的答案存在的，所有的教育，都只是追求标准答案的制式训练。

“思考”与对文字的理解力是息息相关的，在第二个例子中，老师问小朋友“红线长度是100厘米，红线比白线少50厘米”时，小朋友一听到“少”这个字，就自觉地把它套进公式里，认为“少”就是“减”，直接用“100厘米减50厘米，等于50厘米”，所以每个小朋友都填上50厘米的答案。他们根本没有去思考（想）、理解，红线比白线“少”的含义，是代表红线比白线短，所以应该反向思考用加法来计算，答案是150厘米，而不是50厘米。

作为孩子的父母，也许有这样的疑问：“我怎么知道我的孩子会不会思考？不会思考的孩子有什么缺点？”毕竟孩子不像大人，可以从工作的决策来判断出思考的深度。因此，从第三道题目，我们可以轻易地看出，受过思考训练的孩子与没有受过思考训练的孩子，有怎样的差异。

● 世界名画

老师的题目是：“利用这条线来画一幅世界名画，大家想怎么画就怎么画，也可以涂上自己喜欢的颜色，但这幅画有一个限制，就是你完成的画，不能让这条像山的黑线看起来还是一座山，也就是，我不要大家画山哟！”

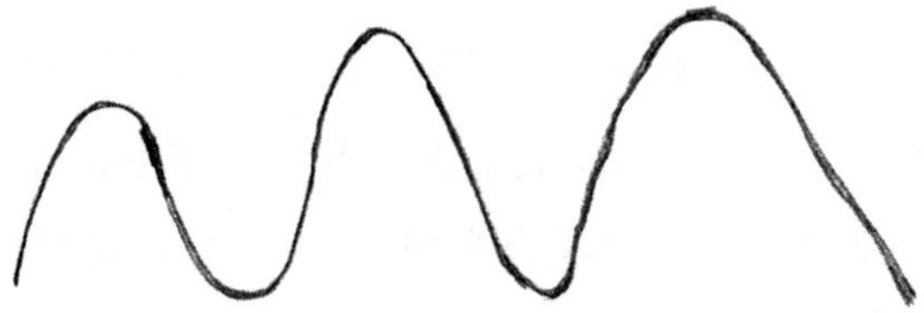

老师已经讲明了“不能画山”的指示，所以应该没有小朋友会画“山”！那小朋友会画出什么样的“世界名画”呢？

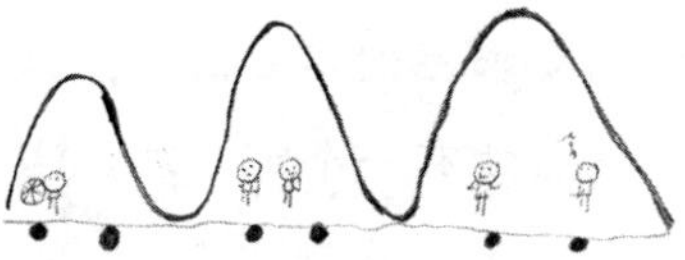

超级巴士

消防栓的水管

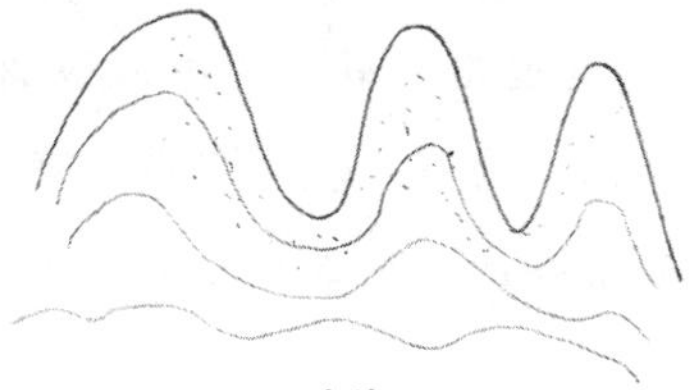

大海

幽灵三姐妹

让我们看看他们完成的作品，上面 4 幅是没有受过思考训练的孩子所画出来的画。下面的 4 幅是受过思考训练的孩子所画出来的画。

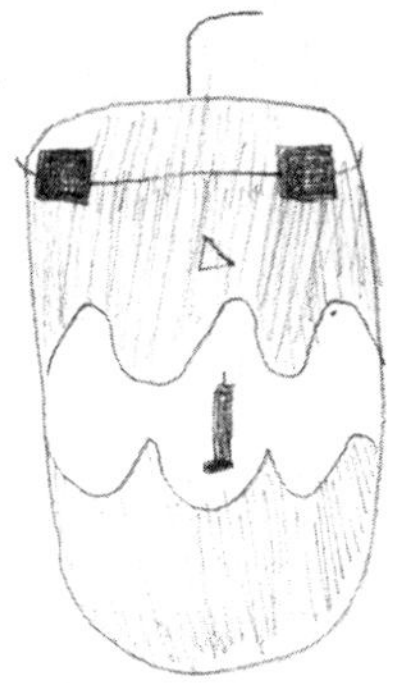

南瓜灯

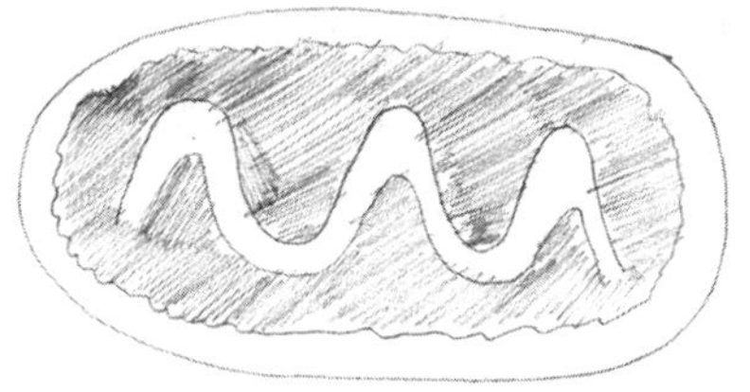

起司热狗

调皮的小黑人

戴皇冠的小公主

看到上面的作品，你是否觉得很讶异，讶异于他们的创造力竟是如此贫乏！

原本应该是一群没有框框限制的孩子，但是当老师要求他们把框框拆掉时，孩子们却连拆掉的能力都没有！老师明明要求他们不要画山，但没有受过思考训练的孩子，看到这条像山的黑线，竟然没有一个可以跳出这条线的框框，所以几乎每一个孩子画的都是山。

他们会做的只是，填满这张纸上空白的地方，他们的思考力、创造力，完全被这一条黑线限制住了，只会在黑线的框框里打转。更令人惊讶的是，每张填满画面的内容似乎都是千篇一律的太阳、房屋、树木等基本画法下的景物，不禁让人质疑他们是同一家补习班教出来的，但其实他们皆来自不同的学校与区域。

看到下排的作品，或许你会讶异受过思考训练的孩子画出来的“世界名画”，是多么有想象力、有创造力！看到这些图画，你会讶异孩子们竟然有这么丰富的创意，而这种创意在大人身上，其实是看不到的。不信的话，自己试试看，看看是否早已经因为岁月的消磨，而把自己囚禁在一个又一个框框里，让我们的变化跳不出黑线所设的框框。

孩子们没有经历像大人一样的岁月侵蚀，照理说，孩子们应该是创意无限、想象自由的。大人们很难想象到，这条黑线可以变成一个汉堡、一个鸡蛋或一把雨伞等，这不是孩子原本就应该有的创造力吗？

很可惜，我们大多数的孩子都已经变成前面那群小学三四年级的小朋友，很难画出“世界名画”了。如果你不清楚自己的孩子会不会思考，试试看，拿这三道题目问一问你的孩子，看看你的孩子会给出什么样的答案。

万千父母的迷思

如果很不幸，根据你的孩子针对前面那 3 道题目回答的答案、画出来的图画，是属于“不会思考的孩子”，那么注意，造成这种现象的关键，不是你的孩子不努力、不聪明，而是学校的环境和做家长的我们，把他们教育成了一群不会思考的孩子。

时序从 20 世纪进入到 21 世纪，我们台湾的教育观念却还停留在 20 世纪，我们作为家长都希望孩子能拿第一名、考 100 分，却不晓得我们脑袋里的第一名、100 分，在 21 世纪的今天，已经不再是评价一个孩子学习能力的唯一标准了。20 世纪第一名的价值观，到了 21 世纪，早就该丢进垃圾筒里去了！

什么是“20 世纪的第一名”？简单来说，那是一种靠记忆、靠背诵，就能得到的第一名。大部分家长的想法也是这样的：孩子英文成绩不好怎么办？多背英文单词、英文句子吧！再不行，让他去补习英文吧！孩子数学成绩不好怎么办？同样的思维，那让他去补习数学吧！或请个家教！语文成绩不好？就去补作文加强一下……

难怪台湾大多数的孩子普遍存在这样的学习现象：放学后，每周一、三、五补数学，二、四、六补英文；周日则补作文，学才艺。学校叫他背英文单词，补习班叫他“加强”背英文句型；学校教他数学运算公式，补习班又教他“加强记忆”运算公式。到最后，连才艺也似乎是如此，拉提琴，练琴谱，甚至棋谱也都要靠背，就连跳舞、打篮球都是在他的肢体反复练习下，有了身体的记忆。一遍又一遍的记忆、背诵，让孩子不懂得玩，不知什么是运动，直到最后，当孩子要去玩时，他都不知道要玩什么，又怎么从玩中获得快乐！

● 不补习，中考照样能拿满分吗

类似上述补习式的教育真的有用吗？看看2005年初中中考拿到满分的孩子，40名考生中，至少11个人在初中三年都没有参加过补习。

像龙山中学的满分学生林泰谷，不但没补习，而且每天晚上10点就寝。他说，上课认真听讲是他成绩好的不二法门。除了学习好之外，林泰谷喜欢拉小提琴、吹竖笛、写书法，他在初三时，还曾获得台北市中小学科学展览会的优等奖。

新北市江翠中学数理资优班的学生李镐，也是3年来都没参加过补习。他不但读书从来不熬夜，而且很会下棋，EQ（情商）相当高，人缘也很好。他读书最重视的是读熟教科书，其他的就靠学校老师搜集、整理的补充教材。至于英文，他除了特别注意语法之外，从初二起，他就增加课外读物的阅读量，他说听《大家说英语》听久了自然也有进步。

新北市自强中学的胡家维也没有参加过校外补习，但他除了依照学校教科书和复习讲义打下基础外，“打破砂锅问到底”的精神是她制胜的不二法门，她总要把问题全部弄懂了才肯罢休。胡家维不仅参加新北市中小学科学展览会获得第二名，课余时间还参加电影欣赏社，并拥有10年的钢琴底子，堪称多才多艺。

类似的例子不胜枚举，他们都有一个共同点，即上课专心听讲。他们一致认为，**“上课专心比什么都有用”**，所以他们3年都没有参加过补习，照样拿满分。因此，当别的孩子每天起早贪黑地从这个补习班跳到那个补习班时，他们有更多的时间看电影、弹钢琴、阅读课外读物，甚至还有人写起了科幻小说！

其实，你的孩子不见得比他们差，IQ也不见得比他们低。孩子成绩不好，不是因为他不够聪明，而是因为做父母的我们以传统教育的观念，扼杀了他的学习动机，过多的记忆、背诵、填鸭，让他们不懂思考、不会理解消化，碰到考题，仅靠直觉搜寻脑海中的记忆库存。如果做过同样的题目，他就把答案写在试卷上，万一碰到没做过的题目呢？他们只好愣在那里，因为记忆的数据库中没有存这道题的答案。什么是举一反三、触类旁通？对他们来说简直是天方夜谭。

孩子成绩好、考第一名、出类拔萃、功成名就，是所有父母的期望，这些出发点没有错！但是你花了这么多教育费，让孩子进入昂贵的私立学校与补习班，拼命地加大孩子“记忆数据库”的容量，老实说，是用错方法了！因为想要在 21 世纪取得第一名的优势竞争，绝对不再只是用背诵、记忆就可以轻松取得的。

● 会计师、律师的工作内容将被软件取代吗

在 21 世纪的今天，靠背诵、记忆知识的人才，已变得乏善可陈，因为数字网络时代已经改变了全世界的需求逻辑，大多数依靠贩卖专业知识的公司，甚至可能会被一张光盘、一套软件取代。例如，专业会计师的许多基础性工作，可以用一套软件来完成。这绝不是危言耸听，而是千真万确的事情。

美国快速成长的金融软件公司 Intuit（财捷集团）就推出了一套电子账簿软件“Quicken”，目前已卖出几千万套，每一套软件的售价是 98 美元。换言之，大多数的美国人已经不需要花大把钞票来请专业的会计师，只要花 98 美元，一切就可以轻松搞定。这套软件甚至在输入数据有误或者操作有误时，还会发出警告，提示你所输入的数据有问题。许多对会计一窍不通的美国人，都能轻松使用这套软件来处理个人或家庭账目。

同样的情况也发生在律师身上，许多律师处理的事务，相当一部分都是制式的工作，在美国也有一套“家庭律师”软件非常受欢迎。这套软件内容涵盖了一般家庭常用的租赁契约、遗嘱、保险等文件，还有在各种不同状况下的个案示范说明，同样只卖 98 美元。

不只是会计师、律师的专业知识可能被一套98美元的软件包取代，今天，更多的专业知识只要你一上网，就可以轻松搜到。从简单的养生保健知识，到医生开的处方药剂，关心自己身体健康的人甚至可以上网找到这些药物是否适合自己的病症，进而据此知道医生所开的处方是否对症。

假设有一天，这些专业软件普及每个人、每个家庭，试问只会记账的会计师、只会替客户处理制式合约工作的律师，还有多大的存在价值呢？

换言之，如果会计师、律师、医生这些行业，要在发达至极的数字网络时代生存下去，所依赖的就不是过去靠记忆、背诵取得的专业知识，而是要拥有软件包所无法取代的专业附加价值。最明显的，就是提供各种不同状况的专业咨询服务，毕竟，标准化的软件包或计算机无法精准判断各种状况的变化。如果律师能够发展成为法律顾问，会计师能提升至财务规划顾问，就应能确保他们在数字网络时代不至于被淘汰。

因此，在数字网络时代的人才，需要高度的创造力、高度的应变能力，这都需要运用灵活的思考能力，而不单是靠记忆或背诵知识就可以达到的。但大多数的台湾父母和教育者却仍反其道而行，自顾自地活在20世纪的教育价值里，碰到孩子问“为什么”时，就显得不耐烦，觉得他是个麻烦的孩子。孩子最好是一个命令一个动作，只要按部就班地读好书、考好试，就是一个好孩子或好学生。

看一看你身旁的孩子，想一想你给他的教育方式，你的教育观念是否仍活在20世纪，以分数、考试来获取第一名？

“如何移动富士山”

• 不设标准答案的 21 世纪第一名

如果“20 世纪的第一名”，在 21 世纪中会被丢进垃圾筒，那么什么样的人才能成为“21 世纪的第一名”呢？

“如何移动富士山？”“如果打开浴室，看见里面有一头大象，你会如何？”“早上醒来，发现自己变成一只猫，你会怎么办？”这些看似很无厘头的题目，不是在玩脑筋急转弯，而是现今不少台湾的科技、金融控股公司在应征人才时，拿来面试应征者的考题。

“如何移动富士山？”是一道很有名的“微软考题”，据说微软公司在招聘人才时丢出这种怪题，主要的目的不是听应征者的答案，而是借由这道怪题，来观察面试者在碰到很棘手的状况时，是如何处理与解决问题的思考路径的。此外，主管也可以借由应征者的解题能力，来测试他的创造与思考能力。

微软公司提出这样的考题之后，越来越多的跨国公司，像麦肯锡企业管理顾问公司或是金融控股公司，在面试时也纷纷效仿微软的做法。有一年，建华金融控股公司招考新人时，就如法炮制，问了应征者：“如何移动富士山？”台湾中信金融控股公司在招考储备干部时，口试考题也是这种题目：“早上醒来，如果你发现自己变成一只猫，你会怎么办？”

这些题目都没有标准答案，招聘单位端视应征者如何思考、如何应变。有的应征者一听到这种怪题就翻脸："问这种不合理的问题干什么？"脾气坏一点儿的，甚至拒绝作答，这种态度表示这样的人在碰到压力时，抗压性不足，这就注定他在数字网络时代没有竞争力。因为在数字网络时代中，市场瞬息万变，工作者常常会碰到各种意想不到的情况，而这些情况也未必合理。这时候，一个会思考、会应变、能够解决问题的人，才是企业所需的人才。

● 大前研一的经验

很可惜，被升学主义观念影响的父母们，虽然意识到数字网络时代所带来的改变，但尚未真正"意识"到，面对这样的改变，该用什么方法来教育自己的孩子，才能让他在21世纪仍具备超强的竞争力。因为在20世纪的东方社会中，只要靠记忆、背诵知识，就容易取得高分、考上第一名，找到较好的工作，所以父母理所当然也将这套思考模式放在自己孩子的身上，却忽略了孩子的发展是10~15年后的未来社会，而非现今或过去。简单地举个例子来说，以前的"铁饭碗"，很少会有裁员，但是现在谁敢说他的工作是可以保障一辈子，最后轻松退休的呢？以前银行单位是"金饭碗"，现在还是吗？**现今做父母的人在职场上遭遇的挑战，已经让大家都战战兢兢，得随时面对失业的可能，想想看，孩子未来遭逢的挑战会比现在少吗？**他们的竞争是局限在台湾地区而已吗？想想现在的自己，再看看孩子的未来，很多答案就十分清楚了！

素有"战略先生"之称的日本管理大师大前研一，曾以一次亲身经历作为最佳的证明。大前研一在进入麦肯锡企业管理顾问公司前，是一个核能反应堆工程师。他印象最深刻的，是他参加MIT（麻省理工学院）博士资格考试时，惨遭"滑铁卢"的经验。

大前研一说，当他学习MIT博士课程时，发现博士资格考试的题目非常简单，于是他信心满满地申请了资格考试。实际上，考题并不难，但他竟然没有通过！这对大前研一而言简直是晴天霹雳！因为如果第二次博士资格考试他还没有通过，他就必须退学。从日本远渡重洋到美国求学，大前研一顶着极大的压力，这让他不能铩羽而归。

当时的考试题目是：在月球建造一个假想的核能反应堆，如果与地球上相同的镉控制棒突然停止反应，反应堆的中心温度在停止反应前，理论上会上升几摄氏度？这样的设计是否安全？该如何应对？

有关温度上升的问题，虽然涉及复杂的运算公式，但大前研一很快就算出了正确的答案："上升 2.8℃。"可没想到的是，他据此作答的结果竟然还是不及格。大前研一的指导教授解释说："题目是问你安全与否及如何应对，但是你只算出数据，并没有提出明确的思考过程，以这种态度当工程师最危险！"

这番话对大前研一如同当头棒喝！他发现，通过考试的学生都没有算出正确的数据，但在答题时都以合理的程序，分析这个假想反应堆的安全问题。也就是说，应考者必须写出在引力较小的月球上，建造和地球同样的反应堆为什么可能发生危险，以及该用什么方法才能降低危险性，使反应堆能稳定运行。这样的逻辑思考过程让评分人员认定："这些人即使突然遭遇重大的事故，仍然有能力克服挑战。"所以那些人能顺利通过博士资格考试。

指导教授还对大前研一说："如果逻辑思考的过程正确，你就随时可以找到答案，因为只要有足够的时间，就可以请计算机代劳。然而，你却轻视推理过程，拼命将时间花在计算答案上，以这种心态担任工程师实在太危险了，因此我们不能让你从 MIT 的博士班毕业。"

这对从小就接受日本"对与错"答案式传统教育的大前研一而言，是极大的震撼。毕竟在东方社会，不管是日本，还是中国，教育一直都偏重快速地运用公式找出标准答案，而欧美的教育则着重于如何从问题中引导出合理的推论与方法。还好，后来大前研一彻底颠覆了自己的思维模式，终于在 1970 年拿到了 MIT 的博士学位。大前研一后来非常感谢 MIT，他认为，如果不是因为自己在 MIT 学习到多元的思维方法，他后来也不可能受到这么多的肯定与赞扬。

如果因为看到 21 世纪亚洲的快速崛起，就认定东方制式教育下的孩子将会超越欧美逻辑推理思考教育下的孩子，从而认定东方强调记忆与背诵的应试教育是没有错的，那么趋势科技创始人张明正的亲身经历，将彻底打破这种迷思。

● 哈佛学生对“趋势科技”的预言成真

哈佛商学院为了培养学生批判性思考的能力，同时也为了让学生能够汲取新的知识与经验，以便未来具备解决问题的能力，所以长期以来都采取“个案教学”的方式。这种教学法就是，以一个实际公司的发展状况来作为学习教案，课堂上会提供给学生有关这家公司的各种信息，并模拟出各种情境，让学生讨论、学习。

趋势科技公司就曾被哈佛商学院选为个案教学的教案之一，学生与老师在课堂上研究与讨论该公司的各种问题。张明正有一次去看他们如何上这堂课。他形容，在课堂上学生们甚至分析这个亚洲公司怎么在美国销售软件、如何做跨国管理。张明正说：“听到学生这些分析，我心里想，哎！这些毛头小子，怎么可能了解我们公司？这是我养了 15 年的‘小孩’，怎么你们一上来就批评它？”

当时，有一个学生问了一个问题：“如果微软公司开始做防病毒软件，那趋势公司会怎么办？”张明正说，当时他有一点被冒犯的感觉，他心里想：“拜托！我在这个行业打拼 18 年了，我的经验就足以判断他们会不会进入这个市场，我有我自己的思考与判断。”

结果，微软公司在 2004 年真的进入了这个市场，他们推出了自己的防病毒软件，内置在 Windows（视窗系统）里面！

张明正回想当时在哈佛的情景，课堂里的黑板，上面一排、下面一排，一共 12 块黑板，统统写满了各种数据分析。黑板上的字，根本就是把趋势科技进行各种解剖，有很多是张明正从来没有想到过的角度，例如多国籍、男女比例……张明正甚至没有想过，有一天微软公司真的会成为他的竞争者。自认为没有人比他更了解趋势科技的张明正，居然从另一个角度来看趋势科技，令他茅塞顿开的，竟然是台下二十几岁的大学生们！

这就是所谓“填鸭”与开放教育的差异！即便是像张明正这样的跨国企业家，从小受到的教育仍然是习惯于“找答案”的方式，照着老师教的步骤，一、二、三地去找标准答案。**东方制式教育下的孩子，只要答对问题，就可以获得一个嘉奖、得到一分，所以就算孩子们去找老师，所要得到的也只不过是答案，不是吗？这样的学习不就是要老师告诉他们答案式的“单一化学习”？但是，开放的教育模式却不是这样的，他们的教学方法是培养学生发展出自己对问题的看法，老师通过问题引导学生发展出更多元的思维路径，要学生自己去找出问题的症结或解决方法。**

而这个处理结果本身并没有对或错，更没有所谓单一的正确答案、标准答案。因为在数字网络的变迁时代，人与人之间的距离早已被拉近，各种信息的流通也更快速，新的产业、新的盈利模式不断出现，从而引起了一系列的变化。

所以，21 世纪所需要的人才，应该具备哪些能力呢？应该是沟通协调的能力、适应环境的应变能力、独立思考判断的能力、解决问题的能力，以及面对多变环境的抗压能力！当然，专业能力是基本能力！而这些能力，没有一项是可以靠补习和考试获得的！在了解未来需要何种人才后，你还会逼着孩子去上死背、死记的补习班吗？

富爸爸与穷爸爸

“20 世纪的第一名”与“21 世纪的第一名”在面对未来时，将有着各自怎样的人生呢？

其实每个孩子的大脑 IQ 并没有太大的差别，但他们长大后，有人会在工地做搬水泥的工人，有人做装修师傅，有人做贩卖家具的业务，有人做室内设计师，也有人做面包师傅，甚至于还有一些人做地产商。为什么他们的境遇会差这么多？

● 思考力才是富与穷的关键差异

2000 年最畅销的书籍《富爸爸，穷爸爸》就是一个最佳的例子。这本书的作者罗伯特·清崎，描述他有两个爸爸，一个是他的亲生父亲，也就是穷爸爸；一个是他的同学迈克的父亲，也就是富爸爸。穷爸爸是一位教授，聪明绝顶，拥有博士的光环，曾在两年内修完大学学业，又在斯坦福大学、芝加哥大学和美国西北大学进一步深造，并在这些学校都拿到了全额奖学金。富爸爸却连八年级（美国学制，相当于初中二年级）都没能读完，但他却开餐厅，拥有 3 家店铺。

事实上，穷爸爸与富爸爸都非常勤奋，且富有魅力，但他们两人对金钱的观念完全不一样。作者罗伯特还小的时候，两个爸爸的财富差不多。所以，当他刚刚接触两个爸爸对他的建议时，他并不知道，以后谁会成为富爸爸，谁会成为穷爸爸。

对于金钱，罗伯特的爸爸会说“金钱乃万恶之源”，而迈克的爸爸却会说，“贫困才是万恶之本”。穷爸爸爱说：“我可付不起。”富爸爸则会说：“我怎样才能付得起呢?”一个用陈述句，另一个用疑问句；一个让你放弃，而另一个则促使你去想办法。罗伯特在书中指出，富爸爸曾针对穷爸爸爱讲的“我可付不起”这样的话解释说，这种话会阻止你去动脑筋、想办法，而“怎样才能付得起”则可以启动你的大脑，因为“脑袋越用越活，脑袋越活，挣钱就越多”，所以富爸爸总会去想办法解决金钱上的问题，穷爸爸对金钱则习惯于顺其自然。长期下来，富爸爸的理财能力越来越强，穷爸爸的理财能力则越来越弱。结果，富爸爸身后留下数千万美元的巨额遗产，穷爸爸却只留下一些待付的账单。

这就是懂得思考的重要性！因为不同的金钱价值观，造就了迈克的父亲成为“富爸爸”，而罗伯特的父亲，则成为“穷爸爸”。两种有着不同未来的人生，你要你的孩子成为哪一种？关键就在于你给他什么样的教育思考模式。因为，对孩子一生影响最大的，不是学校，不是老师，而是家庭教育。有很多价值观、行为的塑造，其实都是在家庭教育中培养出来的，比如有些父母较重视孩子的阅读能力，本身也有阅读习惯，孩子自然就会从生活中养成良好的阅读能力，台湾著名作家朱天心与她的女儿即是很好的例子。再则，有些父母习惯于对提出疑问的孩子说：“你不用去想（问）那么多，反正照做就对了！”久而久之，孩子就只会照章行事。长大后的他，可能会成为一个只懂得照本宣科的书呆子。即使孩子的成绩很好，拿到了律师执业资格证书、会计师执业资格证书，也只能当一个会翻法律条文的律师，或是只会记账的会计师，成为“知识蓝领”。他的未来，很可能会被一套软件所取代。

反之，父母如果经常在生活中培养孩子思考的习惯，让孩子勇于探索、勇于尝试、勇于面对问题，即使他未来成为律师或会计师，也会因为从小业已养成的思考习惯，而能够成为在工作中根据不同客户的需求给予建议的法律顾问或财务规划顾问。因为思考方式让这个孩子的专业知识有了“附加价值”，他将成为新一代的“知识白领”。

孩子的未来将会成为“知识蓝领”，还是“知识白领”，取决于做父母的我们！孩子就像一张白纸，他的未来，其实是由我们在塑造！

再来打个比方：如果你的孩子目前上小学六年级（12 岁），以今年是 2016 年当下来说明，即目前身为父母的你们出生的年龄是在 20 世纪七八十年代之间。也就是说，你们所接受的基本教育、培养出来的基本观念，也是在过去的求学时代（20 世纪八九十年代间）所塑造而成的。而你们脑袋里第一名的学习定义，也是建立于 1970~2000 年间，是靠记忆获取知识、是靠背诵知识就可以考高分、进名校的第一名价值观。因为这是我们过去成长过程中所看到的第一名，于是我们很容易用自己在 20 世纪八九十年代所养成的教育观念，来培育现今 2016 年的孩子。

可是，当我们的孩子迈入社会去竞争时，约是 2025 年的未来时代了。他所要面对的未来世界、未来的竞争，是 2025 年以后的世界，可是猛回头一看，身为父母的我们居然是用 20 世纪 90 年代的观念来教育我们生活在 2025 年的孩子，试问，这样的孩子又如何能在 2025 年脱颖而出呢？

• 天才与庸才

记得多次在家长座谈会上，当谈及 20 世纪 70 年代前后出生且于台湾教育体制下成长的父母，与开放式教育环境下成长的父母，两者所表现出的明显差异时，我都会以一个简单的问题来说明。当我问在场的妈妈们“你的孩子有什么不足的地方”时，多数的妈妈都很容易且可以轻松自在地回答出一连串自己孩子的不足。不足的回答有：

“我的孩子数学不好。”

“我的孩子太皮、好动，坐不住！”

“我的孩子常常不专心，他的专注力不好。”

“我的孩子爱看动画片，却不看书，不写作业。”

“我的孩子记忆力不好，让他背一段课文，坐在那里半天，就是背不出来。”

有时场内的妈妈们彼此还会产生许多共鸣，甚至私下热烈地讨论起来，场面好不热闹!

可是，当我再反问妈妈们另一个问题“你的孩子最厉害或最擅长的地方(强项）是什么”时，一片喧哗的场景竟会突然静下来。绝大多数的妈妈会愣在那里，久久答不出来，想半天，才慢慢说：

“呃……他很善良。”

再想一会儿，又会再冒出一句：

“他有很多好朋友……他的人际关系好像还不错。”

如果让她们再想一想，她们可能最后会说：

“他很活泼啦！哎呀！我也不知道这算不算优点。”

但是在开放性学习环境下成长的父母则刚好相反，问他最满意自己孩子什么地方，开放式父母会说出一连串的回答，不像中国传统父母，很久才想出一个答案来（因为绝大多数的妈妈都没有想过类似问题）。这就是两种父母的最大差异。传统父母很少会注意自己孩子的专长、优势、发展，常常只会看到自己孩子的缺点，而忽略孩子的优点，所以总是想要如何弥补孩子不足（弱点）的地方。

让我们再想想：如果一个孩子的英文学习很差，但数学反而很好，身为父母的你们，会让他去补习英文还是补数学呢?

我相信台湾大多数的妈妈都会不约而同地说：“当然是补英文啰！数学已经很好了，为什么还要浪费钱让他补呢?”

这样说虽然没错，但是孩子既然对数学感兴趣，为什么我们不让他学习更多、更有趣的数学？这除了可以提升孩子原本的数学程度外，也可以提早确认孩子的兴趣所在，或许有一天他将会是世界知名数学家，也不无可能呀!

如果你的孩子天性好动且喜欢运动项目，为什么我们不可以顺应孩子的兴趣，先让孩子从自己喜欢的事物着手，说不定他将来会成为一名优秀的运动员呢！比如泰格·伍兹的父亲可是从泰格 3 岁时就开始让他练习高尔夫球的，泰格十几岁时就已经成为一名职业的高尔夫球手，这不也是一个成功的例子吗？

不同的观念，不同的选择，孩子发展出来的结果与未来也将截然不同，做父母不可不慎啊！

若你想要孩子加强补习，其结果不过是希望孩子的低分可以变成高分，那么当孩子真的考到八九十分时，最高兴的应该不是孩子吧？想必是身为父母的大家，因为大家会很得意自己的“投资成功”了（花钱花得很值得）。然而对孩子而言，他本身是否希望去补习呢？他是为了大人在读书，还是真的为自己而读？低分与高分的真正差异在哪里？80 分的孩子一定优于 20 分的孩子吗？80 分的程度一定好过 20 分吗？想考 80 分就一定要借由补习吗？为何我的孩子只考了 20 分？是他真的不会？不愿意学？还是有其他的原因？假如父母真的想过这些问题，那补不补习都是一种方式的选择，怕就怕在父母不自知地把孩子训练成了考试的机器，除了分数之外，什么都不会，什么也没有，那可就是罪过了。

其实孩子成绩不好，并不一定表示孩子不爱学习，而往往是因为长期以来，学习兴趣被大人主观的教育意识给抹杀了。人的天性都是爱学习的，只要找回孩子的学习兴趣，也就可以找回孩子自身的学习动力。未来，孩子也可以选择在他最擅长的领域里，创造出自己的一片天地。简言之，**父母应该帮孩子找出他的兴趣，进而帮助孩子把兴趣提升为他的核心竞争力**。因此，大人最基本的任务，就是激发孩子应有的学习兴趣。可惜的是，台湾家长们常常逼孩子做些他们自以为对孩子学习有益的事，却往往变成了戕害学习兴趣的杀手而不自知。

再如前面举过的例子，自从教育事务主管部门决定中考要加考作文后，“爱”孩子的家长们一片哗然，开始挤破头去报作文班，生怕又会落于人后！可是以前为什么不补作文呢？哎呀！因为不考呀！既然现在要考，就把孩子再丢进去大补特补，会有实际的效用吗？不知道！可是大家都在补作文，不补好像心里不踏实似的。这就是大部分家长的心态！

可是你知道吗？高考阅卷的老师们说，现在改我们学生的作文真是酷刑！学生的语文程度差不说，写出来的作文都大同小异，完全没有自己的想法与创意，就算想给高分也不知道怎么给呀！好的文章是可以补出来的吗？我想提升孩子的阅读能力才是根本之计，但是多少家长会有这样的认知？说穿了，即使不考作文，学生的阅读能力一样是最重要的，打好了阅读、思考能力的基础，学习自然事半功倍，家长的观念不适应时代发展，受苦的肯定是孩子！同样的道理，假如孩子以后去应聘工作，他也像在写作文那样，跟其他应聘者差不多，既不特殊，也没什么想法与创意，面试主管会录取他吗？

身为父母的我们应扪心自问，期望自己的孩子有好成绩，最终的目的是什么？不就是希望他长大后能有好的工作、衣食无虑、有所成就吗？哈佛大学的教授们强调“成绩好≠资优”，就是希望家长们注重孩子的“适性”发展，“好成绩等于好成就”吗？这个问题应该好好面对了！

国外的名校要的不是只会读书的学生，其他方面的能力也是一项非常重要的考核因素。前几年大陆有两名被哈佛大学争取进校的学生，他们都不是学习特别好的学生，但是他们热心公益、喜欢助人，参加了许多课外活动，做事积极主动，拥有良好的人际关系，喜欢阅读与习惯思考。这些人格特质与对环境的适应性，才是让他们脱颖而出的主要原因。

认识到 21 世纪人才的重要性，大陆也开始积极推动教育改革，强调素质教育，以摆脱以往应试教育的桎梏，注重思考而非死记硬背。这些新的尝试通过电视的报道，让大家眼前一亮，大家这才发现，原来应考的学生是这么的主动、勇敢、有特色，这么的优秀！由于结果获得太多掌声与赞叹声，这样的入学方式将会扩及其他的学校与院系。反观我们的家长若还在讨论“一纲一本”好还是“一纲多本”好，是不是有点令人……

如果你也希望孩子可以充满竞争力地生存在 21 世纪，当面对一个爱读书的孩子时，父母便应该让孩子在读书之外，增加其他的活动，别让孩子成了书呆子（体能不好、眼睛近视、懒散被动、人际不佳、生活能力差、应变性不足……）。而面对成绩不好的孩子，父母该去发掘孩子的兴趣并了解孩子的特质，通过充满兴趣的学习，带动孩子成绩的进步。所以，家长务必要找对老师、找对方法，千万不要人云亦云。

让“兴趣”成为孩子学习的导入点，可以带动孩子的主动性、积极性等正向学习动机。之后如果再通过具有针对性的学习、教育引导，孩子适应未来社会的竞争力，一定会比同侪强上许多。当然也有些孩子就是会读书，这也很好，家长只要能够加强孩子对知识的应用，并开发孩子最强的基本能力，让孩子跳出死读书的学习方式，孩子也能更轻松地面对未来的竞争。

世界是平的，在21世纪，孩子已经不是只在国内竞争而已。在国际化的地球村中，孩子要成为人才，还是庸才，就在于父母的观念与选择。

青少年的三大问题

全世界都有青少年问题，英文“TEENAGE”这个词是从“thirteen-nineteen”而来的，也就是说 13~19 岁是孩子向成人过渡的时期。在这个阶段的孩子可说是半大不小、半熟不熟、忽冷忽热，再加上无法控制的激素作怪，让我们做父母的头大又头疼，堪称最难管教的时期。所以，专家学者通常以“叛逆期”的字眼来诠释这个过渡期，但这个成长的过渡期也是孩子人生的一个转折点，因为此时期是培养孩子各项能力形成与人格建立最重要的阶段，做父母的若不谨慎面对、妥善处理，转不好以后就麻烦了。

那么在青少年时期的孩子就一定会叛逆吗？是不是小学阶段的听话与顺从不见了，进了初中以后，意见愈来愈多，越来越爱与家长叫板，表情愈来愈冷漠，不好使唤也不听劝，家长只好找出一个堂而皇之的理由，而这个理由正好可以义正词严地反驳孩子的不听话，否则大人下不了台，那可怎么办？为了面子，为了工作赚钱，有多少做家长的能好好静下心来，耐心温柔地倾听孩子的心声呢？有多少家长能够放弃主观成见，支持青少年尝试走自己的路呢？

没有付出，就没有收获。处理青少年问题不是等到问题发生了才来面对。假如同样花钱让孩子去参加美国游学营，或纯粹是体能的户外活动夏令营，请问你会选择哪一个，为什么？家长若不了解其中的差异，也不愿花时间弄清楚，嘴上虽说重视孩子的品格与能力发展，实际做出来的全都是单一选项，小时候缺少了培养与发展，日后怎么可能没问题？现在的医学强调“治未病”，意思是说预防胜于治疗，不要等到生病了才来医治。同样的道理，预防青少年问题的发生要在孩子进入初中以前做好思想准备，并建立好亲子间的信任。

● 千万不要错失孩子的黄金塑造期

我们常在不同的演讲场合，苦口婆心地洗涤妈妈陈旧的教育观念，除了洗涤跳出分数的价值外，更重要的教育认知是：在大学、研究生阶段开始学习的专业知识是奠定日后进入社会的基础，而青少年时期他们需要去学习两性之间的交往、人际关系的互动、人与人之间的尊重，以奠定日后大学及进入社会为人处世的守则经验，而非每天计较于课业分数差多少、名次排第几，这样的发展太狭隘，也让他们的大脑愈来愈僵化，不知这是不是做家长的你所要的结果？小学阶段的学习非常关键，应注重人格雏形的塑造，将品德教化融入生活能力的开发与建立，如此贯穿整个中学阶段，如参加各种活动与交友、多元性的阅读与尝试、学习思考与解决问题，方可达到自主能力的塑造。若能提早开始对世界的探索，那么参加自助旅行与国际活动是十分值得鼓励的，对于青少年的人格塑造有关键性的影响。千万不要落入才艺补习的泥沼中，否则将难以发掘个人的兴趣喜好，也将错失青少年的黄金塑造期。相信父母都不希望孩子成为宅男宅女，可是令人感到奇怪的是他们都将孩子限制在教室与补习班之中，顶着日出的第一道光出门，再顶着星光闪闪才回家，嘴上还要为自己辩解说：“没办法啊！大家都这样。”父母何其残忍，孩子何其无辜！要知道，孩子到了18岁就不再是孩子了，父母可以教育他们的时间在倒计时，推卸责任多了，到了孩子成年，也将难以沟通和管教了。

● 为什么“乖乖仔”容易变成叛逆少年

多数孩子与家人的冲突通常在青少年时期较易爆发，因为在儿童阶段自己不能也不敢反抗家长来表达意见。而不管对或不对，家长通常只会一味地要求孩子听自己的。到了青少年期，孩子自我意识开始形成，当发现他可以做自己、有能力了或体格变大了、可以反抗父母时，在这要命的时刻，家长若仍不能静下来倾听与了解孩子的内心世界，聪明地采取成人对成人的方式沟通，那么孩子将迫不急待地用不同的招数来向你证明他已经长大了，许多的亲子冲突便从此开始产生。孩子并没有错，通常该先反省的是家长，之前种什么因，现在得什么果，一旦冲突次数多了，对立就开始产生！对立一旦产生了，要再沟通，可就难上加难了。

近年常往返大陆演讲，也了解到家长现今的教育亦是多头马车，问题很多，心急却茫然不知该如何解决，大家的情况很类似。尤其他们现今所谓“90 后”的孩子，自私自利、我行我素、不懂得尊重他人、金钱至上……所延伸出来的问题也较为突出。大陆现今青少年的三大问题与台湾地区基本一致，分别是：

（1）不和父母说话。

（2）上网成瘾。

（3）异性交友问题。

这些问题让大陆家长吃尽苦头却不知该如何是好。其中又以“不和父母说话”最为严重。许多家长真诚地握着我们的手说：“只要能解决孩子这些问题，花多少钱我们都愿意。”看到没有？又是用钱解决问题，两岸的思维模式在这方面真是默契十足，殊不知，正是这样的金钱观害了多少孩子。

孩子不和父母说话意味着对父母的信任完全瓦解，反正说了你们也不会听，不会懂，除了更多的唠叨与责骂，还有什么？与其这样，干脆就不要沟通，何必自找麻烦？

我的多数学生常在中学阶段会找我谈些心事，大多都是感情的问题。通常我问的第一个问题就是：“和父母谈过吗？”，他们清一色的回答都是：“没有。”这就很容易解释为什么孩子会向老师求救，因为这是安全地带，我们不会大惊小怪，劈头一顿教训，说什么进大学以前不能交男女朋友，谈恋爱会影响功课之类的“大道理”……孩子非常清楚对父母说了之后的结果，也就理所当然地选择不说。时间一长，彼此就真的不说话，也无话可说了。而讽刺的是，孩子都知道父母在想什么，父母反而不了解孩子在想什么，意外吧！

• 为什么父母总是最后知道的

据新闻报道，一名台北名校高中生与在上高职的女友因为父母反对他们交往，决定殉情（既然生不能相守，死也要在一块）。于是二人手牵手跳楼自杀，结果女生当场毙命，男生急救后无大碍。电视画面上女方家长哭得肝肠寸断，痛骂男同学与其父母（诱拐我的女儿，请把女儿还给我）。男方家长虽庆幸儿子没事，不过这个难题该怎么办呢？这个高职女生还没开始她独立的人生，就轻易地结束了自己的生命，以为这样的行为是高尚的，为爱情轻易放弃生命，放弃一切，只为了能永远在一起。假如真有另一个世界，她现在一定后悔莫及，不但没有成全她的爱情，反而伤害了亲人与朋友，留下了永远的遗憾。男生冲动过一次，很难再去跳一次楼，更可能在当时跃下的一瞬间就已经反悔了，但这个悲剧事件的阴影，很难想象他会如何度过。而双方的父母要如何面对这样的伤害与伤痛呢？

每日翻开社会版新闻，经常会有青少年（甚至小学生）不知道自己怀孕，不是上厕所时小宝宝掉进马桶，就是慌慌张张生下来，找个地方把孩子遗弃，完全懵懵懂懂不知自己做了什么事。奇怪的是，父母与老师在此漫长的过程中，难道没有发现孩子的异样？两性的问题，到现在我们的学校都没有一套明确的教导方式，孩子要从哪里学习启蒙呢？信息的发达与社会的开放并没有使我们的两性问题减少，反而日益突出。大人总认为这是一件难以启齿的事，不知从何触碰这个敏感的议题，老师们则轻轻带过。回到家庭，这个禁忌似乎更是大家颇有默契的禁区，可是好奇心与激素让孩子不得不从别的渠道去满足。怎么和异性交朋友？怎么尊重自己，尊重对方？怎么保护自己，也保护对方？分手是怎么一回事？没有人帮助他们。通常孩子无法分辨爱与欲，但又自认为从连续剧和网络中已充分了解，这些错误的信息给了孩子错误的教导，由于缺乏正确的引导与讨论，等到问题发生后，这个年龄的孩子是无法承担后果的。父母不能等到要收拾残局时才被迫面对，因为无论残局如何收拾，都难以有好的结果，由此延伸出来的后遗症更不知道影响会有多大。**两性相处并非难解的谜题，关键在于父母，父母的态度与观念决定孩子面对问题的态度。**

类似这样的故事，每年都在发生，频频见诸网络或媒体。“人不轻狂枉少年”，血气方刚是青少年的特质，做起事来、说起话来都较为冲动，其中聪明好动的孩子更容易被煽动，也更容易走歪路，若平常疏于沟通，大人很难察觉孩子的改变。几年前一位台湾知名的广播主持人 19 岁的儿子涉及贩毒、勒索，我的学生刚好与他是初中同学，知道他那时就已和帮派有所接触。妈妈管得很严，下了课都会打电话“盯着”儿子去补习班，儿子只要接到电话，就会叫旁边的人安静，然后不疾不徐地告诉妈妈已经在补习班了，电话一挂，大家伙继续吵闹。凭着聪明，他顺利考上公立高中，不过很快被学校勒令退学（原因不说也知道）。家长显然放任孩子，随便转个学，却没有及时将孩子拉回现实以解决问题，才会在两年后东窗事发，刚要考大学就碰上牢狱之灾，这位父亲的事业也因此受到波及。

• 父母要对孩子的失当行为负绝大多数责任

我常说聪明的孩子最难教，也最好教：最难教是因为意见多、点子多、花样多、自以为是，容易冲动出状况；最好教是因为只要摸对了个性，捋顺了毛，即使犯错也可以在错误中学到最宝贵的教训，这类型的孩子过了 18 岁反而不用再多操心了。上述的例子就是一个典型的聪明孩子，父母在他初中时就应该“嗅”出问题，因为没有在第一时间做出处理，才会在高一被学校勒令退学，在这个节骨眼，就算再迟钝的人也该知道孩子出了很大问题了吧！其实只要壮士断腕，想办法让孩子脱离不良环境与隔离难缠的人物，真诚地和孩子一起解决问题，这个宝贵的学习经验相信是孩子一辈子难以忘记的。可是，父母若只想着一味地保护孩子而没有想办法真正地去解决问题、去改变环境，那么牢狱之灾只是迟早的事。我们在电视上看到他父母访谈的内容，还在心急如焚地继续袒护孩子，不难猜测孩子会到今天，绝对是放任的结果，他的父母要负绝大部分的责任。

至于网瘾的问题，相信是让现在的父母咬牙切齿的普遍现象。数字网络时代的来临是继计算机革命之后，再一次大大改变人类生活的重大变革，即使我们大人跟不上时代的步伐，也要知道这样的改变是属于下一代的时代。举个简单的例子，一个学龄前的小朋友操作计算机与手机绝对比一般老年人来得又快又好，这一点都不奇怪，因为他们打从出生就生活在这样的环境中，自然而然就容易上手，所以要完全杜绝上网是不合理的做法。而孩童会上网成瘾主要原因是他们生活中除了功课还是功课，不是学校就是补习班，孩子早早就对学习失去了兴趣，生活中没有其他的消遣与活动，也没有生活兴趣的培养，一闲下来就只有电视机和计算机。而网络世界五花八门，很容易在心情低落与无聊时成为情绪发泄的出口，一旦被吸引之后，就很容易形成依赖。这就如同吸毒一样，依赖之后会上瘾，上瘾之后就难以自拔，整天心里想着上网，上网玩游戏、上网交朋友，严重的会让孩子分不清楚网络世界与现实世界，这种情况可就非常严重了。

说穿了，孩子上网成瘾的主要原因就在于他们除了功课之外没有其他的生活选项，除了上网和看电视，孩子还能干吗？宅男宅女已是社会现况之一，有些是逃避的结果，因为在网络世界中，可以称王，可以重来，可以虚拟，可以找到不真实的成就感聊以安慰自己，在这唯一的选项中，孩子也就愈陷愈深。别说是青少年，就连大人也会有网瘾的问题，工作不顺利、感情遭挫折、家庭没有温暖，上网就成了最方便的取暖工具。听说过“计算机寡妇”吗？就是指丈夫成天“挂”在网上，妻子和守寡并无两样的意思。

所以，自小培养孩子多样的生活能力与兴趣，让功课之外有许多不同的选项去吸引孩子，如此，上网绝对不会成瘾，因为还有许多有趣、好玩的事情等着他们。孩子若在多元的自由选项下发展，仍对网络情有独钟，自然将演变成另一种专业的发展，这和网瘾是有所区别的，也就是单一价值与多元价值的不同，单一价值下的副作用太多了，父母一定要丢掉这样的观念，一念之间的转换，在孩子身上得到的回馈绝对是超乎想象的。

相反地，一念之间不转，副作用进入恶性循环，问题只会更多更棘手。处理不当，终将两败俱伤。

犯错也是一种学习

上述青少年问题有其连带性的关系，也就是说问题不是偶然发生的，要解决问题就必须先找出问题的症结。想想这 3 个问题环环相扣，是不是做父母的你们给了太多的“不可以”？禁止孩子这个，禁止那个，怕这个，怕那个，没有安全感的父母又想完全一手掌控孩子。嘴上再次为自己的不安全感找借口说：“都是为你好，以后你就知道了！”以后如何如何……假如连现在都没有，那还有什么以后可谈呢？五十步笑百步，孩子回到学校也好不到哪里去，校规中提及的一堆禁令就是怕学生犯一点点的错误，却忘记了犯错其实也是一种学习。为什么不能允许孩子犯错呢？哪怕有些时候还谈不上是错，就好像犯下了滔天大罪似的大张挞伐！不相信的话，请问你曾经骂孩子甚或打孩子是为了犯下哪些错？是功课不专心，还是考试考不好、睡觉睡过头、偷偷跑出去玩、不听妈妈的话、没有提前打电话回家报告行踪……这些都是错吗？在重重的生活限制之下，难怪乖孩子说话、做事之前都要先看看家长的脸色，这是极度缺乏自信与自主的表现。

孩子如果没有犯错的准备，又如何勇敢地探索生活？没有犯错的准备，如何敢于走向世界？没有犯错又怎么知道什么是对的，什么是自己要的？我总认为台湾的孩子不够勇敢，不够大方，很多时候孩子都是因为害怕犯错，是在害怕被师长与父母责骂之下表现出的怯懦。举个最简单的例子：课堂上若有 99 个人选 A，另一个原本想选 B 的学生就会开始怀疑自己的选择错了，最后妥协而随波逐流。从我们的教学经验中来看，通常有不一样想法的学生都是属于较聪明，也很有自己想法的，所以我们都会鼓励他们勇敢表达，就算错了，也要清楚为什么错，同时让其他的孩子也可从中一起学习勇于表达的能力。再举一例：台湾地区的学生到了国外，面对外国人热情地打招呼与拥抱，总是惜字如金、忸怩，十分的小家子气，这也是平日被压抑多了，“不敢”的心理所造成的不大方。这些都还不算是犯错，孩子就已被禁锢得难以发挥，也难怪他们要叛逆！仔细想想，做家长的你们何尝不是如此？因为大家都这样，不这样好像就是错的，所以不多加思索，自己选择妥协，以认同大家，完全不敢为自己的孩子负责。

● 陪孩子一起犯错

虽然说犯错也是一种学习，但千万不要纵容孩子去做坏事，做错了再拍拍手，称赞他从错误中学到了正道，这是溺爱，也是放纵，会让人笑掉大牙。犯错就是放掉父母心中那么多的不放心与害怕，鼓励孩子多尝试，自己尝试用不同的方式学习，尝试自己交朋友，尝试规划环岛与国外自助行，尝试选择自己的兴趣，尝试爬爬第一高峰，尝试不走爸爸规划的路……在尝试的过程中，孩子可以得到成就感，也会体验失败挫折，请放心，有父母的陪伴与支持，不仅可以增加亲子之间的信任，更可以帮助孩子学习成长，让孩子勇敢面对种种挑战。

有则关于犯错的网络笑话，写得很贴切，可以给家长们作为参考：

有个新婚妻子娇嗔地对丈夫说：“你真幸运，你所得着的是纯洁的爱情，你享有我的初恋。我未曾谈过恋爱，希望你珍惜我的纯洁。”丈夫很有智慧地安慰他的新娘：“你真有福，你所得的是我成熟的爱情，你享有我的终恋。我若未曾谈过恋爱，哪有今天的成熟。希望你珍惜我的成熟。”

恋爱谈一次就成功，统考一次就上榜，生意做一次就赚钱，道理听一次就大彻大悟，开车学一次就上路，论文写一次就通过，课堂教一次就能上手，天才呀！让我们为你拍拍手。

对不起，你的人生少了一样调味品：你从未尝过失败的快乐、挫折的喜悦。射箭射偏了，拼字拼错了，说话说溜了，走路走歪了，恋爱分手了，这都是生活中十分平常的事情！勇士有时惧怕，智者有时愚拙，专家有时出糗，辩士有时结舌，生活本来就是这样！**看见别人犯错，不必苛责别人，平常得很。发现自己犯错，不必生自己的气，本来就是这样。**

赢家把错误看作“最好的老师”，因为可从错误中吸取宝贵的人生教训，所以别害怕你会犯错。只有一种人从不犯错：从不敢于尝试的人。

从不犯错的人做不成什么事。

人都会犯错，但愚者才会不断地犯同样的错误。

人一生可能犯的最大的错误是，因为怕犯错而不敢尝试。

爱迪生也失败过。他犯了一千次错误，他尝试了一千种材料做灯丝。有个记者问他：“失败一千次的感觉如何？”这位坚毅的发明家回答：“电灯是第一千零一次的尝试而成功的！”赢家不怕犯错，怕只怕因犯错而不敢尝试。

孩子不是父母的私有财产

孩子不是你的孩子，他们是自己生命的主人。他们通过你们来到这个世界，他们却不属于你。

你可以给他们你的爱，却不能给他们你的思想，因为他们有他们自己的思想。

你可以提供他们身体的住屋，却不能替他们的灵魂找房子，

因为他们的灵魂住在明日之屋，那是你即使在梦中也无法到达的地方。

你可以努力像他们一样，但是千万不要使他们像你一样，

因为生命是无法逆转的，更不能被昨日的你所耽搁。

——诗人　纪伯伦

每个孩子都是一个独立的个体，有他独特的个性、习惯、嗜好……就算双胞胎也是不同的个体，拥有各自的灵魂。孩子不是大人的财产，也不是附属品。没有个体观念的父母最常犯的错就是“比较”，兄弟姐妹间的比较（怎么不像哥哥、姐姐一样也考第一名……），亲戚间的比较（婶婶的小孩都考上了台湾大学，你怎么就……），职位上的比较（和我一起打高尔夫球的人，问起你上哪所学校，要我怎么说得出口……），连 DNA（脱氧核糖核酸）都要比较（当年老爸我……而今你又……），学生时期比学校，进了社

会比收入，可是你没有问过孩子是不是愿意加入这场不属于他的战争，是不是也要重复你们的路、你们的价值观。既然是独立的个体，就应该尊重孩子的个体差异，同时客观地发掘孩子的长处，支持他的选择。人生不是数字的竞争，下一代应该拥有更宽广的选择面与梦想的激发，将孩子绑在身边无疑是剥夺另一个生命的成长，自私又残忍。

• 尊重孩子的梦想

大家所熟悉的台湾地区首位挑战北极马拉松极限的运动员——陈彦博，是一个为梦想奋斗不懈的勇士。他异于常人的坚定毅力与勇气震撼了每一个人的心，大家都知道他感人的奋斗历程，他的故事也让每个人不禁竖起大拇指。而真正让我感动的是他参加喜马拉雅山登山时，他的母亲说很担心他的安全，但是她不能因为担心就禁止孩子参加比赛。当她送孩子出门时，只说了一句话："要活着回来！"看到这里，我的眼泪都快掉下来了，多么伟大的母亲啊！即使是生死一线隔，即使每一次的比赛，陈彦博都要签下"生死契约书"，她仍然愿意支持、尊重孩子的梦想——成为一位环境冒险家，没有将孩子当作自己的财产，没有将孩子牢牢地绑在身边，没有自私只有无私的成全。有这样勇敢的母亲，难怪有这样勇敢坚毅的陈彦博！

国际知名的建筑大师安藤忠雄出生于大阪，他小时候跟着当木工的父亲到处做工，立志成为建筑师。跟着奶奶长大的他，功课一直是倒数几名，奶奶没有管他的功课，但是教他"守信、守时、不说谎、不找借口"，训练他独立自主，不依赖别人。高职毕业后，家中的经济条件使他无法继续升学，这让安藤心中十分苦闷，他不知道成为建筑师这个梦想是否太虚幻了。有一天，他沮丧地跑到海边看海，回来的时候，遇到了奶奶，奶奶看到安藤一脸愁容，了解原委后，温柔地握着他的手说："不要轻易放弃自己的理想，只要努力就会成功。"就是这句话给了安藤无比的勇气与信心，在他日后靠打拳为生的艰辛生涯中，他跑遍世界各地，只为了有机会看不同的建筑物。这个感人的故事他说了好多次，因为当初若没有奶奶的鼓励，就没有今天的安藤忠雄。

我早年曾有机会进入台北市校园推广思考教学实验工作，在机缘下认识了一位男老师，当时他已经是资深的高年级老师，夫妻二人有一个独生女，活泼可爱。由于爸爸是老师，碍于面子，从小就给女儿报了各种校外的补习才艺课程令她喘不过气来，连周六、周日都不得休息，妈妈专职负责女儿所有上下课的接送，孩子累得时常作业写到一半就倒头睡着了。我们看不下去，好言相劝，爸爸压根儿听不进去，帮女儿捏捏肩膀后催促着继续赶下一堂课。女儿在小学成绩皆名列前茅，中学尚能保持在第10名左右，爸爸成天将宝贝女儿挂在嘴边，这次又考第几名……中考之后，完全不再提女儿的消息，只听说考得非常不理想。几年后，从朋友处得知那位男老师的女儿进了阳明山一所私立大学，目前男老师已经退休，至今仍是上下学专车接送女儿。他说："女儿以后到哪儿，我就跟到哪儿，死都不能离开她！"听着都身体打寒战，这是父女情深吗？很怀疑这个女儿要如何健康地与外界接触，这是一个典型将孩子当财产的例子。

教育者有时比一般人有更多的盲点，或许因为这样，所以我们的教育才一直做不好。假如误人子弟要下十八层地狱，不知道误自己的孩子会下到哪一层呢？

不一样才有价值

• “Think different”不只是广告口号！

好莱坞电影《钢铁擂台》（*Real Steel*，大陆译作《铁甲钢拳》）在台湾很卖座，剧中传达的父子之情，赚了不少观众的眼泪。剧中查理（爸爸）是一个被时代淘汰的拳击手，在他拳击生涯中从未获得过冠军，后来他将心思转移到训练 2000 磅（约 907 千克）重的机器人身上，但一再改进的机器人仍旧无法帮助查理夺取冠军的殊荣。为了升级和训练机器人拳击手，查理需要更多的资金。他的计划被自己此前从未谋面的 11 岁儿子马克斯的到来所打断，查理并不想要这个孩子，但为了钱，只好勉强暂时收留他。一次意外，马克斯捡回了被人遗弃的烂铁机器人亚当。儿子和老爸之间对如何比赛的想法总是不同调，亚当当初的设计是成为训练专用的机器人，可承受强力的撞击，但对拳击一窍不通。查理在儿子的请求下，打算不惜一切代价训练亚当，将他的拳击技巧传授给亚当，希望终有一日能够登上冠军宝座。在向冠军之路迈进的过程中，最大的强敌是一个高科技成果超级机器人宙斯，而在查理进行艰苦机器人训练的同时，也慢慢打破与儿子马克斯之间的隔阂……

电影中那个过时又不起眼的小金钢人最后为什么可以打败高科技成果的无敌金钢宙斯？无敌金钢的主人又为什么在赛前要以高价买下这个过时的小

金钢人？剧中的爸爸只要有钱什么都可以卖，甚至自己的儿子，对于一个冷冰冰的机器人，在高价的吸引下，当然更不会放过。但是儿子和老爸不一样，他对机器人是有感情的，也因为对它的感情，坚决不肯出售。在老爸急切地想说服他成交时，他斩钉截铁地说这个机器人是非卖品，并告诉老爸：你知道为什么别人要花高价买下它吗（这么不起眼）？因为亚当和别的机器人“不一样”。没错！正因为亚当和其他的机器人不一样，所以才会有价值。可惜老爸看不到这一点，也没有看到自己孩子的“不一样”。剧中的儿子马克斯因为对亚当的感情才让他有机会发现了亚当的特殊之处。同样地，做父母的若真正地爱孩子，就不会以自己的想法为第一出发点，否则不但会失去发现自己孩子“不一样”特质的机会，也会抹杀孩子潜在的“不一样”。

● 是放手，还是放任

英文单词“university”（大学），它的前3个字母“uni”意思是单一，university就是让进来的大学生通通变成一个样（单一），不知道当初这个字的意义是否就是如此，有趣吧！值得玩味。美国以自主开放出名的瑟谷学校，校长曾讲过一个爱钓鱼的孩子的故事，一名学生的父母愿意让自己的孩子尝试不一样的教育方式，于是把他送到瑟谷学校，可是没想到这孩子此后就一直没有进过教室上课，反而每天到美丽的湖畔钓鱼。第一年，他们觉得算了，但是第二年还钓，第三年还钓，到第四年都还在钓，持续钓了五六年。试问有多少家长可以忍受孩子连钓五六年的鱼都不上课？你一定认为这种教育是在开玩笑，可是这个孩子的妈妈却默默地接受，因为每次孩子从学校回来，她看到了孩子脸上闪耀着快乐的光芒。在钓鱼的过程中，这个孩子同时也学到了不一样的东西（如鱼饵特质、水流变化、鱼性……）。当有一天他决定要开始做另一件事情的时候，他就会把从钓鱼过程中所学到的专注与坚持的态度转换到他想要做的事情上。我记得这个孩子后来将他对钓鱼的热情与坚持投入到计算机的钻研上，通过自学及创业，大学毕业后成为一位非常杰出的计算机专业人员。

各位别将教育变狭窄了！这个真实的故事可以让身为父母的你们想一

想！对一般家长而言，“放手”与“放任”两者的界定是模糊的，有趣的是绝大多数的家长都处在误解的情形下，将放手变成了放任，放任孩子的行为是最轻松、最不需负责任的，也可以说是放牛吃草，什么都不管，什么也不教，到头来后果却是最不堪的；放手的艺术反而是最难拿捏的，但是可以让孩子学习独立自主、找到自我学习的最佳方式，辛苦在前面，回馈在后头，像是倒吃甘蔗一般。每当大学新生入学注册时，都会有一群父母跟着到学校，怕孩子不习惯，要随侍在侧，就近照顾。这种情形各地皆同，一点儿也不意外！这种紧捉不放、把孩子当婴儿的心态，应该去养宠物，不是吗？

● 你的孩子快乐吗

2010 年 10 月 16 日，某大学校园内，一个大学生酒醉驾驶，在学校里开车撞死了一名女生，将另一名女生撞成重伤。没想到撞了人还不停车，最后被学校保安人员拦下，年轻人满脸不在乎，有恃无恐地说：“知道我爸是谁吗？我爸是李刚！”李刚何许人也？原来是区公安局的副局长，副局长的儿子醉酒驾驶撞死人就可以那么嚣张？没错，这是真实的事件，因为被媒体曝光，引发众怒，在舆论压力下，老爸才出来道歉。孩子的目中无人一定是自小宠出来的，放任惯了就成了横行霸道。这不是单一事件，许多“富二代”仗着父母有钱有势，在外胡作非为。为什么有恃无恐？因为家长用钱与势力摆平一切，宝贝儿子高兴就好，万万不能受一丁点儿的委屈，长期放任之下，最后必食恶果！相对于上述陈彦博与钓鱼孩子的例子，很容易区别放任与放手之间的差异性。

有些父母不肯放手，认为孩子懂什么？我觉得这个问题可以从不同的角度来看，孩子虽然不一定知道未来他应该具备什么样的能力跟经验，可是他对现在的感觉是非常真实、清楚的，他很清楚现在的自己快不快乐，如果他认为现在不快乐，我们做大人的就应该去了解他为什么不快乐。试着从孩子的角度与他对话，先找出彼此之间的落差，再进行分析探讨，而不应以大人为中心的思考模式，诱导孩子听从自己的安排。多数家庭亲子之间的问题就是因为家长以自我为中心的观念太强，双方没有交集而产生冲突。

冒险与犯错都是非常好的学习与体验，大人为了生活，几乎已经丧失了这样的权利，你年轻时曾经有梦吗？也许每当午夜梦回之际，你仍为过去错过的机会感到遗憾。既然如此，为何在自己孩子年轻气盛有冲劲的时候，不给他这样的机会呢？在追求创新的这个时代，不一样才会产生创新思维。假如你仍处处限制孩子不肯放手，那孩子人生最宝贵的青少年和他无趣的童年比较起来又有什么不同呢？假如青少年时期没有做过一些“疯狂”的事，那你所谓的爱是不是反而让孩子的人生曲线太过平坦了？想想……

第3章

如何让孩子更聪明

阅读、思考、运动、艺术、多变的环境，是让孩子变聪明的 5 个方法。此外，当孩子进入学习黄金期时，你是否还能延长孩子的好奇心，引导孩子的兴趣转变成学习的动力呢？及早以这些方法培养孩子的基本功，将让孩子们永远保持乐于学习的状态，甚至提早发挥个人的才能与潜力！

相信每一对父母都希望，自己的孩子能成为“21 世纪的第一名”，但大多数的父母就算不会强迫孩子去上一大堆才艺课，也常常不知道该怎么做，才能让自己的孩子更聪明。

事实上，每一个人的学习力、适应力、抽象思考力、决策判断力、语言和意念的形成，甚至是一切的行为，总指挥都是我们的大脑。所谓的聪明智慧与心智反应，皆取决于我们大脑功能的开发程度，而每个人的大脑，都是个复杂的神经体，它至少有 140 亿个大脑细胞。

大脑细胞上有所谓“轴突”的神经纤维，轴突受过刺激会快速成长，长出来的触角会与其他也在生长的轴突纤维相连接，两者交会点称为“突触”。越是刺激大脑轴突纤维，轴突生长得就越快，突触也越来越多，使“蜘蛛网络”越复杂，于是我们的大脑形成了一个高密度的神经网络。

越聪明的孩子，他大脑里蜘蛛网般的通路就越紧密。所以，父母想让孩子变聪明，就要不断地刺激孩子大脑细胞的轴突，让轴突不断地生长、增加突触，网络线路自然能越紧密相连。

问题是，该怎么刺激孩子脑细胞上的轴突呢？简单的方式即是激发好奇心。当孩子对某个事物产生好奇心或兴趣时，大脑的轴突便会快速地生长，而 4~12 岁更是大脑整合的最佳时间。不要抑制或打压孩子对事物的好奇心与学习兴趣是当下父母最应该明白的。

以下列举了大脑理论研究出的可以变聪明的 5 种方法，供各位家长参考，看看你为孩子做了哪些。

阅读：提升孩子学习能力的源泉

根据“国际学生评估项目”（PISA）的研究，阅读能力越强的人，他的记忆、理解、判断、思考等能力会相应提升，他的大脑潜能也越容易被开发出来。我们看到每年国际学生评估的结果，近年来都是由芬兰学生拿到第一名。这项评估共有 20 多个项目，其中一项就是阅读。在阅读的项目上，芬兰学生从来没有把第一名的宝座让给过其他国家的学生。至于其他的项目，芬兰学生就算没有拿到第一，也都名列前茅，在前 3 名游走。所以综合起来的结果，第一名当然又是芬兰学生。

这个例子说明了阅读的好处。因为通过大量阅读的方式，可以增加孩子对文字的理解力，记忆力也随之增强了，孩子通过不同种类的书籍，接触了不同情境的描述，这些都能刺激右脑图像式的想象空间。故事中起伏的情节，例如觉得主角好可怜等内容，也会影响孩子大脑的情绪感官空间，让孩子的感受力变得越来越敏锐，这些都有助于大脑细胞的活化生长。

国际学生评估组织建议，每个孩子一年平均至少需读 25 本书！这是一个基础的要求！而这 25 本书必须都是课外读物，而非学校的参考书籍，且种类要尽量多元化，因为不同种类的书籍会带给孩子不同的感受与理解，只看同一种书籍只会不断地刺激他某一方面的知识能力，唯有多元化的书籍才能对孩子产生不同的刺激，进一步刺激他的大脑活化与轴突的联结。轴突联结得越紧密，大脑就越聪明。

在台湾，许多学者、教育家皆大声疾呼，家长们应该重视孩子的阅读能力，此外也不遗余力地推广阅读。但是一箩筐的家长们却送孩子去补英文，重视中文的反而很少。殊不知，孩子多阅读不但可以变得更聪明，而且对于其他学科的学习也很有帮助，更何况好的文章更需要好的阅读能力与思考力呢！

思考：聪明孩子的首要学习习惯

思考有别于记忆，记忆只是把数据放入大脑中的知识数据库，当要用的时候再拿出来使用，并没有太多刺激大脑、活化脑细胞的功能。换句话说，训练孩子的思考能力，就是开发他的学习能力与举一反三的灵活思维。思考能力一旦被开启，孩子便懂得如何运用数据、比对事物、分析与解析文字，大脑自然变灵活，人也就变聪明了！在这种情况下，孩子在学校的成绩不过是看他愿意考几分，以及想要学到什么程度罢了！因为只要他愿意，成绩自然就会进步。

不管是什么样的能力，都在“思考”的范畴内：决策判断，要思考；逻辑推理，要靠思考；即便是人际关系的拿捏与掌握，也要思考。所以，思考是学习各种能力的基础，一个不懂得思考、不会思考的孩子，是不可能发挥也不可能拥有任何卓越能力的。思考与创意密不可分，绝妙的创意绝对是思考下的产品。

如果你希望你的孩子成为一位企业家，那你就必须让他习惯于下决策、拥有思考判断的能力与解决问题的能力；如果你希望你的孩子成为数学家，你就要培养他逻辑推理的思考能力；如果你希望你的孩子成为公司的主管，你就要培养他掌握人际关系的思维敏锐能力。即便你想让他成为一个音乐家，你所要做的，也不是让他死背曲谱，而是要培养他敏锐的感受力。因为只会背曲谱弹奏的人，不会成为伟大的音乐家，只能做一个乐师。大师级的音乐家演奏，是能够感动人心的，而非只照谱演出。好吧！就算是当运动员吧！杰出的运动员也绝非“头脑简单、四肢发达”的人，他反而更需要思考，因为他必须不断地思考如何让自己跑得更快、跳得更高，如何让他的四肢动作更加协调，如何让他不要有多余的动作以减缓速度，这些统统都要靠敏锐的思考能力。

国际学生评估组织也有思考的项目，他们将独立思考与解决问题的能力列入难度较高的项目，但是芬兰学生在此高难度项目也是名列前 3 名，可见思考与阅读是相辅相成、密不可分的关系。

运动：孩子的能力来自身体力行

在这个项目上，台湾地区的父母有着最多的错误认知，因此也是最该加油的一项。运动不是偶一为之的“动”，而是要建立固定、长期的运动习惯。在全美十大名校里，排在前一百名的学生，几乎每个人都有一两项运动专长和习惯，甚至是校队的高手。

一方面，孩子不像大人，当他在生活或学习上遭遇到挫折时，并不懂得如何去排解自己的负面情绪，但是如果孩子有良好的运动习惯，便能帮助他宣泄内心的负面情绪。这种情况与我们在运动之后往往觉得神清气爽、头脑清明，所有的郁闷似乎都一扫而空，是同样的道理。

另一方面，在剧烈运动时，肺活量的需求大增，通过呼吸运动，大量的氧气进入肺部、大脑，为促进大脑细胞的快速活化与联结提供了许多的养分（氧）。反之，脑部缺乏氧气的供给，将导致昏睡与植物人状态的产生。学校常常将体育课牺牲掉拿来上英文或数理化，真是戕害孩子的健康！建议家长们应提早建立孩子的运动习惯！

国外的研究者也发现，有规律的运动可以增强大脑衍生出一种“脑源性神经营养因子”，它是促进脑部学习、记忆、思考，加强突触联结的蛋白质，同时对神经中枢的发展也不可或缺。所以，运动可以让人的头脑更活跃。近年来，科学家在一些动物的实验中也已经发现，运动可以刺激脑神经细胞发展与生长，这都说明了运动对活化大脑细胞的重要性。

艺术：让孩子接受艺术的熏陶

这里的艺术，并非指的是让孩子去学画画技巧、死记钢琴键盘或是硬记小提琴指法等狭隘的艺术。真正的艺术培养，是指更广泛地培养孩子欣赏“美”的能力。

什么是欣赏“美”的能力？泛指通过五官的刺激，给予孩子看、听、嗅等感官的品位。“小”至从生活中的学习，像是带他去买衣服时，让孩子挑选自己喜欢的衣服，借由色彩感官的练习，也是培养他欣赏美的事物的一种方法。“大”至让孩子去欣赏画、学钢琴、听音乐、看电影等，目的不是让他学习一种“技能”，而是让他经由艺术的沉浸，让他的视觉、听觉、嗅觉、味觉、触觉等五感去刺激大脑细胞，激发他的学习兴趣，让他产生好奇心与形成专注力。专注力一旦产生，就会产生化学分泌物，让脑细胞的轴突纤维快速生长，产生突触，他的大脑网状线路更加紧密，孩子又向聪明迈出了一大步。

国外某研究小组曾经把接受实验的孩子分成3组，并给予不同的音乐培训。结果显示，在3组孩子中，在适宜的年龄培养音乐爱好的孩子，他们的学习反应往往最灵敏，也最聪明。偶尔玩音乐的孩子学习反应就比较差一点，至于不听、不玩音乐的孩子，则是3组之中反应和学习最差的。这并不意味着不学、不听音乐的孩子智商比较低，而是指他们的大脑感官空间接受刺激的机会较少，进而产生较差的学习效果。

多变的环境：给孩子一个丰富多彩的世界

最后，就是多变的环境。这里指的是让孩子尽量多去接触大自然，其原理如同艺术一般，可以提升大脑五官的活性与敏锐性。平常我们的孩子多生活在都市丛林中，不论是上学到学校，还是下课回到家里，每天走的都是同样的路线，生活一成不变，街道的空间也是他所熟悉的。久而久之，习惯成自然，这种生活模式已无法刺激他大脑细胞产生反应，孩子自然也就无法更聪明啰！

常常改变孩子所处的环境，容易使孩子对周遭环境产生新鲜感，例如周末或假期带孩子去户外亲近大自然，游山玩水，听浪涛声。美丽的风景可以刺激孩子的五官敏感性，让他欣赏多变的色彩、空间，也可以达到活化脑细胞的作用，并增进亲子间的互动关系。房间的摆设也可以每隔一段时间做一点改变，如果奢侈一点，就带孩子出国，让他沉浸在异国文化中也是不错的选择。

在台湾都会生活的孩子，每天所面对、看到的空间，不外是车子的车窗、方方正正的教室、才艺补习班的壁纸和自己房间缺少变化的墙。所接触的大自然环境，相较于乡村的孩子而言真是少之又少。再加上缺乏运动，自然在大脑感受与感官的表达、学习敏锐度上，不见得能比乡村的孩子强多少，就是这个道理。

而且，大自然中富含树木的芬多精及空气中的负离子，容易让人神志清明、神清气爽，对孩子的身心健康都有益。不是吗？

好啦！5种方法，你给予了孩子几种呢？

● 不要错过7~12岁的学习黄金期

了解让孩子变聪明的方法，也就是阅读、思考、运动、艺术、多变的环境这5种方法后，还有一点至为要紧的，那就是要在几岁时开始培养他大量阅读课外读物的习惯。孩子几岁应该开始学习思考的方法？是否从小学就要培养他固定的运动习惯、欣赏艺术的能力？还是要等到青春期，他喜欢打球时才让他去打球，他想去看电影时才让他去看电影？

前几年，“让孩子提早学英文”这个口号叫得很响亮，许多强调英文教学的双语幼儿园如雨后春笋般成立，家长们也趋之若鹜。但问题是，对于一个三四岁的小孩而言，在他连最基础的母语——中文，都还不知该如何应用时，就要学习另一种完全不同的语言，他能吸收多少？又能消化多少？

根据心理学的分析，0~3岁的孩子，大脑正处于建立统合能力的基础阶段，此时他还只是个小小孩，他的大脑正开始建构四肢与身体的协调性。这个阶段的小小孩，对他自己而言，最重要的是“爬”行的练习。在“爬”行的过程中，他的大脑开始感受他的肢体、关节、手脚等部位的协调平衡，这个阶段的大脑就像海绵一样，你让他“爬”得越多，就越容易刺激他大脑神经的联结。如果六七个月大的孩子在“爬”行了一个多月后，就开始学走路，那么他长大后的平衡感，会比晚几个月走路，且爬行三四个月的孩子差很多，走路也会常常跌倒。因为他在婴儿期，只“爬”了一个多月，他的大脑建立统合能力的基础期就只有一个月，所以他协调四肢的平衡能力，当然会比“爬”行了三四个月的孩子要差。

越来越多的研究显示，人在一生中，“走路”的时间是最长的，“爬”行的机会却很少，只有婴儿时期会爬行，而学会了走路之后再要小朋友去爬行，那已经是不可能的事了。但是爬行却对婴儿时期的大脑发育最好，现在国外一些成人团体甚至还会在周末时，到户外去爬行，以找回孩童时期的那种感觉，可见爬行对婴儿时期的大脑发展实在太重要了。所以各位妈妈，请尽量不要让小朋友提早走路。

至于 4~6 岁的孩子，正处于统合能力的开启期，对他帮助最大的活动课程即是“追、赶、跑、跳、碰”。这个阶段的小朋友已经学会走路，大脑已经完成基础的统合能力，孩子需要的是借由像“追、赶、跑、跳、碰”这类难度稍高的肢体协调动作，来刺激大脑细胞，让他的统合能力可以完全被打开。

这个时期的孩子好奇心是最强的，当孩子的好奇心产生时，他的专注力会瞬间活化大脑细胞，使大脑细胞的轴突纤维生长出突触，形成更紧密的网状神经通路。所以在这个阶段，孩子的好奇心是他探索世界的开始，也是大脑神经统合能力被开启时最重要的成长动力。

但孩子开始对探索产生兴趣与好奇心时，却常常在家长及老师求快、求方便的要求下被剥夺了。例如当孩子自己学穿运动鞋时，鞋带系不好，做父母急着要出门，就帮他系鞋带。久而久之，孩子没有自己系鞋带的机会，到他七八岁进小学时，会因为手指精细动作的统合协调能力不足，还是系不好鞋带。看到这种情形，父母常反过头来责备孩子，却忘了在孩子有强烈好奇心时，因为自己的错误观念，剥夺了孩子学习的机会。从小喂饭给孩子吃也是同样的例子，这不但剥夺了孩子使用碗筷的机会，而且也剥夺了他们训练手眼协调能力的机会。

台湾的父母常在不知不觉中，对孩子的学习加入太多主观的意见，譬如说，在这个阶段让孩子提早学习过多的才艺，无形中限制了孩子思考创造的空间。孩子行动的机会也常被剥夺，造成孩子操作（玩）得太少，但游戏活动往往是创作之源，玩得少无形中影响了他未来思考创新的能力。

7~12 岁的孩子则正处于基础能力的培养阶段，所谓的基础能力，就是阅读能力、思考力、创造力、判断力、人际沟通互动等能力。孩子的未来要能发挥出较高的成就，就必须在这个阶段，针对这些基础能力下功夫，换句话说，这个阶段是孩子培养基础能力的最佳“黄金学习期”。

这个阶段的孩子因为大脑的统合协调能力已经完成，所以他们对这个世界的视觉、嗅觉、听觉、味觉、触觉等五官感觉，也都渐趋成熟。因此，7~

12 岁的孩子，已经不像 4~6 岁的孩子那样具有强烈的好奇心。由于孩子在此时期的好奇心已逐渐递减，所以父母最重要的工作，就是如何持续激发孩子的好奇心、吸引他的好奇心，延长他保持好奇心的时间，让他有更多时间因为好奇心而引发瞬间的专注力，刺激孩子大脑细胞的活化生长。

7~12 岁不但是基础能力的建立期，也是价值观和初期人格的建立期，许多学习从这个时候才真正开始。所以，在教育的观点上，如何激发“兴趣”是相当重要的。一个有趣的研究发现，我们的学习力从出生开始是缓缓向上延伸的曲线，但在 6 岁时就快速下滑，为什么？因为开始进入小学了！很讽刺吧？假如教育让孩子觉得乏味，那是大人的责任，可是大人却很少去反省与进修，反而认为是孩子不上进。乏味的学习当然产生不出好的效果，孩子如果有幸碰上教学认真又多变化的老师，几乎都会爱上上课，哪还会不想学呢？这就是学习上成功的第一步。家长也是一样！只会给孩子过多死记的基础知识，要他不断地记忆、背诵知识，这种过程到底开发了什么？这个阶段的学习模式一旦建立不好，等进了初中后，巨大的功课压力，孩子肯定天天顶着星星出门又顶着星星回来，这种无趣的学习、生活模式，就变成他们的宿命了！

13~18 岁阶段是孩子人格建立的关键时期，大部分的孩子在这个阶段会自主性地开始与家庭疏离，甚至可能进一步与家长产生个性叛逆的冲突，他在意同学、朋友的关系，喜欢听同学、朋友的意见多过听父母的建议。

这个时候，拥有完备且丰富的基础能力，反而有助于孩子在与同侪相处时发挥自我的潜能，且在自我人格的建立时能较健全、不偏颇。在此阶段，当孩子对某些学科产生极大的兴趣时，自我的主动学习动机就会被启动，学习知识的能力和记忆力亦随之增强。所以孩子在 7~12 岁时，千万别扼杀了他们对事物的学习兴趣，以免孩子在 13~18 岁本来应该发挥人际沟通、领导协调、思考判断、创造力等能力时却无法发挥，到那时父母做再多的努力，恐怕也来不及了！

让孩子的兴趣赢在起跑线上

既然我们很清楚地知道，孩子的黄金学习期是在他 7~12 岁的阶段，而父母的目标又是要让孩子以后有成就，那为什么不在孩子还小的时候，就培养他未来竞争的核心能力呢？

让全球高尔夫球迷为之疯狂的泰格 · 伍兹就是一个最佳例证。泰格 · 伍兹 1 岁半时，就打入他了生平的第一洞；3 岁时，他的父母开始让他学打高尔夫球；等到泰格 · 伍兹 5 岁时，他在标准高尔夫球场上就有九十几杆的成绩；12 岁时，泰格 · 伍兹已赢得 30 场青少年级的竞赛；在 15 岁以前，他获得 6 次世界青少年高尔夫球杯的冠军，后来更是包揽高尔夫球四大赛事，成为大满贯冠军的第一人。卓越的表现，让泰格旋风席卷高尔夫球场。

如果泰格 · 伍兹的父母，在泰格 1 岁半接触高尔夫球时，没有发现他对高尔夫球的兴趣，在他 3 岁时没有让他学高尔夫球，反而让他拖到青少年时期才学，那么泰格 · 伍兹绝不可能在他 12 岁时就崭露头角，更不可能那么年轻就包揽四大赛事的冠军，让全世界的球迷为他疯狂，高尔夫球场也会失去他这样的天才高尔夫运动员。

同样地，当我们了解到 21 世纪企业所需要的人才必须具备思考能力、应变能力、逻辑推理能力、创造力、判断力、人际沟通协调能力等时，何不及早培养孩子这些能力？借由孩子的兴趣发展孩子的个人专长，并开发出他卓越的能力，可以让孩子像泰格 · 伍兹一样，在年轻时就灿烂耀眼！

第4章

帮孩子找回学习的自信

只要有兴趣就能学得又好又快

学习不该仅是在教室

“玩”与“活动”是最棒的学习与成长

别再感慨：一代不如一代

把学习的主动权交给孩子

为孩子营造一个自由的环境

让学习快乐起来

可怕的金钱价值观

爱具有神奇的魔法

只要有兴趣就能学得又好又快

不知道你有没有发现一个现象，我们这一代的人，学习英文是从初中开始的，直到初中一年级，我们才开始念“A，B，C”。但因为时代快速地变迁，让我们认识到英文对下一代的重要性，所以当我们成为父母时，大多让孩子从小学，甚至从上幼儿园时就开始学习英文。

算一算，我们自己学英文的时间，从初中到高中，只有 6 年的基础时间，但现今我们却提早让我们的孩子学英文，甚至从双语幼儿园开始，小学、初中到高中，到进大学之前，孩子就已经学了十几年的英文，足足比我们年轻的时候多了 8 年的时间。照理说，多 8 年的学习，应该可以让现今孩子的英文程度比我们要好很多才对，但看一看这几年的英文水平测试的结果，高中生的英文能力普遍都比我们那个年代进大学的时候还差。最近 3 年，我国台湾学生的托福考试成绩也年年倒退，甚至低于韩国学生的平均分数。

这不是很奇怪吗？为什么我们的孩子，学英文的时间远比我们年轻的时候多，但英文程度竟不及我们年轻的时候？

问题就在于，孩子对英文没有兴趣，没有兴趣，即便他花再多的时间学习，效果也有限。事实上，要让孩子学好英文，并非一件难事。真正要学好英文并不需要花那么长的时间，国外研究分析，一个完全不会说英文的人，如果到英语语系国家去生活，只要 8 个月的时间，他就可以说一口流利的英文。此前提在于，他有没有打心里认为英文是他生活上必需的工具，对英文产生学习兴趣，自愿地去学习英文。只要存有这样坚定的信念，父母其实不用花太多精力，孩子自己就会学得又好又快。

但我们还是看到很多父母无法摆脱强迫孩子学习的迷思，想以“给孩子一个说英文的环境，孩子的英文就会好”的方式，让孩子学英文。幼教专业学者，也是台北教育大学儿童英语教育研究所所长张湘君老师的亲身经历，却足以值得天下父母省思。

由于张湘君相当清楚英文的重要性，为了让女儿说一口流利的英文，她采取“浸泡式学习法”，认为把女儿“泡”在一个全英文的环境，她的英文想不好也难。于是，她的女儿从 3 岁开始就被送到全美式英文的幼儿园，虽然她和女儿说中文，但家中电视却只看英文频道。

这样“浸泡”在全英语的环境中，对她的小女儿产生了极大的文化冲击，因为待在幼儿园和外籍老师相处的时间太长，女儿个性变得非常外向，在肢体上喜欢拥抱，也会要求大人说“Sorry”（对不起）。久而久之，英文变成她的母语，学习中文时，反而是用英文的思维来翻译，她会说“念我一本书”（Read me a book）“你好吗？今天”“我肚子很饿，现在”。到后来，张湘君的小女儿越来越不喜欢中文，觉得中文很难，甚至认为自己不是中国人，对西洋文化如数家珍，对中国文化全无兴趣，自我认同出现混乱。

看到女儿身上的怪现象，张湘君反问自己：“我们究竟是要培养一个英文流利的庸才？还是培养一个英文说得通就可以的专业人才？”因为这个惨痛的教训，如今张湘君非常明确地反对全英文的幼儿学习环境。大多数的父母只是让孩子花很多时间学英文，却忽略了要引导孩子自己对英文产生兴趣，让他自己去主动学习。同时，父母也忽略了孩子学习中文的重要性，一个连母语都说不好、表达不清的孩子，外语能力怎么会好呢？

1968 年建立，强调让孩子自主学习的美国瑟谷学校，从来不强迫孩子学习，学校老师只在孩子自己要求学习的时候，才会帮孩子上课。即使是数学这样的基础学科，瑟谷学校也没有安排固定的上课时间，每当有孩子表达自己想学加减乘除或其他算术时，他们才去找学校的数学老师。老师会先问他们："你们不是真的想要学吧？是你们的父母要你们学的，你们其实宁可去做别的事，或是去玩什么的，不是真的想要学数学吧？"只有当孩子坚定地表达他是真的想学数学、会认真学习时，老师才会开课。

一般学校都用6年的时间来上数学课，但在瑟谷学校里，老师和学生约定一周上两次课，一次一小时，半小时上课，另外半小时练习。最后，老师会留作业，让学生带着作业离开，但迟到5分钟就取消上课，取消两次后，老师就取消这门课。规定虽然严格，但因为孩子是自己强烈地想学数学，所以很少有人迟到，他们花两堂课就学会了加法，学减法也仅花了两堂课。轮到学乘法时，每个孩子都把"九九乘法表"背得滚瓜烂熟，除法、分数、小数、百分数、开根号……20周的课程，一共上20小时的课，他们就把一般学校6年的基础数学课程学完了。

许多人对此感到震惊，但瑟谷学校的老师一点儿也不感到奇怪，因为他们深知，**数学内容其实并不难，难的是教一些根本不肯学习的学生。**所以，别的学校必须年复一年、日复一日，慢慢地、一点一滴地教，即便如此，很多人还是学不会。可是如果孩子有心，20周就差不多都学会了。

看到这里，很多家长心中会产生一个疑惑："我知道孩子有兴趣，他就会学得又好又快，但是他没兴趣怎么办？难道就不学了吗？"

没有错，你要做的是，先压下心中那股"强迫孩子学习"的念头。孩子没兴趣，就不要强迫孩子学习，要懂得"引导"孩子主动地去学习。

要做到"引导"孩子学习，最重要、最重要的前提是，先认真地看一看自己孩子的内在！认同他，了解他，清楚知道自己的孩子对什么感兴趣！孩子不想学英文，却喜好运动，喜欢棒球，喜爱王建民，欣赏迈克尔·乔丹，家长就可以利用王建民在美国大联盟出赛、迈克尔·乔丹在NBA创下的纪录的英文报道，让孩子接近英文。孩子因为想要看懂王建民的报道、迈克尔·乔丹的英文数据，就会成为他学习英文的动力，有了学习动力，他自然愿意学英文。

90%的父母认为自己的孩子学习不好，都是因为孩子专注力不好。之所以会在学习的时候不专注，就是因为孩子没有兴趣，自然就难以专注。要让孩子学好一门学科，最重要的是激发孩子的兴趣。兴趣不是天上掉下来的，每个孩子都有自己本身的兴趣，不了解孩子兴趣的父母，当然没有办法依从孩子的兴趣去引导他。当你了解自己的孩子、认同自己的孩子时，便能慢慢地发现、引导他的兴趣，由孩子的兴趣出发去鼓励他学习，才不会让他产生压力。孩子如果能对学习产生兴趣，家长还需要担心孩子学不好吗？

学习不该仅是在教室

“玩”是孩子的天性，是好奇心的来源，是学习动机的开始，而当一个学生不再对学习产生兴趣甚至排斥去学校时，身为家长的你会有何想法及做法呢？反之，如果学习可以跟玩获得同样的快乐，那学校即成了快乐的场所。试问，还会有孩子不喜欢上学？然而，学习真的可以像玩或活动一般进行吗？考试评估一定要以试卷来测验，而不能改以活动的方式来评鉴能力的高低吗？

过去十几年我们的教学经验，成功地将活动引入了课程之中，活动竞赛的设计是用来让孩子争取分数，分数没有打压只有鼓励（没有低分，因已打破百分的上限），所以作业采取自主选择学习的方式，也就是说作业的设计是以吸引孩子自己查找数据与自行创作的方式完成的，完成后的作业展示出来，由其他同学来决定分数。没有交作业的孩子一样可以给别人打分数，但是拿不到自己的分数。

不过，人的天性都是爱学习，不交作业的孩子看多了别人的作品，内心难免跃跃欲试，一旦开始交作业，得到他人的鼓励后，兴趣就被激发出来。我们学生的作业从早期大小功能不同的纸张、录音带、活动规划书、计算机设计、博客平台、动画设计到网络“脸书”，我们自己也随着时代的脚步与孩子一起成长。

给予孩子充分的发挥后，我们也从中发现，原来孩子的潜力无穷，创意无限，常常让我们发出惊叹之声与感到满心的欢喜。孩子要拿我们课堂的分数一点儿都不难，因为设计的作业与活动是以多元能力作为评价，例如：有的学生很会画画，就可以将作业以绘画为展现方式争取其他同学的认同；有的学生很会玩，就可以在课堂游戏中争取分数；有的学生喜欢发问，也可以以此争取分数；内向的孩子可以用服务大众的方式帮助队友获得分数……

每个人在学习上都是公平的，只要愿意，都可以用自己擅长的方式争取分数，所以评价是孩子综合能力的依据，也是激发孩子学习的工具，孩子愈积极，表现就会愈好！

而我们的教室规则是为品格教育设计的。例如：不能迟到、尊敬师长、同学之间不要恶言相向、没有讥笑、强的辅导弱的、大的照顾小的，所有的分数也是孩子自己打，我们给予充分的信任。违规的没有惩罚，但是团队分数会被扣。诸如此类的教室规则，以团队为中心点，每一个学生都是老师，也是学习者，就是希望训练孩子的品格成长。

• 孩子越自信，就越懂得自爱

结果我们发现，给予的信任愈多、空间愈大，孩子反而愈自爱（他们也希望得到别人的尊重）。我们曾经有一个学生在学校老被人欺负，因被同学称呼“大胖子”“死胖子”而对同学怀有敌意，非常敏感。可是他在来我们的教室一段时间后，觉得自在且有安全感，人也跟着开朗了；我们也有学生原本在学校名次倒数，来到这里找到发挥自己表现的机会，受到鼓励后，在学校的成绩也三级跃升。这些都证明孩子的学习是需要多方面给予机会去发挥，也因此，我们更积极地举办大型的户外挑战活动，让孩子体验面对困难与队友合作想出解决方案，并共同完成的乐趣。

我们更首创了思考型游戏竞赛与生活紧密结合的课程，让孩子学习如何整合团队中每个人的不同特性并发挥出最大的效益（通常孩子都很自我，这是最难的部分，需要多次的尝试与磨合），以及如何应用知识融入日常生活。团队竞赛无非是希望孩子从别人身上学习，也从生活中学习，从彼此互动中了解到自己的不足，懂得虚心学习，也要善用团队的力量。

在这些创新开发的课程中，我们一一见证了孩子不可限量的学习潜能，也深刻了解到脱离课本的知识传授，通过玩的学习一样可以深入知识的殿堂，不但不无聊，反而效果更好。

• 在“玩”的过程中，孩子可以学到解决问题的能力

“玩”与“活动”的学习，一直是我们长期以来的教学中心思想，孩子的成长不该局限在室内，满脑子装的功课与练习题无法让他们变聪明，也无法让他们具备某种能力。“玩”与“活动”不但是最有效的学习，对孩子来说也可以在此过程中不断地练习自我挑战，在未来面对挫折与失败时，这样的经验更能帮助他们一步一步地渡过难关。

回顾十几年来，我们曾办过的活动有射箭、马术、独木舟、泛舟、攀岩、溯溪、爬树、单车环东岸、下田做农务、手工制作、大地直觉寻宝活动、街头环保活动、上海世博会探访、台北捷运闯关竞赛、中山堂综合能力竞赛、美国夏令营交流之旅，以及泰国、新加坡、吉隆坡自助课程活动……这些不一样的文化与社会的多样面，每一次都令参与的学生有深刻的体验与感受，且在其中得到不同的收获和成长。

“玩”与“活动”是最棒的学习与成长

2009 年 1 月，我们举办的第二届台北思考竞赛活动，利用台北捷运的便利性及公交车网络的连接，在各捷运站口的麦当劳设置闯关站，且与其周遭的商店结合为一个生活测验题库。在 4 个小时内，各小组需评估分析，在有限制的预算中，需考虑各种交通工具的费用、时效搭配，以及如何分析计算前往不同关卡的时间，在规定时限内需达成各个关卡所交付的不同任务。活动借由团队采取混龄的组合及责任角色自行分配，小组成员需共同决策，找出一致的做法，齐心完成各项任务，再以最短的时间回到教室。在这一过程中，看到许多的学生连捷运怎么搭乘都不清楚，也不懂如何看地图，可见现在的家长有多么失职。

活动进行中也有许多组员间的争执与冲突，而这些争执与冲突其实是非常好的团队学习，冲突需要沟通，不论沟通的方式是讨论或争吵，孩子自然会找出他们的方法以达成共识。例如，有些人喜欢抢着当领导者指挥别人，若是有人不愿意服从，就得在沟通过程中让其他的队友找出真正的领导人物，被淘汰下来的人会认清自己的不足而顺从，也因此会了解到不是每个人都有做领导者的特质。团队合作活动的设计目的就是要让参与者必须学习聆听不同组员的意见和思考彼此不同的特质，善加利用以达到最有效率的结果。

竞赛的每一个关卡皆有一个学习主题，每个小组皆有一名观察员，就每个孩子的表现给出日后评估与分析的参考。通过“玩”的过程，学生可以了解台北捷运的系统网络、悠游卡的购买方式与使用方法、时间与金钱的取舍、如何利用捷运地图寻找目的地，以及团队默契的沟通建立、领导能力的尝试和生活能力的开发……有的人方向感好、有的人观察力强、有的人很会问路、有的人很会当和事佬、有的人善用科技手段、有的人很会吃……这不是一个很棒的团队组合吗？

这样的玩，不也是一种学习吗？

• 背包旅行让孩子思考自己的定位

2010 年 1 月，寒假期间，我们的学生在专业国际领队马老师的带领下，前往泰国曼谷自助行，实践如何做一个背包客。因先前学生已接受了每月 2 小时一堂的规划课程，在课程中学习如何订购便宜的机票、了解当地不同风土人情与规划另类的行程活动，所有的行程皆是学生自行规划，所以不管结果是好是坏，他们都得自行承受。放寒假时，纸上谈兵终于可以在实战中见真章了，怀着期待又忐忑的心情，他们踏上了异国之旅。

五天四夜的行程经全体团员规划出来后，再分小组分别负责不同日期行程的小细节，所以哪一天若玩得不好，就可以找当天的负责小组理论。公平原则之下，出发的前一天，学生都会自行再确认一次以免遗漏。在泰国旅行期间，学生走的路线不以一般观光路线为主，而是以看到泰国生活真实的一面为设计重心。

有一个学生看到泰国贫穷的一面，接触到贫穷人的生活，当场百感交集流下眼泪，她说自己太幸福、太幸运了，可以在台湾过这样与之天壤之别的日子，不知道有那么多的人是过着令她无法想象的生活，自己不但不知道珍惜，还认为自己有多了不起，说着说着，声音哽咽。回到台北之后，我们发现这个以前对人冷漠又自以为是的学生变了，说话声音温柔了，也不再拒人于千里之外，她说决定多去几个国家走走看看，再重新找到自己的定位。我们知道那贫穷的一幕在她未来成长的过程会是一朵最芬芳美丽的鲜花。

其实每一个孩子都是一座尚未挖掘的宝藏，看着学生都怀着兴奋的心情与不同的收获回来，内心为他们感到骄傲，这是他们背包客的开始，外面的世界等着他们一页一页地展开，这个开始是一种成长，也是一种成就。

2011 年 2 月，我们的学生再次踏上了新加坡、吉隆坡之旅，为他们背包客的人生再次留下一页精彩的回忆。

这，难道不是学习吗？

● “玩”可以增加孩子的自信

可能有妈妈会问：我的孩子英文不好，怎么可以去参加这样的活动呢？请继续往下看：

2011 年 7 月，我们带着一群学生前往美国东岸参加户外夏令营活动，整个营区除了我们的学生来自亚洲说中文，没有其他人会使用中文。再加上孩子的英文除了会考试外，遇到外国人即弃械投降，真是令人泄气。而在营区两周的活动时间，并没有英文训练的课程，因为这里是户外夏令营活动。

我们提早一天到达，因为来自亚洲，园区所有的工作人员都对我们充满了好奇，当天的园区环境介绍也巨细靡遗的生怕遗漏了什么，晚上还特别邀请我们一起参加他们的员工 Party（小型娱乐或社交聚会）。第二天活动正式展开，每个孩子被分散至不同的团队，每个团队由不同国家（地区）的孩子组成，吃喝拉撒睡，全天都在一起。

通过每天不同的刺激活动与小组竞赛，异国文化的融合与学习就在活动过程中很自然地将彼此变成了好兄弟、好姐妹，所有小团队皆配置有两名指导员，照顾学员的安全并观察行为。每天紧凑的户外活动与团队竞赛让孩子 high（爽快）翻天，却也忙得不亦乐乎。

本来担心学生的英文可能会造成沟通的小小障碍，没想到是我们大人多虑了，孩子在玩的时候，语言根本不是问题，队友都会想尽方法取得共识，蹩脚的英文不但不是障碍，反而让孩子获得学习信心与不害怕说英文的勇气。

营区活动项目很多，可以让孩子在不同项目中发现自己与展现自己。我们的一名学生骄傲地拿出他在射击活动中得到的奖章，这让他体会到很大的成就感，虽然他在跳水活动中是全队表现最差的，可是他为团队竭尽全力的态度让队友都对他报以最热烈的欢呼，连评分老师都给他 10 points（满分）以资鼓励。这个原本害羞的大男孩在队友与指导员两周全天的相处下，对自己产生了信心，对英文也产生了兴趣，并和队友相约明年再见。

● “玩”是促使孩子主动学习的催化剂

另一名不喜欢学校功课、喜欢运动的孩子到了夏令营更是如鱼得水，很难看出英文最弱的他却是人际关系最佳、结交朋友最多的。所有的活动都让他活力十足，唯有滑水一项，使他屡屡受挫，见到我们前来“探班”，十分兴奋地说起受挫的过程。问他沮丧吗？这位小老兄根本不当一回事，只顾着表达他的兴奋与他将如何克服身体的酸痛直到挑战成功。虽然此行并没有挑战成功（滑水真的不简单），但是让我们讶异的是，他竟然想要争取成为营区指导员的资格！

为了这个目标，促使他去询问未来成为指导员的条件，只有一项可能不合格——英文要说得和当地人一样流利，这下子可真让他沮丧了，不过也因为如此，使得他痛下决心要好好学英文。队友们之间的情谊融化了他原本暴躁的个性，暖暖的爱让他变温柔了，很容易理解为什么他想要当指导员，因为他真的爱这里，爱也已在他心中开花，临走时依依不舍地和队友相约明年再重逢，再继续挑战滑水。

当我们回到营区接孩子时，他们见到我们的头几句话竟是：“拜托啦！可不可以不要回台湾？我们好想留下来。老师，明年我们还要回来，两周太短了，可不可以待一个月或两个月？……”一张张急切的小脸，有谁能不感动？试问：这样的学习与收获是教室可以教出来的吗？所有的户外活动都与营规（营区所制定的训练孩子遵守的规则）结合得非常紧密，也就是说，每一环节的设计都有训练孩子的目的，例如：餐厅所有的餐具都由小团队每日轮流放好并帮忙服务，每个孩子都要学习服务他人，所有衣物都要自己清洗、整理、归位……谁说玩与活动不是学习？啃读“死书”才真是误人子弟的学习。

• 父母的不放心阻碍孩子的成长

这次活动精彩万分，原本报名者很多，最后成行的孩子仅占报名人数的一半，问题在哪，不说大家都可能猜得出来，没错！家长不放心！更奇怪的是爸爸不放心的居多，诸如，太远啦！时间太长啦！怕孩子不适应啦！孩子太小啦！活动会不会危险啦！

矛盾的是，假如换成是游学营学英文，以上这些问题就通通不是问题了。很奇怪吧！追根究底其实就是认为花这么一笔钱让孩子远道去玩是浪费！

这次活动最小的学生才上六年级，在园区被分到最远的儿童营区，这是他第一次离家，所以第一天晚上因为想家偷偷地躲在被子里流泪，但是两天之后，他进入状态即快乐得不想回家了。由于年纪小，小朋友的适应力反而是最快最强的，文化融入也是最没有障碍的，外国人见了面打招呼就是拥抱，鼓励你也是拥抱，说再见还是拥抱，我们大一点儿的学生一开始有些羞涩不习惯，就这个会在被子里偷偷掉眼泪的小朋友适应得又快又好，当初让我们比较担心的他竟是收获最多、最不想回台湾的学生。

从他的身上，我们更加确定能力的学习是该早早培养。学生还告诉我们园区里的队友大半都是从小学三年级就开始参加，每年都来，一直到 16 岁。许多参加过的学员因为爱这里，16 岁以前就申请当辅导员，经过集训合格就可以继续回来指导学弟学妹们。我们有一名学生明年将 17 岁，他在离开园区前就紧急向我们求救，恳求夏令营的老板答应让他明年可以再来，那时他只超龄一点点而已，让我们不禁莞尔。

看到这里，是否发现父母太多的不放心真的是在阻碍孩子的成长？是否让你对学习的观念亦有所修正呢？

• 是爱孩子，还是害孩子

2008 年，世界知名的日本管理大师大前研一的姐姐出版了《大前研一不爱上学》一书，描述大前研一是如何冲破不爱上学的现状，一路从一流学府

“蒙”进了世界最棒的学府——麻省理工学院，到底是什么力量在引领着这个不爱上学的孩子呢？不爱上学的大前研一，又是如何在现实生活中学到本事的呢？身为全球麦肯锡管理顾问公司亚洲最高主管的他，又是如何下定决心远离众人羡慕的职务，矢志开创事业的呢？

姐姐大前伶子回忆母亲哀求弟弟“求求你去上学吧”的过程，铁定让读者瞠目结舌。在姐姐的眼中，大前研一是个爱玩音乐远超过上学又很贪吃的弟弟，喜欢忙着赚钱，还有“不服输”的强悍斗志。如果在当时，大前研一顺从了母亲的哀求，改变他不服输的个性，好好当一个乖学生，听妈妈的话当一个好儿子，那大前研一还会是知名的管理大师吗？

而我们知道的却是，多数的父母都是不断地打压孩子的天赋或个性中的特质，期待孩子可以像一般小孩一样，乖乖地上学，好好地读书，不要去做会耽误功课的事哦。这是你们所谓的爱吗？

● 用爱去解决孩子行为失序的问题

多年来我们于不同的场合最常被家长问及的青少年问题，永远摆脱不掉：不想上学、不知读书的目的、假日无所事事、整日上网玩游戏、与父母关系紧张，甚至有些以离家出走抗拒父母。

“冰冻三尺，非一日之寒”，在我们的教学经验中，通常在学校不写功课的孩子，进了我们的思考课堂，在自由选择表现作业的方式且采用从不强迫学生写作业的态度下，在一次次自己放弃写作业之后，再与其他学生互动分享同学之间的作业时，皆会引发出他的好胜心，也就点燃了开始学习的火苗。

一旦他接受并进入到另一种方式的学习后，回头再看学校功课时，他会用另一种心态去面对，至少不会为反对而反对（学校功课有时确实不合理）。此时，家长若配合假日安排户外活动，鼓励自己的孩子多交朋友，引发孩子的期待之心，丢掉功课之类的话题，倾听孩子内心的喜怒哀乐，彼此分享讨论下一次、下一学期或下一年的活动计划，给予孩子充分的选择权并尊重他们，你会发现，他们都将是解决问题的高手。

只要父母愿意改变原本的传统思路，这些都是激发孩子学习的动力以及拉近亲子关系最佳的方法之一，多元化的选择活动让孩子忙都忙不完的时候，他哪还有什么时间会去迷恋网络（打发时间）？哪还有机会当宅男宅女？只要你一路坚持，让孩子能享有多元的生活直到高中阶段，相信你的孩子眼睛一定有神，不会赖在家里，毫不颓废，也许有些小叛逆，或许成绩差强人意，但一定是孝顺父母、爱父母的。

也因为你们的爱，孩子行为不守规矩的问题都可迎刃而解。

在德国人的教育观念里，“玩，才是孩子的主修；玩，是开启孩子创造力的关键”。德国父母和老师这么认为，是因为他们深信：**让每一个孩子都能发挥天赋与才能，才是教育最终的使命。**

你怎么看呢？

别再感慨：一代不如一代

《联合报》有一则报道，台湾诗人、书法家侯吉谅于他的博客中曾收到一封未具名的电子邮件，内容约是："打扰您，我是××大学的学生，由于班上中文课分组报告主题为您于2006年发表的书法新诗，自己又非文学相关系所，完全无法明了大师诗中意涵，因此需要更多关于这首诗的详加解释，但却十分不易寻得有关这首诗的其他……不希望只是自己主观的解释，希望取得大师本人正确的剖析……"看到这里你是否觉得这位大学生十分进取、聪明呢？

"现今大学生素质不敢领教！"侯先生是如此回应记者的采访，直指学生搞不清楚状况，除未具名显示连基本的网络书信礼仪都不懂外，这封信虽写得很客气，但明显是学生自己写报告时，不知是不会写还是懒得想，干脆直接发邮件来问作者，想要不劳而获，懈怠懒惰到如此程度，实在是匪夷所思。

• 是谁造成一代不如一代的现象

近年来网络成为人们沟通的主流平台，教育事务主管部门不断地推动品格教育和课程，也该与时俱进，加强学生网络教育，信息普及反而让愈来愈多的人习惯以匿名方式，躲在计算机屏幕后发言。由此导致大学生什么都敢说，讲好听的是勇于表达自己，其实就是自私自利。

无独有偶，前几年我们曾接到一个电话，是之前上过课的一名大学生打来的，电话中他表明要写毕业论文，主题是关于思考教育，希望可以约喝咖啡当面请教。我们很高兴有这么上进的学生，于是很热情地答应他的邀约，没想到见了面后才知道，他只想用最方便的方式完成报告，交差了事。换句话说，用我们之间交谈的内容拿来做毕业报告。当我们察觉出不对劲时，告诉这位学生："回家多多用功吧！就算要走捷径方式也该做做功课，假若连问问题都问不好，怎能得到想要的东西？"

近 10 年来，每年跨出校门的应届毕业生、工读生，每一次新进人员的面试与训练，都让多数的主管、老板对这些年轻人在各方面能力的表现上有大不如前的感觉，大家互吐苦水，怨叹找不到人才，似乎已是常态。国际上我们除了经济的增长率还差强人意外，各项学术的评比也不尽理想，从当年"亚洲四小龙"的第一掉到如今的末尾，每当我们大人感慨"一代不如一代"进阶到"一届不如一届"的同时，请不要忘了，是谁造成了一代不如一代的现象；当我们痛心指责年轻人的同时，也请不要忘了，你自己的孩子可能未来也是这个样，而你，察觉到了吗？还是耸耸肩摇摇头，继续以"鸵鸟"的心态过一天算一天呢？

当你用一根手指指向他人的同时，另外四根手指其实是指向你自己。很多事业有成的父母在工作上对这个现象非常明白，白天上班会责怪公司里的年轻人如何如何，应该怎样怎样，可是，一旦回到家面对自己孩子的时候，理性马上消失不见，瞬间回到传统父母的角色，包容孩子生活上的一切过错，忘记应该以看待员工的标准理性地看待自己的孩子，实在令人不解。这样的爱怎会是爱孩子？只会一步步将孩子推往"一代不如一代"的方向。

● 聪明的你，将看家本领都传给孩子了吗

要知道，学习不仅局限于体制之中，家庭生活教育所扮演的角色更为重要，尤其当体制教育出现问题时，不是坐在那一味地批判当局该有所改革，而更应该拉紧神经省思家庭教育所应当担负起的责任与义务以免耽误了自己的孩子。因为体制不会救你的孩子，甚至可能让你的孩子沦为体制下的牺牲

品，唯有身为父母的你才能救自己的孩子。前几章我们已说明父母身教的影响与遵循古人训诫在生活中实践的重要性，只要开始做，一段时间后，你一定可以看到有所改变。

天下父母心，相信每对父母都期待着孩子一定要比自己强，问题是，心里面如此想着，但在实际上到底做了哪些事？或者从来没有真正去实践过。

想想，假如你是一位全职妈妈，一定最擅长管理家务，也是料理高手，试问，在孩子 18 岁之前，你的本领有多少教给了孩子？拖地，洗衣，做饭，照顾弟弟妹妹？存钱，取钱，寄包裹，逛市场讨价还价？换句话说，从厨房杂务到银行办事，他可以独立完成哪些？还有你最擅长的和亲朋好友相聚聊天，孩子在其中学到做人的道理了吗？每天有这么多的教材教他，孩子都学会了吗？

聪明的妈妈，你将自己的看家本事都传授给孩子了吗？

相对地，假如你是一位爸爸，你是一位成功的企业家或专业人士，职场上一定有过人之处与丰富的社会经验，请问你是否好好地启发孩子，将你的职场宝典倾囊相授了呢？诸如怎么谈生意、怎么经营公司、怎么了解市场、怎么维系人脉……这些都是生存于社会中必备的能力且需要时间好好领悟学习的，从小就可以让孩子慢慢接触，同时可以增进父子之情，一举两得。否则，难道要做牛做马傻傻地存一大笔钱，将来都让孩子把它挥霍殆尽，等到两败俱伤再来悔恨得捶心肝，已来不及了！

聪明的爸爸，你将你的生存宝典都传授给孩子了吗？

不用说，你们都心知肚明。可惜时间是不会等你们的，一转眼孩子就大学毕业了，马上就得面临各种竞争力的考验。做父母的可以陪孩子去考试，可以陪他去面试，却无法代替他们去面对社会中的生存游戏，他们必须自己去面对、去学习、去成长。而你们的担心害怕，一方面是因为父母天生，另一方面是因为你们之前什么都没有教，什么也没有做。孩子在你的保护下，未能具备各项生存能力，你当然担心又害怕！别说是你们担心，我们也都担心不已。

• 该教的都教了，放手让孩子飞吧

我们有一位家长在某大饭店做财务主管，每年寒暑假期一定想办法让孩子在饭店打工，而且专挑工作性质最辛苦的部门，孩子每天累得一回到家倒头就睡，想要抱怨都没时间。到了第三年的暑假，孩子已经可以试着在一楼餐厅领位，服务客人。我们还特别抽空去一楼喝了个下午茶，顺便看望他，并给他鼓鼓劲儿。

见到了孩子本人，他完全没有富裕人家孩子的骄傲之气，还很自在地述说当初他做新手的窘态，刚来时，因为表现不好，常常被资深的工作人员骂，心中虽然多有不平，也怨妈妈好狠心，但是在妈妈的坚持下，也熬了过来。他才发现在这些打工的日子里，学到了许多自己想不到的事，连端好盘子都是一门学问，现在被安排在第一线服务客人，更不是一件简单的事，因为客人千百种，每碰到一个新状况就要当场想办法解决并尽量让客人满意，是 EQ（情商）的挑战，也是临场反应能力的挑战，看似简单，其实不容易。

现在的他很感谢妈妈当初的用心，也常常会将工作上遇到的困难与妈妈讨论，妈妈也很巧妙地会趁机将饭店的经营心得教授给儿子，看到自己身边许多同学浑浑噩噩地过日子，他觉得自己很幸运。

在动物世界中，3 岁的小老虎、小老鹰即被母亲赶出巢穴，因为该教的已经教了，翅膀长硬可以飞也该去飞了，这是自然界的生存之道；小羚羊一出生即要快快学会走路，一边吃奶还得一边走路，非要这么辛苦才不至于被猛兽所猎捕。人类何其幸运，可以在父母无微不至的呵护下长大，而当孩子长大准备面对社会的生存考验时，他是干劲十足、迫不及待地往前冲，还是躲在父母的树荫下啃蚀他的人生呢？18 岁以前的家庭教育将是关键，而身为父母的你们在这个关键点上又做了哪些？

把学习的主动权交给孩子

了解孩子的特质很重要，每个孩子都有其与众不同的个性特质，也需要些许差异的教养方式。在计算机天赋智能分析下，借由几种动物的特质初步来区别，并简易说明孩子的个性差异，看看孩子属于哪一种。

● 树袋熊型

有些孩子天生像树袋熊一般缺乏个性，小时候十分听话，叫他做什么、学什么都表现得很好，在学校受同学、老师的喜爱，是学生中的模范，在家里通常也十分听话乖巧。不过，青少年时期过后，你就会觉得孩子好像“太听话”了：什么都会说好，可是什么也不好不坏；没有个性与主见；假日时，不会主动约朋友出门；生活上的事妈妈不安排便不做，做起事来又拖泥带水，应付了事，令人生气；与他讨论事情都没意见，大人决定就好，可是事后又一堆埋怨。

● 老虎型

有些孩子天生像老虎，凡事都要展现自己的个性，稍大一点儿因太有个性而不太听话，叫他做什么事都要讲道理。在学校里有时老师不喜欢这类学生，因为太主动发问而又不好管教。在家里也是叫不动，除了对自己喜欢的事十分积极参与外，他人的建议一般都听不进去。青少年时期之后，更会觉得孩子意见太多，太有个性和主见，与人相处太直接，好的很多，不好的也一堆。假日时，常主动约朋友出门去玩，生活上的事妈妈不安排便不做，一旦做起事来却真的非常有效率。与他讨论事情必须经过他的同意才能去做，否则勉强去做，效果不佳。

● 猫头鹰型

有些孩子天生像猫头鹰，什么事都有自己的意见但不会轻易说出来，个性上十分计较也有许多自己的“原则”，叫他做什么事都要讲得很清楚，否则不小心触碰“雷区”便会大发雷霆，在学校有些老师喜欢这类学生，因为不太捣蛋且配合度高。在家里还算听话，就是不太说话。青少年时期之后，亲子沟通不佳的父母，就会更觉得孩子太安静，什么都不说，不知心里在想什么，可是好像又知道自己要干什么，生活上的分内之事都做得不错，只是不知到底要如何与他进行内心的对话。

● 不同类型孩子的学习方式

孩子的特质需要做家长的从小细心地观察和体验，其实在 DNA 的遗传影响下，总会有你们的影子。想要清楚地了解孩子，可以先看看自己再做判断，也是省力的好方法。像老虎的孩子天生即具有主动勇于扑杀猎物的特质，关键在于是否有看到自己设定的猎物（目标），而不是由父母选择安排的目标（猎物），找到自己热爱的目标就会像老虎般勇往直前，完成任务。反之，若是被迫安排，到最后老虎则会变成病猫，动都懒得动了。

而个性像树袋熊的孩子是最佳的学习者，只要按照“树袋熊”的特殊嗜好，循序渐进地发展他的学习模式，就很容易成为专业人士。不过因为树袋熊天性慵懒，太过于放纵时，它的先天个性便会显露，如抱着树不动、吃你所安排的食物，因没有自我能力的发展而丧失生存能力！

然而，猫头鹰类型的孩子其实是最有想法的人，不过因太多的原则反而令自己受牵绊而犹豫不前。想得多做得少是猫头鹰类型孩子的最大缺点，父母需清楚他昼伏夜出的习性，建立有效的沟通模式，尊重他的生活习性与原则，孩子潜力发挥的空间是十分大的。

孩子的个性当然不仅有 3 种动物的差异，且每种动物除了自己的属性外，不同饲养人的个性和生活环境也会形成不同的个性差异。我们只想借此说明，每个孩子都有其天生的特质和优缺点，父母除有责任去帮助孩子发展自己的能力外，也应尽量让孩子了解自身的优缺点，在生活的磨炼中找到他们真正热爱的事并全力以赴。千万不要再以爱孩子为理由，压制他们的天赋与成长空间啊！

为孩子营造一个自由的环境

在传统的教育体制与工业时代激烈竞争的交互冲击下，父母汲汲营营地追求物质文明的享受，不断地以提供物质上的满足来达到父母对孩子课业成绩上的要求。这种交易式的畸形教养，完全忽略了家庭教育的重要职责，也破坏了家庭所应担负起的对孩子人格与品德建立的责任。“金钱万岁”的价值观，造成目前社会呈现出冷漠与现实功利紊乱的现象，社会问题不断地滋生将只是前奏曲。同在这片土地上的我们，都有责任为我们的下一代共同努力。

衣贵洁，不贵华，上循分，下称家。
对饮食，勿拣择，食适可，勿过则。
年方少，勿饮酒，饮酒醉，最为丑。

——《弟子规》

上面这段选文的意思是穿衣服需注重整洁，不必讲究昂贵、名牌、华丽。穿着应考虑自己的身份及场合，更要衡量家中的经济状况，才是持家之道。日常饮食要注意营养均衡，多吃蔬果、少吃肉，不要挑食、不可偏食，三餐常吃八分饱，以免增加身体的负担，危害健康。饮酒有害健康，青少年要遵守法律规定，未成年以前不可以饮酒。即便成年以后也不要饮酒过量，因为喝醉时疯言疯语，丑态毕露，会惹出许多是非。

以上内容将我们日常生活中行为态度的规则说得十分简单明了，对内容不应仅仅以条款方式来背诵，而是需要心悦诚服地去实践于生活中的每一个细节，当我们大人真诚地实行于生活行为之中时，以身教教化孩子，从旁去感受此种生活态度，自然表现于日常生活之中，孩子原本脱序的行为也会渐渐回到正轨。家庭一旦和乐，社会和谐之道也就不远了。

身教也是对晚辈的教导，让孩子在生活实践中顺其自然地去感受学习，无须刻意地教导，孩子自然能从中体会。读书也一样，无须每日叫孩子去读书，而是当父母都有阅读和逛书店的习惯时，孩子在耳濡目染下自然也会喜爱看书；如果父亲每日都有运动的习惯，从小跟着大人一起去跑步、爬山等，孩子自然也就会养成运动的习惯；如果母亲热情好客，时不时地与亲朋好友往来交流，孩子自然从中也会学到如何与长辈相处和人际互动的技巧；如果家中开小吃店，孩子自然会学到食材的运用及招呼客人的门道；如果家中经营家族企业，孩子更应该自小从基层去学习磨炼，等到具备担当能力之时，自然也就可以担当大任。

但是，假如孩子只有一张令你满意的文凭，你觉得那是保障吗？为孩子操心是父母的天性，那我们要问：你几时可以培育出不再令你担心害怕的孩子，可以全然放手让孩子自己做选择与面对任何的挑战？要等到孩子大学毕业后，还是研究生毕业后？来得及吗？

还是你可以聪明选择，如上所述提早在家庭生活中自然地培育你的孩子拥有很强的生活能力，当学业完成之时，也是你结束担心害怕的时候，满心祝福孩子展翅高飞。害怕不敢放手及过度地保护孩子，往往会造成孩子毫无生活能力，也同时会使孩子丧失对事物的好奇心，活生生地剥夺了他从失败挫折中学习宝贵经验的权利。当没有各种能力而只有一张文凭时，你觉得孩子在未来社会的前景中，能有何发展呢？

“养不教，父之过”，为人父母者难辞其咎！

• 崇尚传统精神要理性

有这样一个故事：有一个人在为他刚过世的父亲做一个传统的仪式，用来缅怀他的父亲及为他的“旅程”祈祷。在仪式进行的过程中，他家的狗跑进了祈祷房，因为害怕它玷污了神圣的仪式，所以那个人就赶快起来将那只狗拴在走廊的柱子上。几年之后，当他过世，他的儿子为他再度举行此传统仪式。他很虔诚地去遵循每一个细节，所以就从附近抓来一只狗，因为据他的记忆，他认为那一定非常重要。“我父亲在祈祷当中特别爬起来去拴它。当他把那只狗拴在柱子上之后，他表现得很高兴，然后就继续祈祷。”他不想错过任何一个细节，因那个仪式必须很完美。在这个时候，他家里没有养狗，他不得不抓了一只迷路的狗，然后就很小心地将它拴在走廊的柱子上，心满意足地完成了整个仪式。在那户人家，多少辈以来，那个仪式仍然被一丝不苟地遵循着。事实上，神圣的拴狗仪式已经变成了那个典礼最重要的项目。

看懂了吗？不要被传统的教育所牵制，教育的实质才是你该为孩子努力的，孩子的人格发展与独立能力是关键的教育，不要像故事中的拴狗仪式一般，不知其所以然而盲目地跟从。这是一则很讽刺的笑话，却还有那么多的人在继续演出这则笑话。爱不是口号，也不是仅仅放在心中，而是用对心思走对方向，将爱充分地表现出来让孩子真实地感受到。你的爱不是要求，也不是期待，而是尊重他、支持他、伴随他。多花些时间了解孩子的内心，以榜样的力量引领孩子走向正确之途。不要急于捉回迷途的羔羊，假若没有崎岖的道路，哪能找到正途？凡事应反求诸己，先想想身为父母的我们到底错在哪里或哪里没有做好。当真正的问题找到了并做了改变，迷途的羔羊终会找到回来的路。

体制的问题、家庭教育的失衡、社会扭曲的价值观，或许，一代不如一代真的是由我们自己所造成的。

提醒你！“爱”孩子是用“心”来爱的，你真的用“心”了吗？找到问题的思考点，你的孩子将会更爱你，也将以有你这样的父母为傲！！

让学习快乐起来

• 期待的伤害

记得前几年，我曾看过一则印象深刻的电视广告，内容是这样的：

场景：某公园中，4 个接孩子下课的家长及各自的孩子的对话记录。

对话内容：

其一妈妈说："最近他表现很好呢！"

其二妈妈回说："他以后要是可以当医生啊，我退休可就乐啦！"

另一爸爸说："我儿子说，他以后要像王建民一样，我也可以退休喽！"

其三妈妈说："我们家这个长得这么帅，以后像周杰伦，我也可以提早退休喽！"

其中一个小孩突然反问："那你们以后要做什么呢？"此时，4 个大人面面相觑，寂静无声……

多么写实的电视广告，虽然广告主题是宣传退休规划，但是恰好反映出现实生活中家长们对孩子的期望有多高。小小年纪就要开始承受大人的期望，多沉重啊！让我们忍不住要替孩子问一声："这是我的人生，还是你们的人生？是我的未来重要，还是你们大人的期待重要呢？"

相信仍有些父母总爱以当年勇的姿态对孩子叙述说：在过去的那个年代，家里没什么钱，兄弟姐妹众多，我们没法子好好念书，当时我们的父母为了生计拼命地挣钱，物质上十分贫乏，好不容易才将我们拉扯到读完大学。现在的你多幸福呀！所以，孩子你一定要比老爸我更强。过去老爸得不到的，我给你！现在你只要拼了命好好念书考个名牌大学，给老爸老妈争一个面子，在众亲人面前走路都会有风。加油！只要考试考得好，你要什么老爸都会给你买（因为孝顺不就是孝顺儿子嘛），好好念书啊！

我的学生也曾向我抱怨过，这是最烂的台词也最讨人厌的，可是家长还沾沾自喜，乐此不疲。为什么孩子不吃这一套？因为话中从头到尾明明白白只有一个重点：好好念书考名校！生活中的言语都是围绕着这个重点不断地重复，这是一种任何人都懂的期待，也就是压力。万一书念得不理想，那么日子将更难过。分数低了要加强，名次退步要检讨，考学校更像在生死边缘走一趟的煎熬，单调的考试生涯怎么快乐得起来？

你知道有学生受不了考试的压力，会直接交白卷吗？可怜的他并不是叛逆，只是单纯想喘口气。但是有多少父母愿意真正用心了解孩子的内心世界，了解他的不快乐或者痛苦？课业压力压得孩子喘不过气来，再加上还有“霸凌”的问题（父母几乎都不知道）、交朋友的问题、激素的问题、对生命质疑的问题……这些都会是青少年面临的问题，但是做父母的你们又花了多少时间好好地关心过孩子，好好与孩子聊过这些呢？

• 是谁的人生

Three idiots（《三个傻瓜》）是一部我们曾推荐给家长观赏的印度电影，影片中点出了许多现在的教育问题，非常写实，也给父母带来深思，到底我们给了孩子什么样的爱？还是我们以为的爱其实是将自己期待的重担沉重地丢给孩子，迫使他们默默地接受与承担呢？

在电影中，有一幕是一名学生因为潜心研究遥控摄像直升机未能如期完成毕业作业，他向校长请求宽限时间，而校长却对他冷嘲热讽，并在电话中告诉他的父亲他不能毕业。在绝望之下，他在宿舍结束了自己的生命。另一位主角因为父母满心的期待，只好将他内心对摄影的热爱深深隐藏，后来在同学的鼓励下，终于鼓起勇气向老爸表明心迹。原本老爸开心地用积蓄偷偷买了台新型计算机当作给儿子的一个毕业惊喜，听到儿子的一番告白，当场傻眼，差点没突发脑溢血！父亲认为大家挤破头想进入的第一学府多难考啊！好不容易省吃俭用拉拔毕业，眼看美梦就要成真，竟然想要放弃去搞什么摄影，实在太不争气了！简直是晴天霹雳，太让二老伤心失望了。可是他睿智的母亲思考过后，愿意成全孩子的选择，因为孩子告白时说了一句话："摄影让我非常非常的快乐，父母，我爱你们，希望能得到你们真心的认同，让我可以去完成我的梦想。"于是母亲劝服了固执的父亲，既然孩子找到了他真正的快乐，就应该给予他祝福。最后，当孩子收到父亲将计算机换成的一台最新型的摄影机当作毕业礼物时，感动、泪水与拥抱交织成了最单纯伟大的爱。

"千金难买早知道，万金难买后悔药"，假如父母早一点知道如何用心去爱孩子，少一点儿期待，多一点儿用心，也许很多青少年的问题或者悲剧也就可以避免了。

● 孩子的快乐，来自于父母的理解

中国疾病预防控制中心 2011 年公布，中国重度精神病患者达 1600 万人，各类精神病患者总数超过 1 亿人，简单地说，每 13 个人之中就有一人是精神病患者，这绝非小事一桩。而受精神疾病的影响，每年约有 29 万人自杀身亡，使中国成为世界上自杀人数最多的国家，更麻烦的是，疾病年龄有向下延伸的趋势，北京大学近 10 年来休、退学原因中，精神疾病占了 1/3。

台湾地区近 10 年青少年抑郁症患病率与自杀率亦是节节升高，表明年轻人承受的压力缺少疏通的管道，值得政府与家庭重视。以上的数据不知做父母的你看到后是否有所感慨？若没有，再看看，台湾地区的统计数据显示有七成的小学生不快乐，九成六的父母也不快乐，初中生通通都不快乐。为什么呢？

有一次，我们的学员家长说了一个自身故事：他的孩子考上了一所公立高中，刚开学时举办家长会，她去参与了班会讨论，在班级会议中见识到了千奇百怪的现象，其一竟然是某些家长向老师提议："为什么没有联络簿？

有了联络簿才方便家长了解孩子的学习状况啊！”老师无奈地回应，高中生没有此习惯。（台湾地区的历史上好像从来也没有过吧！）当下，有些家长即提议说：那我们妈妈们自己来做一本联络簿，请老师日后将各项考试成绩的分数登在上面，让我们家长可以清楚了解孩子的学习状况……读到这里，有没有头皮发麻？或许这是我们孩子学习不快乐的主因之一吧！

民主与专制，有何不同？民主的真谛在于有表达自己意见的自由，且须尊重他人也有表达意见的自由；专制则以一个共同的意识强制他人去遵守。有些大人也将以上观念用于与孩子的相处之中。父母与处于婴幼儿期的小宝贝说话时，总会心平气和地说一堆道理，并且十分尊重孩子自己的选择（虽然孩子在当时根本听不懂也无从发言），不时还掺杂着高兴的赞许——你真棒之类的话语，自诩为一个民主妈妈；等孩子进入小学正式的教育体系后，此时的民主妈妈不知为何跟着改变了，渐渐不再关心孩子心理上的需要（嘴上虽说孩子可以平等沟通，但已忘了之前标榜的民主妈妈），开始以功课为前提来要求孩子，孩子不能有所辩白，不能找借口；再下来，开始积极主动帮孩子安排各项学习课程，事后可能又因孩子有意见而彼此闹得不愉快，这时妈妈又开始讲孩子不知父母用心之苦这类自我催眠的话，不但前后矛盾，还要为自己强辩不是个专制的妈妈。

不知民主和专制是否可以并存？但在许多的家庭里，大人似乎可用心情好坏和自己的双重价值观让两种“制度”都存在，也因为如此，有一天当孩子长大了，他可以做自己的主人或有能力做出决策时，不知他们会选择哪一边或是根本想都不想地离去……值得我们深思与反省！

• 有了沟通，才懂放手

那我们做父母的就不能对孩子有所期待吗？当然是可以的。

问题是你知不知道，期待对他们真的有好处吗？对他们的学习成长真的有帮助吗？也许你会说我吃的盐都比孩子吃的饭多，那你敢保证你帮他做的规划绝对是对的吗？你敢负责吗？再请教，你知道孩子的个性、特质是什么吗？喜爱的兴趣、专长又在哪里？喜欢交什么样的朋友？人际沟通有什么样的问题？他内心想的是什么？如果这些你都能清楚地回答（非家长自己臆想的），那么你与孩子的沟通可能不存在障碍，你的期待或许孩子也能明白，至少你们之间有达到某种程度的共识。如果不能回答上述的问题时，请你默默地将这份期待放在心里，孩子在生活中其实都能感觉出你们对他的期待是什么，只是当这份期待变成过大的压力或与孩子本身的期待有所不同时，多数亲子冲突发生的原因即在于此。这不也是学习不快乐的原因之一吗？

如果有一天孩子不愿照着你的方式、想法而活，或是想去实践自己的理想时，请不要害怕而应该欣慰，你的孩子已经长大了，想尝试着振动翅膀，飞向天际看看那令他向往又陌生的天空，请给予他支持与鼓舞，让孩子不会因为第一次鼓起胆识而怯懦，请不要担心，因为他还年轻，有得是时间，有得是机会可以去尝试失败的滋味，因为稚嫩的翅膀仍需一次又一次的振臂，在一次又一次的风雨袭击下，终有一日会长成强壮的羽臂而遨游天际。请你尊重孩子的意愿，放开保护的双手让孩子去开创他们的天空，并随时准备张开双臂，迎接那颗经受挫折和失败的心灵，抚慰他满目疮痍的内心，平静而温暖地恢复后，等待下一次全新的旅程。

多么期盼我们的父母真正期待的是：尽心让孩子平安顺利地长大，快乐地去追寻他们的理想，而我们随时准备好一个温馨的心灵治疗站，给予短暂停驻的他们全力的支持与鼓励。真心期许，天下父母心，懂得“放手”的真谛。

可怕的金钱价值观

在西方物质文明的冲击下，我们这一代曾创造了一个经济奇迹的社会，让台湾地区于短短十几年快速从农业社会跳跃成长至信息化社会，其间八九十年代出生的孩子何其幸运成长于这一个物质丰裕的时代。有得就有失，经济的富裕让许多人相信金钱的万能，努力追逐华尔街创造出的金钱游戏，使得放在爱人与孩子身上的时间和心力少了许多许多，且深信金钱总可以解决所有的问题。不知从何时开始，很多人都成了金钱的奴隶而不自觉，更不会承认。人生所有重要的顺序，都让位于金钱。

● 先改变自己才能改变孩子

俗话说："钱不是万能的，但没有钱是万万不能的。"有钱可以解决许多问题，可以买到很多东西，这是不争的事实，但是人人也都知道金钱买不到物质以外的东西，当然也绝对无法替代父母的角色。**偏偏许多忙碌于工作赚钱的父母，一厢情愿地认为金钱可以解决孩子惹出来的麻烦和闯下的祸，可以弥补孩子失落的亲情，可以填补父母对他们的关心。**

在过去我们所接触的家长当中就不乏这样的例子：曾有一位家长说她朋友的孩子今年刚上高一，上了一个月不适应就转学；转至第二所私立双语高中，也仅仅待了 10 天就因为和同学吵架不想去了，妈妈只好再次帮他转学；开学还不到 3 个月就换了 3 所学校，问题是，孩子在第三所学校又只待了一天，就再也不想去了，成天也不回家，不知道在外面干什么。平常孩子根本就不和她说话，只会开口要零用钱，妈妈现在为此头痛不已，几乎整日以泪洗面，不知该怎么教导孩子。

而我们的这位家长当初也是和叛逆儿子的关系非常紧张，不同的是，她在孩子六年级的时候痛下决心要改变自己，花了许多时间学习与孩子相处，通过几年下来的努力，现在也刚上高一的儿子，和那位有问题的孩子已是天壤之别。妈妈感到很安慰，庆幸当初愿意改变才能让儿子也跟着改变。可是另一位妈妈除了与功课有关的课程，其他一概没兴趣，只要功课能进步，花多少钱都不在意，现在的情况要如何收拾，她自己也不知道。

也有一些家长为了孩子的前途着想，很自然地会考虑将不太爱读书或者对学校生活不适应的孩子送去美国读书，认为换个环境，孩子就会变好（真是鸵鸟心态）。又担心孩子没人照顾，大多数也会让妈妈跟着去，而爸爸留在台湾努力赚钱当“空中飞人”。看似不错的安排，再加上英文又可以在当地学习可谓一举数得，觉得很划算。但在我们的经验中，多数孩子最后都会变成美国孩子，思想上与台湾地区的父母会有很大的差距，亲子关系要么变得十分紧张，不然就是相敬如“冰”，学业可以顺利完成的则不多。

一位朋友的孩子就是因为这种想法，到国外念完大学，毕业后也愿意回台湾地区接父亲的事业。朋友原本很欣慰可以好好做退休规划，后来才发现，因为儿子凡事都已习惯被父母安排照顾，心肝宝贝般地呵护下，在美国上学即开名车、住大房子，回台湾当了现成的老板，缺钱时即向父母开口，发生问题时也要父母去解决，当少爷习惯了，没有任何处理问题的能力。结果，朋友只好趁早结束事业以免辛苦一辈子累积的财富和商誉被孩子所毁。

• 孩子最需要的是父母的关心，而非金钱

父母的金钱观对孩子影响甚巨，尤其当社会氛围充斥着错误的价值观，电视节目与相关媒体过度渲染着名牌包、名牌服饰、名表、名车与豪宅时，潜移默化传递给年轻人许多错误的金钱至上的价值观，才使得那么多高中生、大学生追求名模、名歌手，沉浸于赌博、性交易换取金钱以满足物质上

的欲望，为了金钱什么都可以出卖已不是新闻。

现代父母真的非常辛苦，工作赚钱都已不堪负荷了，没有钱哪能让孩子吃得好，穿得好，补习补得好，是吧？但亲情与陪伴的时间怎么办？用钱来交换吗？没时间与孩子相处，花钱送孩子去“安亲班”来填补时间的空当；功课不好，花钱进补习班……请问若是行为偏差，那你要花钱往哪送呢？会有效果吗？还是花钱不过是买自己的心安呢？**父母用补偿心理花钱在孩子身上往往只会得到反效果，**孩子需要的爱与关怀是没有任何东西可以代替的。现在不付出，未来孩子亦无法以爱回馈你。爱就像一种无形的存款，平时要不断地存入，小心地维护，有需要时才不会出现匮乏，若爱的储蓄充足，这个家自然会和谐平安。请你检视一下，你的爱的存折是否足够？赶快开始存吧！

“出生时嘴里含着金汤匙，长大后很容易就会变成插在背上的金匕首！”这是股神巴菲特所说的话。

富可敌国的股神巴菲特将99%的财富捐出，不留金钱给子孙，老巴菲特认为钱只是工具，本身并不会让人快乐或解决问题。但是彼得却在老爸身上学到了最宝贵的人生哲学“做你自己”。唯有“做你自己”，才能永远怀抱热情，拥有迈向成功所需要的一切意志、胆识和决心！

顶着“巴菲特”的光环，绝对可以在华尔街呼风唤雨，少奋斗个几十年。但老巴菲特鼓励彼得听从自己内心的声音，让他有机会去发挥自己的天赋，于是彼得选择了与老爸截然不同的音乐之路——他真正的热情所在！彼得从老爸那里获益最大的不是金钱，而是一系列人生哲学：“开创你自己的人生大道。”让他勇于做自己。他在名校斯坦福大学只念了 3 个学期便决定休学，从零开始打造音乐梦，尽管过程充满波折，但他终于靠自己的力量，走出了属于自己的人生大道！如今他既是全美知名的音乐人，同时也担任诺沃基金会的会长，和他老爸一样，投身公益，回馈世界。

“股神”巴菲特的 3 个孩子都没有继承他的衣钵，他以实际行动教了自己的孩子金钱价值最宝贵的一课，也送给了孩子一生受益不尽的最大的财富：做你自己！父母无法以金钱取代，若天真地以为不是这样的话，那父母就太没有价值了。不是吗？

爱具有神奇的魔法

学习本该是件快乐的事！只因大人对孩子过多的期盼与要求，忘了学习原本的意义和享受知识喜悦的重要性应该远远大于记忆和分数，也忘了我们自己曾年轻过，也曾于体制中有所抵触，或失败或妥协。可是为什么当我们有能力改变我们的下一代，让他们活出属于自己的一片天空时，却选择了遗忘？反而继续让孩子更痛苦地活在一个不确定性的体制中？身为父母，你当然应该有所选择，当你没有勇气做选择时，就等于将选择权交到别人的手里，由他们来决定自己孩子的未来。

学习本该快乐，快乐不是放纵孩子可以想玩什么就玩什么、想学才艺就学才艺、想买什么就买什么的自由，而是父母对教育态度的坚持。时光一去不返，当你放下大人们一向的主观态度，放下过去自己读书、工作等成就时，客观而理性地视他为一个独立的有自主意识的个体，好好拥抱这独立个体并与他进行对话。有时，孩子的想法未必是不成熟的，就算是不成熟，也因他们是你的孩子，需要你的教导与等待时间的淬炼，而后磨炼成为一个独立的成熟个体，不是吗？

父母爱孩子不用质疑，但是用心对待、表达的方式才是关键所在。

• 父母与学校应全心接纳孩子

记得2010年的教师节前夕，我们收到了一张某所高中的晚会邀请函，是过去的一名学生（小钧）考上该餐饮学校，该校有别于其他传统方式，利用教师节举办新生感恩晚会，让新进学生邀请一位过去值得感谢的老师来共襄盛举。很感谢小钧给了我们这个机会——一个难忘的晚宴，也唤起了回忆倒回到多年以前……

小钧从小学四年级来到我们教室，刚来时，是一个令人头痛的孩子，不仅在我们这里如此，在学校也是老师们眼中的“问题学生”。由于我们采取开放式的教学与活动，使得他对于我们所有的课程活动，总是保持活力十足的热情，从课堂学习到户外挑战，乃至于寒暑假营队活动，思考大赛活动，国外学习之旅，无一不积极参加，每次他都抢着报名，妈妈也一贯地支持和配合，从不对孩子说任何情绪性批评的言语，积极和爸爸共同参与各种家长演讲和亲子活动。

无私的爱和精神支持，尽心竭力地配合与挖掘孩子的兴趣，虽然学校总说孩子不写作业，成绩差，妈妈却从不放弃孩子。而小钧在我们这里的学习表现也很普通，一开始也没写学习任务单，老师仍全心地接纳孩子，激发他的学习意愿。3 年后，小钧进入我们的初中思维开发班时，开始简单地书写学习任务单和阅读申论，虽仅寥寥数字，但在接下来的两句、三句、五句之后，内容开始呈现飞跃式成长而富有见地，一本本厚厚的课外书都是他自己从书店买回来的，看完后还不忘与老师分享心得，颇令我们欣慰。虽然中考表现得并不理想，但他的志向却早已确定——立志当厨师。

妈妈在与他讨论后，确认了孩子的决定，于是一起向目标努力。在连续几次家长与孩子的面试之后，他顺利地进入自己选择的学校并得到父母的祝福与全力的支持。妈妈说假如当初不是坚持用这样的方式对待，这个孩子早就不知道混到那个帮派去了。听到这里着实令我们感动与骄傲。

• 用“心”的爱，不是寸步不离

在这个教师节，有 20 名学生邀请过去他们所感谢的老师来参与学生一手策划与执行的感恩自助餐之夜。学校全力配合，除了给予场地的布置装饰外，学长们更是拿出自己的烹饪绝活来孝敬老师们的“五脏庙”。更令人感动的是每位学生在舞台上对老师所做的五分钟真心感言，孩子们纯真的感情流露，在那一夜感动了我们所有老师的心灵，也同时让许多人眼泪决堤。校长十分用心，知道感恩不是在课本里，而是在日常生活中；不是用分数给孩子贴标签，而是用鼓舞、支持对待孩子。每个孩子都头顶一片天，只要愿意给他们机会，他们自然会找出属于他们自己的天空。

爱需要用“心”，但不是全天 24 小时像看囚犯一样看着孩子寸步不离，那是恐怖的占有。用心是重质不重量，了解何种方式适合教养自己的孩子，清楚该给孩子一生受益不尽的资产是什么，不随波逐流，让自己与孩子都保有自我成长的空间，也勇敢地和孩子一起面对所有的困难。

你真的爱孩子吗？没有人会质疑，但是过多的期待让孩子感到窒息，你还会坚称那是爱吗？用“心”真的很重要！

第5章

你的孩子有哪些硬实力

自主能力——“会吃饭、洗碗吗？”

艺术欣赏——“懂得穿衣服、洗衣服吗？”

时间管理——“会主动整理、清洁事物吗？”

独立能力——“会独自坐公交车、捷运吗？”

玩的能力——“懂得如何玩吗？”

思考能力——“家长的省思？”

自主能力——“会吃饭、洗碗吗？”

前些年韩国电视剧《大长今》红遍台湾，韩国旅游发展局也趁着这股热潮猛推广告宣传，将文化结合旅游，让旅游业赚进大把钞票。而《大长今》里面所演的主要就是“膳食”。吃得对，吃得好，可以延年益寿；吃错东西，吃错方法，可以要人命。中国五千年的文化，吃，占了重要的一环。吃，不只可以满足“五脏庙”，更是一种艺术！西方文化入侵后，我们的饮食文化也跟着产生了很大的变化。我们就先从最简单的来看看吧。

“你的孩子会吃饭吗？”这不是说废话！不过常看到大人在孩子屁股后面追着喂饭的画面，有些甚至都已四五岁了，还真该好好解释一番呢！这里说的不是会不会把食物吃到嘴里吞到肚子里，而是问你的孩子懂不懂餐桌礼仪？会不会吃饭吃得满桌子饭粒？是不是端着饭碗在边看电视边吃？吃完饭后是不是会将碗筷放到洗碗槽，懂得处理厨余分类？还是吃到哪里丢到哪里，等别人帮他收拾善后（无须负责）？会洗碗吗？真的会吗？洗洁精、百洁布知道怎么用吗？还是怕孩子摔破碗盘干脆就自己来？孩子干脆进书房好好K书就好，如果能考个第一名，做妈妈的我洗再多碗也愿意，是这样吗？假如孩子连这些都做不好，还要求什么自主？再延伸下去就是买菜、分辨各种蔬菜、会进厨房煮饭煮面。再来就是建立好的饮食习惯。例如：不吃夜宵，少碰垃圾食物，多食蔬果。现在的孩子从小吃麦当劳长大，这种快餐最应远离。另外，含糖饮料更是健康杀手，珍珠奶茶尤其可怕，可是学生都好像离不开它们。小时候没有建立良好的饮食习惯，又缺乏运动，身体当然就容易出问题啦！看看现在小学生近视的一大堆，体重过重的、血脂过高的、有糖尿病的，还有许多本该是老年人多发的疾病在年轻人的身上都出现了，这绝对和大环境与饮食有密不可分的关系。前阵子，一名小学五年级的学生中风而亡，这种类似的例子相信以后会更多。为什么？因为我们不但没教好孩子，自己还在做错误的示范。

再问一次："你的孩子会吃饭吗？"知道五谷怎么分辨吗？有良好的饮食习惯吗？这些谁来教？不必怀疑，当然就是家庭教育啰！这么大的担子压到家长的身上好像很沉重，不过很多的生活累积起来就变成习惯。习惯可分成好习惯与坏习惯，建立了好习惯，以后家长轻松，孩子也轻松，反之，家长没有做好这个工作，苦头日后还有得吃咧！

吃，在生活上该做哪些？为什么它可以训练自主能力呢？自主学习的前提是将学习的主动权交还给孩子，让他们了解自己是一个主体，也必须为自己负责任，自己去想（思考），自己去做（解决问题与执行），自己要承担责任，为后果负责。前面提到最基本的是孩子几岁该让他自己吃饭？孩子在可以拿汤匙时就可以练习自己吃饭了。吃饭的时候就应该专心吃饭，边看电视边吃饭是很不好的习惯，不但饭没有好好吃，电视也没有好好看，倒是让孩子的坏习惯很快就形成，要再改，难！万一孩子为了看电视而急着吃饭，草草结束，家长就应该规定到什么时间才可以开电视，意思就是说看电视的选择是有规范的。"吃饭皇帝大"，如此一来，孩子不但可以坐下来好好地吃顿饭，而且家人间也有机会说说话，沟通彼此的感情。

我看过太多的家庭吃饭规矩都不好，孩子拿着饭碗坐在电视机前面扒饭是司空见惯的事。父母忙着帮孩子添菜加饭，不时还问问"吃饱了没有？""再多吃一点啊！"饭后还有切好的水果，去皮去籽后捧在孩子面前，只要张开嘴就可以了。碗筷不要求清洗，一切都是妈妈代劳。妈妈真像玛莉亚（菲佣）啊！这样的吃饭质量真差呀！

孩子一旦可以手握东西时，就应该让他练习自己吃饭，这不但可以训练统合能力、手眼协调能力，也是自我学习的一种方式，孩子在此过程中也会有成就感。吃饭时间就应该全家其乐融融地说说笑笑，建立良好的心情与亲子关系。餐桌上不宜谈孩子的学习，免得让大家都消化不良，气氛凝重，久而久之，吃饭反而变成一种无形的心理压力。

若孩子对食物挑三拣四，吃饭时间不好好吃，家长也不必太迁就。嫌东嫌西就饿肚子吧！等下一餐再吃。孩子饿过几次就学乖了。可是常常都是因为做父母的舍不得而功亏一篑。记得一位媒体名人在电视上说她教育小儿子的经验：她的儿子因为家境优渥，变得很挑食，在上小学时，常常嫌学校的饭不好吃而要家里的菲佣送食物给他。有一次被她知道了，第二天，她亲手为儿子准备便当——只有一个大饭团。她告诉儿子这是午餐，请他好好珍惜不要浪费。儿子当然很不悦，中午他就打电话叫菲佣买麦当劳送来，这次菲佣当然不理会，儿子生气地将饭团扔到地上。回到家里吃晚饭，他因为余气未消，赌气不吃，这位媒体人也不啰唆，在吃完饭后再问儿子一次要不要吃饭，否则要收了，他就没饭可吃了。儿子依然不理会（他认定妈妈一定会心软而迁就）。没想到妈妈真收了，不但没东西吃，妈妈也没搭理他。到了半夜，这位妈妈听到厨房有声音，跑过去一看，赫然发现儿子在啃干面包。看到妈妈进来，儿子忍不住放声大哭，说肚子实在饿得受不了，顾不得面子只好溜进厨房开冰箱找东西吃。妈妈这时才告诉儿子有东西吃就该珍惜，哪有挑食耍脾气的道理？吃饭时就好好吃饭，过了时间就没有了，这是规矩。自此以后，她的儿子再也不挑剔食物了。这位妈妈的亲身经验让我们深刻体会到坚持原则才可能教好孩子。

至于如何吃得健康是家长应给孩子把关的。一件很简单的事：孩子的营养是否均衡？体重是否过重？台湾过胖的孩子太多了，根本上大多是吃得太多太油与运动太少有关。教育孩子哪些东西是对身体有伤害的，哪些食物要用哪些方法清洁或保鲜，例如早餐要吃得好、水要喝白开水、晚上不要吃夜宵等基本的健康观念在小时候就应该建立。妈妈去超市或菜市场买菜也可以带着孩子一起去，让孩子认识不同的蔬菜、水果，挑选新鲜的鱼肉，了解它们的营养价值与功效。这些都是新鲜有趣的题材，回到家可以帮忙洗菜、择菜、淘米煮饭，不仅能让孩子了解妈妈的辛苦，还可以学习分担大人的辛劳。前面说过，**家是每一个人的，不分大人与小孩。将“共同分享”与“共同分担”的观念融入生活中，就是一种思考，也是一种教育。**

让我们再看看现在的学生，他们喜欢吃快餐，喝可乐、珍珠奶茶也大多是小时候养成的习惯。有的家长很爱说“没办法啊！”若以这个“没办法”当借口，以后就真的没办法了。回过头来看看，大人是不是也应该动动脑，思考思考，试着解决问题呢？

再来说说餐桌礼仪，这部分家长应该加加油！孩子在餐桌上很容易显露出家教问题，像前面提到的吃饭时应该想到餐桌上有长辈，食物还需留意供给别人享用，不是唯我独尊，自私自利地只顾自己猛吃而不管他人有没有得吃，帮同桌的人服务也是给孩子灌输“服务”观念的好机会，满嘴食物时说话是不礼貌的……家长都要善尽责任做好训练。小时候不教，长大了在职场上就得吃大亏了。

吃完饭后，麻烦孩子去洗洗碗吧！别怕他打破盘子，摔破碗，也别嫌他洗得慢，做多了自然就熟练。家长只要检查洗得干不干净。若不合格，请再洗一次，洗到合格为止，不能“放水”。这些也是训练负责任的态度。

我见过班上的孩子在清洁桌椅后，将抹布拧一拧就直接丢在洗手台上，请问这个抹布要拧干再打开晾起来是该谁来教呢？同样的道理，玩具玩到哪里丢到哪里是谁没教好？因为妈妈太尽责，跟在孩子屁股后面收，嘴巴虽然唠唠叨叨，但是仍然在帮孩子做事情，可想而知孩子的学习也一定被动。所有这些不起眼的小细节都与学习是息息相关的，可是父母却认为不重要。思考不在生活中练习，请问要在何处练习？俗话说**“万能的母亲造就无能的小孩”**就是这个道理。

• 逻辑思考，整合能力

有些人也许会纳闷，为什么吃饭也能扯上思考？那我就来问问：当厨师不需要思考吗？在厨房工作不需思考所有的流程与顺序吗？会做饭的我们都知道一盘盘色、香、味俱全的菜，背后的辛苦知多少啊！因为如何将一顿精致丰盛的菜肴展现在桌面上，是需要经过细致思考的，不是全部丢入锅中，大火翻炒几下就可以上桌了。不同的食材有不同的顺序，做出来的菜才会好吃。多少人的份儿，什么样的场合（家宴与请客就大不一样），什么样的口味，所做的准备功夫都不同。大师傅之所以成为大师傅，就是他们可以掌握全场客人各种各样的口味与要求。这些不需要缜密的思考吗？这些不需要很强的整合能力吗？当然需要！所有的大厨不但会做菜还要会创新。看过烹饪比赛吗？在烹饪比赛的过程中，主持人出完题目，参赛者就得马上在头脑中构思出完整的菜品搭配。构思好之后，要在规定的时间内完成所有的出菜。一边做还得一边想，因为除了会做菜（所有的参赛者都会做菜），如何才能胜出靠的是创意，创意就是“新点子”。新点子要成功，还要懂得迎合评审员的口味。

这整个过程全都是思考力与整合能力的大结合，谁敢说厨房的事与思考不相关？不但相关，还是很好的训练。不相信？试试自己做一次主人，请亲朋好友来家里吃饭，看看你能做出怎样的一桌菜，花费的精力与脑力又有多少，就知道了。

“君子远庖厨”的观念已经被时代所颠覆。这些厨房经验与孩子的未来有关系吗？当然有！这些能力可以帮助他在未来处理复杂的事务。例如：在工作中同时面对老板交付的多项任务时，可以分辨出事情重要的先后次序与关联性，不但可以提升工作效率，而且也会考虑如何将事情处理得更周详与完整（整合能力与思考力）。

举个例子：老板看到柜台上有一点脏乱，会对助理说：扫一扫柜台吧！然后助理就拿着扫把将柜台前的地扫一扫就做完了。对吗？大部分的年轻人应该都会这么做。可是老板一进洗手间看到有些脏乱是不是又要再叫一次？看到垃圾桶快满了，是不是又要再叫一次？叫到最后，可能老板干脆自己动手，因为花钱不是请一个助理，倒像请了个老太爷！

这种类似的情形太多了，相信很多人看到这都会点头如捣蒜，好熟悉也好让人生气啊！这就是缺乏思考，也缺乏整合能力的表现。企业老板喜欢提拔有思考能力的人，这样的人也会容易在同侪中显现出他的独特而受到重视。这么宝贵的能力，学校教过吗？很抱歉！没有！那谁来教？没错！就是身为父母的我们。它需要花费大价钱吗？不用！

可是身为父母的家长们啊！再请问你们一遍：“你的孩子真的会吃饭吗？”

艺术欣赏——“懂得穿衣服、洗衣服吗？”

这也不是开玩笑哟！我所指的是孩子该知道如何自己穿衣服，搭配衣服，对色彩的敏感度与对自己身形的了解，试着找出自己的特色，知道什么场合该穿什么衣服才不失礼等。例如：我们习惯于平日穿拖鞋，可到了正式场合，若也是穿一双拖鞋就很失礼。这些都是应该在生活中家长就要让孩子接触与学习的，这也是一种美学的基础教育。我们看看走在街上的年轻人就能清楚他们的穿衣哲学：今年若是流行热裤，就可以看到满街年轻人穿着短到不行的热裤。满街都是哦！不论是长腿、短腿、“萝卜腿”“仙鹤腿”、高矮胖瘦……给我热裤就对了！因为流行啊！谁管它适合不适合！完全不了解自身条件而盲目地追求流行、追求名牌，不但无法让自己变美丽，更无法展现出自己的特质。

法国女性被公认是最懂得穿衣的。常常一件简单的T恤、牛仔裤，就可以衬托出独特的个人气质，穿出自己的特色。要能穿出自信是从小教育、从小学习获得的。最基本也应该做到整齐清洁。我们思考班上曾有一名学生衣襟上永远都有污渍，原本以为是衣服没洗干净，后来发现每次只要吃东西，他就会留下“痕迹”，甚至嘴的四周都是脏脏的，看着令人很不舒服。我们只好规定他只要吃过东西马上就去洗把脸，因为让他的衣服保持干净我们无能为力，至少可以让他有张干净的脸见人。

穿衣其实也是美学。孩子在很小的时候就要让他认识色彩，玩色彩，画色彩，训练他自己挑选与搭配衣服，让孩子在有限的预算内买到合意的服装，学习精打细算，同时了解金钱的合理使用方法。现在有很多孩子进了小学以后就爱和同学比较，看你的手机是哪个品牌的，T 恤是什么牌子，手表多少钱，iPad（苹果平板电脑）是不是最新款，球鞋是不是名牌，连过生日都看请同学的阵仗如何，天啊！这不是折腾死大人吗？我曾经听过一位初中生家长的亲身体验：学生在放学后的自习考试时间，学校要求家长轮流当义工监督。家长在孩子的要求下都得带点心给全班的同学，若点心买得不够“体面”，孩子会怨妈妈不给他面子，气得妈妈拒绝去学校当义工。

其实“比较”这玩意儿，不知从何时起已悄悄延伸至台湾各中小学，孩子们追逐名牌、迷信名牌，让所谓的名牌产物在小小的台湾可以创造出可观的佳绩，甚至连一个名牌环保袋都可以让衣着时髦的女性不顾形象抢得鼻青脸肿、争得你死我活而上了社会版头条，真是壮观的另类台湾“奇迹”。比较的价值观永远都是比不完的，但是人与人之间的“比较”不会让自己更高贵、更美丽，反而会掉入这样的泥沼中，永远被金钱游戏牵着鼻子走。所以当孩子小的时候带他去买衣服时就应该灌输“自己就是品牌”的生活观念。穿衣要懂得合时合宜，简单大方，穿出自我的特色才是最重要的。无谓的比较就留给那些喜爱追逐的人去玩吧！穿名牌不是罪过，盲目地追求才可怕。当孩子在学校面对其他同学的比较时，家长适时的教导，可以让孩子从窠臼中跳出，自信心也可以由此慢慢建立。

家长们要叮咛自己的是：如果要让孩子自己主动学习选择、搭配衣服，就不要有一大堆意见，否则到最后孩子就会先选择放弃，因为从头到尾妈妈都以强迫的方式让孩子接受她已设定好的选择。这点是家长要注意也要不断地提醒自己注意的。过去我们思考班有一名男学生在初中毕业前即开始戴耳环，当我第一眼看到时，心里着实吓了一跳，表面却要强作镇定。学生问我说：“好看吗？”我说：“还不错啊！蛮有眼光的。戴左耳代表什么？戴右耳又代表什么？”学生看我一点儿都不惊讶的样子，即开始滔滔不绝地大谈自己为什么会戴耳环，说来说去其实只是孩子于此年龄的好奇好玩罢了！再过一阵子新鲜感过了，他自然而然就没兴趣了。假如我们大人一开始就大惊小怪，反而会使孩子筑起自我防卫的戒心、叛逆的心，让他继续戴着耳环，因为这个阶段的叛逆期，孩子很容易出现“为反对而反对”的行为。所以，记得要给孩子足够的空间去挥洒，我们自然会发现他们都是潜力十足的。

搭配衣服的训练，只要教给孩子一些基本概念就足够了！如同玩积木游戏一般，刚开始时，做一个示范模型给他们参考，随即他们凭借创意就可以制作出多元多变的造型。这是创意也是美学，又可以训练精打细算，一举数得，多好呀！懂得穿衣的生活态度，接着要教导孩子的是：在不同的场合有不同穿着的生活哲学。某些正式的场合就应该学习穿着正式西装、礼服，可以让孩子了解这是一种礼貌与尊重。我们无法要求别人做到，至少先要求自己身体力行。像牛仔裤与拖鞋，在一些重要的场合就属于不合宜的穿着，就不要犯这种贻笑大方的错误。反观现在年轻人在应征工作时对服装穿着的随便，就可能让面试官觉得这个人在工作上的表现一定与他外表一样很随便。毕竟人与人之间的第一印象就是外表。所以穿着打扮当然重要，并且还要从小开始学习。身在职场的我们都知道，不同场合穿着就不同。做业务的和坐办公室的不一样，当老板与做员工也会不同，爬山、跑步、做活动以轻松舒适最为重要，看艺术表演穿着要正式，我们思考班的学生若是书包里还带有另一套衣服，我们就知道晚上很可能家长要带他们去听音乐会或看表演。带孩子去参加或出席不同场合的活动时，在教孩子的同时，自身也要切实做到，否则光说不练，也是白搭。

前面提到孩子吃东西吃得满身脏，由此不难推断，这与家长平日的表现或对孩子的教育有关。尤其孩子都已经小学中年级了，会给外人很不好的观感。自身穿衣服首先要懂得整洁。此外，牙齿干不干净？指甲呢？按时修剪了吗？头发梳理了吗？有时在街上看到小朋友鼻子下挂着两条鼻涕，脚趾头黑黑脏脏的就觉得不可思议。我十分不解做家长的为何看不见这些生活的小细节！因为整洁的外表本就是最最基本要教导与需要做到的生活教育，父母绝不能偷懒，更不能放纵孩子，因为这是做人基本的礼貌，也是品格教育中的一环。

再来就是洗衣服啰！几岁开始孩子才会清洗自己的内衣裤？容易褪色的

衣服会不会混在一起洗？哪些衣物不能水洗？哪些衣物该用特殊的清洁剂？要如何晒干？哪些衣物又是不能晒太阳的？这些事情看起来简单，可是不教不做，孩子长大了依然不会。

为什么我们一直强调父母要教孩子学习洗衣服与整理衣服的生活艺术？因为这是一种生活自律。之前我曾看报纸上写一名大学生，每周回家都必定背一大包衣服让妈妈洗，天哪！假如你是他的妈妈，看到孩子不远千里背了一袋“负担”送给你，而不是他对你的关怀，这时你会怎么想，怎么做呢？失落？无奈？再加一点点伤心？既然如此，身为妈妈的我们为什么还要照单全收呢？妈妈何苦总是先为孩子找一大堆借口帮他们做事。洗衣服即使是用洗衣机也要会按按钮啊！内衣、内裤一定要自己洗，不可别人代劳。哪些衣物是该分类或手洗，哪些是不能晒太阳的都要教孩子，这样的自律会反映在孩子未来的学习上，对成长绝对有加分的效益。

• 创意思考，美学概念

那么穿衣、洗衣与思考又有什么关系呢？除了是一种自律训练外，穿衣服本身也是一种美学、一种创意的来源。如何评鉴与欣赏美的事物都是一种美学的开始，在生活中最接近的就是穿衣的色彩哲学。基本的色彩搭配就是玩色彩，玩多了创意就开始产生，搭配多了大脑就会想做不一样的突破，这就是思考，就是创意与创新的基本来源。一流的服装设计师不但对色彩要有高度的敏感性，对如何搭配更要有独到的眼光和巧思。奥黛丽・赫本、杰奎琳都没有先天做模特儿的条件，却可以穿出特色甚至领导流行潮流，就是很好的例子。在线游戏将人物变换成造型百变的野兽或绝世俊男美女后，销售业绩大增，为什么？因为创意满足了客户的视觉享受。“云门舞集”不但在中国大陆受到推重，西方国家对它也是赞叹不已。最近来台湾表演的“太阳剧团”世界知名，为什么？它不过是个马戏团吗？没错，它原本就是一个针对儿童表演的马戏团，辛苦经营却赚不了多少钱，于是老板发挥创意让传统变戏法、吞火、看动物表演的节目转变至“文化”层面，它囊括了体操、韵律、溜冰、舞蹈各行各业的专业人才，运用耀眼的灯光、华丽的服饰、撼人的音乐和歌舞剧的情节呈现给观众。它不但创造了一个新的艺术领域，而且也创造了惊人的利润。太阳剧团成功地以创意将一个不起眼的传统马戏团转型为文化艺术的产物。现在职场上迫切需要的也是创意（creativity），然而创意不是自己凭空的幻想，它需要日积月累，是一点一点地慢慢形成的结晶。视觉创意现在势头正酣，靠的也是创意。生活中充满着美的事物，懂得欣赏，懂得静下来慢慢品味，领略美的喜悦，心灵也将跟着洗涤。不是所有的事都必须这么匆忙，这么现实，**想象一下我们的社会中现在最有价值的是什么？绝不是高科技，不是计算机制造，而是我们的文化内涵**！不要太惊讶！因为高科技要的是理工科的专业人才，可是近年来高科技产业发现科技走到某个阶段就会遇到瓶颈，深知必须要结合文化才可能升级，所以他们已开始学习将文化融入科技，以期待产生更新、更具突破性的创意。硬邦邦的科技结合了软性文化，重塑出另一种新的生命，谁说美学不重要？没有美学和艺术怎么会感动人心？没有柔软的心又怎么能领会生命的美好？你的孩子未来可能会是个设计大师、艺术大师，也可能会是创意总监。

那么，你的孩子真的会穿衣吗？

时间管理——“会主动整理、清洁事物吗？”

某杂志曾经登载过一篇文章：一名曾经在国外留学的学生，他与室友相处时一直很纳闷为什么在他使用完浴室后，大家都不愿成为下一个进浴室的人。换句话说，大家都抢着在他前面先使用浴室，为什么呢？为什么……亲爱的家长们，你们猜到了吗？对了！因为他每次都把浴室弄得一团湿，并且完全不整理，所以后面要用浴室的同学，当然很不愉快啦！

相信大多数的孩子应该都有自己的房间，可是平日房间的清洁与维护是自己，还是靠妈妈或菲佣呢？不用想就知道应该是妈妈亲自整理或是每日耳提面命地喊孩子去整理；为什么孩子不愿意去整理房间或做家事？因为孩子不会，也从未做过，其原因不外乎妈妈压根儿就没想到要孩子自己清理，不然就是认为孩子不会做且愈清理愈脏愈乱，与其弄得自己生气，倒不如自己代劳还轻松些，省得破坏亲子关系，不小心还会被老公数落教子无方。基于种种大人自我猜测的情形，孩子大多都不会整理自己的房间，不懂得清洁打扫，不倒垃圾，更不会去碰“恶心”的厕所。有时我常会反问学生：假如这些工作你都不愿做，难道你们不上厕所吗？既然要上，凭什么你可以要求有一个干净的厕所？为什么妈妈就得负责清洁打扫？这是很重要的生活价值观，也是品格教育中一个重要的环节。若孩子只要求享受而不付出，就是一个自私的人。一个自私的人怎么会有好的品格、好的人际关系呢！有些学校将打扫厕所之类的清洁工作都外包，只希望学生好好读书即可，其他事都不重要！真不知校长是怎么想的，教育的目的是为了训练出什么样的人呢？

自己的房间除了需要做清洁之外，还要保持井然有序的状态。书籍都依分类归位，拉开衣橱，里面的衣服也是分门别类地按照季节排列与折叠。书桌常保整洁，看不到一丝零乱。这些小事能够做好，大脑的分类思考即已启动，时间管理也就可以顺理成章地训练起来了。小时候就能自我管理、自我负责，长大了自然也就懂得负起应有的责任。

某次与我们的一位家长在聊天时聊到早上起床的惨景：每天早上他们住家的那栋楼都会定时做“早课”。什么“早课”呢？只要听到一个撕扯惨烈又破锣般的声音：“起床啦！赶快起床啦！！”一次又一次地魔音穿脑，就知道是7:20。想要多睡一会儿都没办法，因为再过10分钟，又会传来另一波惨烈的：“赶快出门啦！快点啦！！”让听到的人无不瞌睡虫通通跑光光，想要好好睡个觉都难。每天的“早课”真够折腾人。假如身为家长的你，还在每天早上叫孩子起床，催孩子出门，该好好反省了！也许邻居已经忍耐你很久了，孩子也烦你烦到底了。

好了！就从最简单的起床开始训练吧！很多家长都为孩子上学迟到感到困扰，因为无论怎么叫喊孩子就是赖床不起。每天早上像打仗似的，赶啊！叫啊！累得半死，让人不禁想问：上学是孩子的事还是家长的事？既然是孩子的事，为什么变成妈妈的事了？既然孩子赖床就让他自己承担迟到的后果啊！多迟到几次，多被老师罚几次，孩子自然会想办法不迟到。同样的道理，失败都是因为家长无法坚持，一旦妥协，孩子当然教不好。不必怪别人或找借口，原因其实都出在家长自己身上。万一孩子忘了带作业之类的，也要让他自行承担后果，千万不可帮他当快递送货。对自己的疏忽若不能负责，妈妈就是放任他的“凶手”。我看到很多的家长都在当菲佣与快递员，把自己的生活弄得乱七八糟不说，孩子不但不感激还会嫌你做得不够好。这种行为绝对不是爱孩子，而是剥夺他们成长的机会。我们早上班的课程，很少有小朋友会迟到。第一因为他们知道准时是一种信用，第二因为他们喜欢上我们的课，所以很多学生反而是在周六早上叫妈妈起床（因为假日，妈妈比较会赖床）。这说明孩子都是可教的，方法用对，坚持下去，就会见效！

居家生活一定会产生垃圾，我们每天制造的垃圾很“可观”，地球每天堆积的垃圾更“可观”。学校虽然教了垃圾分类，但是若要深入落实仍然要靠家庭的训练。每天倒垃圾就可以学习分类。为什么要分类？是要保护地球，身为地球的一分子，就应该身体力行保护环境，将垃圾减至最低量。对于环保观念要随时与孩子分享并讨论，不但寓教于乐，而且也会增进孩子对大自然的爱与探索。兴趣，常常都是在生活当中被发掘的。

文章一开头提到的浴室例子，也就是说浴室、厕所都应该教孩子如何清理。在公共场所的厕所常常会见到“黄色”“红色”触目惊心的画面，真是相当的不雅。这些都是家长在生活中没有教导孩子的结果。假如学校已经取消打扫厕所的规定，那家长更要在家里好好教导孩子，否则以后进入社会工作，因此影响形象而不自知可就得不偿失了。

• 分类思考，3D 空间

以上这些与思考有什么关系呢？分类思考就是书桌的整理，衣橱里面的衣服按春夏秋冬分类。这个看似简单，要做得好却不简单。想要检测孩子就给他一只皮箱，请他将出国一周所应准备的东西塞进这只皮箱，看他能塞多少东西进去，准备的东西对吗。因为不同的国家有不同的准备，有的国家冷，有的热，有的有特殊限制，若孩子连问都没问，就一股脑儿地乱塞一通，表示生活缺乏磨炼，思考力不足。最后再看看皮箱的空隙，空间运用不当，容纳的东西自然就少。我看过最棒的孩子塞完后，连一根手指头都插不进去。真是厉害！思考周详、缜密除了天生的性格外，就要靠后天的培养。员工的办公桌若永远都是杂乱无章的，给人的观感不但不佳，做起事情来也很可能丢三落四。小时候老师交代的事情若总是家长在后面帮忙完成，工作后对老板交代的事怎么能有执行力？做事情思考得不尽周详，永远都有擦不完的“屁股”，救不完的“火”，谈何与别人竞争呢？

我们的居住环境讲究空间的利用与人性化的考虑。室内设计需要帮助客户解决这样的问题，就必须熟悉生活，否则设计出来的房子没有人性的考虑不会称客户的心意。日本某电视台有一个《全能住宅改造王》的节目，是设计师为客户提供旧屋新装的服务。最初设计师会了解家庭中每一个人的工作及希望对房子改善的地方，即使是老爷爷、老奶奶，他也一并考虑进去。而在施工的过程里，他们也都尽量将不适合的家具改造成具有新功能的玩意儿，让新屋体现出原来房子的熟悉感。每一项工程完成后，客户一家人才可以回到住处。每一次当一家人踏进新屋的一刹那，都几乎感动得流下眼泪，我们观众也能感受到那一份感动，为什么呢？因为新屋不但变得美丽，而且每一个人的需求也都被照顾到。若是你，会不感动吗？

我记得有一集是一对夫妻带两个孩子的小家庭，爸爸上班赚钱不多，靠妈妈教钢琴贴补家用。他们没有太多的预算去改造这间住了很久的小窝，钢琴太占空间让小小的房子更显拥挤与零乱。妈妈只能在客厅教授钢琴，爸爸和两个孩子共享一张书桌。设计师知道他们一家的难处后，经过一番苦思和努力，当这家人再回来时，他们差点找不到家，原先普普通通的大门变得很华丽，设计师说因为会有学生来学钢琴，所以他们需要一个好的门面招揽生意。进到屋内，妈妈发现她拥有一个独立的钢琴室，不但如此，钢琴旁边还有一张双层的木板床，因为孩子喜欢听妈妈弹钢琴，所以他们现在可以爬到上层好好聆听妈妈的琴声，而妈妈只要一抬头就可以看见孩子。晚上孩子也可以睡在这张双层的木床上，不用再和父母挤在一间卧房里。在设计师的巧思下，在客厅窗边独立出一个造型别致的书桌，让辛苦的爸爸可以好好静下来工作。看到这里，你不感动吗？这位妈妈哭得让设计师都跟着流泪了。爸爸眼角泛着泪光说不出话，这样的感动与惊奇是一颗懂得生活与体贴的心才可以做到的。对生活不熟悉，当然不会有巧思。

说到对生活的熟悉，另一个必须要让孩子做的就是对居住环境的了解。这与思考有关系吗？绝对有！19 世纪最伟大的教育家卡尔·威特在训练他先天智力低下的孩子时，一边散步与活动，一边不忘教导他地形与花草树木等知识。孩子在卡尔·威特的教导下，开始对大自然产生兴趣，也根据附近的环境画出一张张的地图，最远画过另一座山头的地形图，让卡尔·威特的朋友们都觉得不可思议。这就是 3D 的空间概念感。在孩子小的时候，做父母的就应该教他们了。我们看看东方小朋友的图画与西方小朋友的图画，就可以发现立体感的呈现能力，我们的学生在此方面实在很欠缺。这也是很多小学生不会看地图的原因。开出租车就必须具备良好的 3D 空间感，否则脑中的道路地图联结起来会非常吃力。作为一个好的室内设计师更需要具备这样的能力，因为空间就是他们最大的挑战。所有的这些和思考当然密切相关。

让我们再回头问问："你的孩子熟悉他的居住环境吗？拥有居家生活的能力吗？"

独立能力——“会独自坐公交车、捷运吗？”

“你的孩子会走路吗？”不是讲笑话，有些小学生真的连走路都常跌倒，走都走不好想必是走路和运动都太少了，导致感觉统合不协调。想想也难怪，出了门就是轿车接送已然是现代儿童的普遍现象。不过这里要说的“行”是指孩子几岁会坐公共汽车、捷运、火车、高铁。再来就是坐飞机啰！他几岁可以自己一个人坐飞机出国？几岁可以和朋友一起出国自助旅行？再说得明白一点：他几岁可以自己独自去上学？几岁可以自己规划，来个两天一夜或三天两夜的旅行？何时可以不黏妈妈？几岁妈妈才肯放手？

来我们课堂的学生几乎在刚开始上课时，都是父母接送，后来父母听过成长分享的演讲后，都开始练习让孩子自己乘车回家了。小朋友开心（被信任的感觉，被成熟对待的感觉），家长也轻松，一举好多得。别小看简单的乘车，其实孩子在此过程中会学到看到很多，同时也可锻炼胆量。对每一种生活的学习都是珍贵的，受保护愈多的孩子，愈无法独立，愈无法独立就愈胆怯，愈无法接受挑战。

要训练孩子的独立能力，自己可以乘车到任何地方都是必须且基本的。所以教孩子了解不同的交通工具与家庭周围环境，如街道、上学的路途、游玩的路线是基础，再来是对台湾的城市布局，想想如何搭乘最省钱省时？现在的学生太幸福了，出门不论是上下学、补习、“安亲班”，都是汽车接送。**保护过头反而让孩子对危险没有防御能力**。我们演讲的时候虽会提醒家长，不过仍有家长认为现在的环境存在很多安全隐患，所以才会这么做。但是，话又说回来，做父母的不可能永远都在孩子的身边，不让他们认识危险，了解危险，怎么可能避开危险？又怎么懂得保护自己呢？一味地保护只是在变相地伤害孩子。搭乘公共交通工具对孩子是一件很有趣的事，新奇又有挑战性。我们思考班有一名小学五年级的学生，他从小学三年级就开始练习乘捷运，后来对捷运非常有兴趣，不但将台北的捷运研究得很熟，还因有关捷运的照片而对摄影产生了兴趣，我看过他的作品，鼓励他拿去参加比赛，我也鼓励他研究其他国家的捷运，看看有什么新发现……孩子的生活于是变得精彩多了，也丰富多了。

曾经在新开班的课堂上，我问学生，知道捷运系统有几条线的请举手。让我惊讶的是竟然一个班不到 5 个人举手，而这几个学生，答对的也只有一半（另一半是猜的）。这说明他们在生活中的知识与经验都不丰富。所以，教孩子搭乘公共交通工具，开始放手吧！一开始当然需要大人的带领，沿途的介绍也是少不了的，可以让乘车过程更富知识性。渐渐地，让孩子试着从近距离开始自己搭乘，由近而远。只要自己会搭乘公交车与捷运，表示已经看得懂地图，再下来就可以乘车出台北县市了。能够出台北县市，就可以开始规划三天两夜的自助旅行，一步一步地，接下来孩子才有能力自行出国而不是永远做跟在父母身边的“橡皮糖”。

在台湾还有一个很好玩的现象：到了暑假就有一大堆中小学学生去游学学英文。我很纳闷为什么家长要花钱参加这样的活动？到底是学英文呢，还是学什么？假如是学英文，在台湾不是已经补得天昏地暗，为何还要多此一举？假如是去国外增长见闻，那让他去参加旅行社的旅游行程不是玩得更尽兴？若真想训练独立能力并顺便在异国练习一下英文，那让孩子去异国自助旅行最是一举数得的安排（父母可以跟着一起去或两三个家庭一起去）。这就有些像 7 岁小男孩单车游欧的例子，不但可以训练独立，而且一路上铁定会碰到不少的困难，有益于培养孩子解决问题的能力。所以在去之前孩子必须做许多事前规划，练习英文更是不可少的功夫，路上碰到的千奇百怪的问题是一种磨炼也是一种乐趣，还能真正深入地探索与了解当地文化。整个过程中遇到的问题一定很多，碰到的事情也不可预测，然而这才是真正的训练与挑战，收获也是最丰硕的，回忆更是充满酸甜苦辣，好不精彩！可惜我相信父母一定都不放心，担心这个危险，那个不安全，找一堆不可让孩子去的理由来安慰自己。若明知道危险而不去训练，只会让孩子在真正的危险面前更加无能为力。

要独立就要起而行。愈早训练，孩子独立得愈快，学习自然也就进步得愈快。

玩的能力——“懂得如何玩吗?”

“玩”与“游戏”是教育专家一致认为最有效的学习，不只是对孩子，大人也一样，看看世界针对顶尖企业家的训练课程是什么，对不起！不是你想象的多棒的教室与设备或多高深的理论与讲义，几乎都是玩与自我挑战的活动。

以上述 7 岁小男孩骑单车为例：想想看，骑单车重要吗？它不是学校功课，但重要吗？

假如家长回答不重要，那真的要好好学习家庭教育知识，赶快补习做一个合格的家长，以免影响孩子。若家长犹豫不知如何作答，加一把劲，将观念厘清就可以帮助孩子，也帮助自己。

骑单车当然重要。这里说的不单指“单车”而已，而是指所有的运动都重要。单车不过是其中一项罢了。我们每年的夏令营也会设计单车活动，基本报名的条件就是要很会骑单车，意思是不但骑得熟练，体力也要好。若不够熟练或体能太差，我们不会让孩子参加，因为整个过程都由孩子自己掌控，骑得不熟练会有失控或碰撞的危险；体力不好，会影响团队的进度。所以这两项是基本要件。有一年，我们思考班的一名小学六年级男生兴高采烈地来报名，他肢体动作非常协调，脑袋又灵活，我们却无法收他。他很不服气地问为什么。我们只好告诉他身材太矮，骑不了我们准备的车（他要参加初中梯队），除非他报名小学组。孩子当然不愿意，认为自己在小学组实在太差劲、太没面子，气得直跳脚，当场发誓一定要多吃多运动，明年非得报上才行。我们也趁机鼓励他多多加油，明年当个小队长好好发挥一下他的潜力！

骑单车有何好处？为什么重要？单车可以训练平衡感，眼、手、脚的统合协调能力，也可以训练耐力。骑单车要经历长途与各种地形的挑战，这些也都是锻炼体力和耐力的好机会。平衡要掌握得好才可以骑得灵活，骑车可在公园或空旷的地方练习，只要不怕摔，多练几次自然就会。愈小开始愈容易学，摔了自己爬起来再继续多摔几次，家长紧张地跟在后面叮咛一堆，孩子反而有依赖心，学不好。在很多的公园有直排轮教学的活动，注意看，你可以发现家长比孩子还紧张，尤其不小心摔一跤，家长必定是又心疼又絮絮叨叨。本来一项好玩的运动，旁边多了好几双监视的眼睛，在这种压力下怎么好玩得起来？单车也一样，在孩子摸索的过程中就是最好的训练与学习。一旦找到诀窍，那种成就感就是激发学习最棒的动力。

游泳也是必修的课程。游泳可以增加肺活量，而且是一种全身性运动，关键时刻更可以用来保命，小学阶段一定要学会、学好。每一年暑假都会有学生出游溺亡的新闻，大部分发生在河水中，所以会游泳也要懂得危险的地方不要去，不可以逞强，为面子做危险的事。两年前有一则大学生溯溪溺亡的新闻，那一年暑假，许多家长闻溯溪而变色，不敢让孩子参加这类的活动。我觉得真是因噎废食。那名大学生是因为没有做任何溯溪的准备，只凭一时兴起，忽略安全才造成悲剧。任何的运动都有危险，即使坐在家里，谁又敢说一定安全？不能因为危险而什么都不做。防范措施做得妥当就可以玩得开心，玩得尽兴。就像前面说的：**认识危险，了解危险，才可以避开危险！**

娱乐的范围很广，各项的运动都是我非常推荐的。有的孩子好动，可以让他学消耗体力的运动，如跆拳道、剑道、篮球。不专心的孩子可以打桌球、保龄球；人际关系不好可以打篮球、打排球，学习什么是团队精神，也可以交朋友。在这些不同的运动过程中，孩子都在与同侪竞赛、互动，不是为了要去比赛得奖，而是通过运动可以让孩子学习挑战与团队合作。不同的运动会产生不同的刺激，不但头脑更聪明，身体也可打好底子。爱运动的孩子通常都不会懒散，而是有毅力，也比较进取。

• 人际关系，社交能力

家长不要以为只有考出好分数才叫进取，忽略了孩子的潜能才是最大的遗憾。学习是一条漫长的路。我们大人自己都在不断地学习（顶尖企业的老板不也在自我挑战、自我突破吗？），毕竟任何学习都必须要有健康的身体作为基础，否则如何能持久呢？

娱乐也包括各种游戏。幼儿时期玩拼图、积木，长大一点儿玩扑克牌、组合拼装、在线游戏、户外游戏……游戏也是动脑的好方式，我们在上成人思考课时，最热情的时段都是游戏时间。这说明大人、小孩都爱玩。玩，是人的天性，应该好好利用这样的天性去激发学习。我们在思考课堂中，看过很多连“剪刀、石头、布”这种简单游戏都玩得不顺、玩得不好的孩子。一看就知道生活中玩得太少，反应相对也慢半拍，真是相当可惜！这么小反应就不好，长大了该怎么办？再举一个例子：大家耳熟能详的打麻将，其实也是一种游戏，看那些大人玩到多么疯狂的地步，就知道他们有多爱玩游戏！前面提过，任何的活动都有其危险性，若是把打麻将当作娱乐还好，若是当成赌博就危险了，这时自己就要懂得避开。

在线游戏是中小学学生的最爱，可是很多家长都不允许孩子玩。说实在的，孩子不会因为妈妈的禁止就不玩，偷偷地玩反而更不好。在线游戏也可以放开让孩子玩，一样的原则：定好规则，孩子不超过限度，就不会沉迷。完全的禁止并不一定是好事，与孩子谈判的过程也是很好的沟通机会，做一个开明的家长，善用孩子的喜好会有意想不到的收获哦！

既然是娱乐，就要以轻松的心情带领孩子，看待孩子。亲子之间的“教与学”就是希望父母可以少教一点，好好做父母的角色，不要整天地做老师，亲子之间才会产生良好的互动。何乐而不为？

我记得有一次一个节目介绍英国，在对英国的介绍中“艺术”绝对是重点之一。节目拍摄到一间舞蹈教室，那一堂课在上爱尔兰踢踏舞，一群大大小小的孩子聚在一起练习，其中最小的才 3 岁，看她摇摇晃晃的样子好可爱。可是再看看舞蹈老师，她带学生跳舞没有教学生如何跳，第一步该怎样，第二步该怎样，她只说明舞蹈要注意哪些事情，就开始跳了。学生们跟着老师在后面跳，大家跳成一团，笑成一团，连 3 岁小娃也禁不住跟着跳，没有人担心她会跌倒，因为每个人都沉浸在舞蹈的欢乐中。这样的学习让我看了好羡慕。兴趣就是这样引导出来的。我们的教育却喜欢教学生太多，再加上太多的限制与规定，在学习的萌芽期就扼杀了最宝贵的兴趣。

现在市场上有开一些品酒、礼仪教学的课……其实也是为了长大进入职场后在社交的场合上可以派上用场。它是生活的一部分，孩子在学生时代就要会交朋友，没有朋友表示人际关系有很大的问题。久而久之，人也会变得愈来愈孤僻。

娱乐，娱乐，这么棒的训练，为什么我们的家长舍近求远，非得让孩子变成宅男宅女才高兴？多带孩子看看展览，听音乐会、演奏会，打棒球、篮球、台球……身临其境与看电视有不一样的震撼、不一样的感动、不一样的收获。

以上所写的食、衣、住、行、娱乐都是生活教育，一点儿都不难，只看做家长的是不是可以真正了解它们的重要性，这些与大脑的发展都有密切的关系。人类大脑最杰出的功能就是学习。它能借由新刺激、新经验和新行为而自我改变与自我重组。大脑细胞分两种：神经元（neuron）和神经胶质，而大部分的脑细胞研究是以神经元为主，一立方厘米的大脑细胞组织中，大约有 100 万个神经元，我们每天会因为耗损、退化、不使用等原因，而失去一些脑细胞。但是仍有足够的脑细胞可以运用，而这些神经元对大脑的运作扮演着不可或缺的角色。神经元是由小型的细胞体（cell body）树状突和轴突所构成的，它们负责信息处理并且来回不断地转换化学与电能的信号。研究发现，大脑有一些区域能够长出新的神经元，而且正常运作的神经元会不断地启动、整理和产生信息。因此，神经元正是各种活动连绵不绝的源头。一个神经元可以接收来自上千个细胞传来的信号，而且每一个神经元的轴突可以不断地向外伸展，将信息送至数以千计的细胞。每个神经元和附近的神经元相互联结，联结得愈细密，沟通就愈有效，大脑也会愈发达。想要变得更聪明，关键就是使脑细胞之间的突触联结变得更多更密，因为这些才是使我们能够了解问题与解决问题的主要因素。

有关大脑的研究在 20 世纪末就已积极地展开。父母与老师都需要对脑及其功能有所认识，因为脑是学习的基础，脑发展得好或不好更与学习密不可分。在台湾，我们至今都还停留在偏重知识与考试的被动学习，而忽略肢体活动、情绪、视觉、听觉上的学习。我们的孩子从婴儿起就总是被局限在狭小的空间，对动觉的开发与探索不足。等到幼儿园入学以后，也因为读、写、算的提早学习，表面上看起来智力有提升，但是情绪和其他身心发展问题都有深化与变复杂的情形，对大脑的发展非常不利。孩子与大人一样，需要加强对周围环境的接触。人与人的互动、艺术、音乐、语言、游戏、多元的玩乐都是滋养大脑、丰富大脑最好的养分。放松的学习对大脑而言是最有效的学习，动不动就打骂、威胁、处罚都会让大脑处于紧张的状态，对学习效果是非常不利的。我们前面提到变聪明的 5 个方法，就是提升大脑运作最好的方法，花钱少又有效，可惜多数父母都忽略了它们的重要性，延缓孩子的大脑发展不说，最后还可能亲子反目。简单而言：大脑发展得愈好，学习愈轻松，思考力也就愈敏锐。这一章生活中的食、衣、住、行、娱乐，都是刺激大脑神经元联结最方便与最实用的方法。

你的孩子还整天窝在家里吗？打电动，看电视吗？K 书之外还是 K 书吗？请问：他会几项运动？有几位朋友？会些什么？挑战过什么？可以与你谈论些什么？假如你回答不出个所以然来，那你家的孩子真的很悲哀啊！

家，应该是一家人共同拥有的，每一个人都有责任与义务共同维持，不分大人或孩子，许多人会误认这仅是家长的责任，孩子只是孩子，家长要好好照顾，他们的“责任”就只有好好念书。真是大错特错！生活其实就是最好的训练教材，而生活训练就从最基本的食、衣、住、行、娱乐开始吧！

思考能力——“家长的省思？”

2008年三聚氰胺奶粉事件令人们谈“奶”色变，面包不敢吃，蛋糕不能买，咖啡不敢加奶球，连早上卖早餐的都要贴个大布告，说明自家奶粉的奶源是来自新西兰或澳大利亚，免得影响生意。而平常喝奶茶的大人改喝红茶、豆浆，喝咖啡的也不敢加奶球，只要与“奶”沾上边的似乎都让人却步，像是毒药一般，人人避之唯恐不及。

这个事件发生后，在我们上课休息的空当，当学生看到我们喝咖啡仍加奶球而面不改色时，很好心地过来提醒老师不能加奶球，以免中毒。这时，我们也趁机问孩子，为什么不能喝奶？因为有三聚氰胺？可是你对三聚氰胺了解多少？人体一天摄入多少会有危害？安全的范围是多少？

其实了解了就不需要这么恐慌，好像世界末日到来似的。再说毒奶事件是因为媒体报道出来，大众才知道，然而尚未被发现的又有多少，我们知道吗？所以对于如何吃，怎么吃才应该深入了解，而非一天到晚被媒体吓得疑神疑鬼，如此不但永远躲不掉危险，也永远害怕危险。假如我们觉得毒奶粉很可怕，那是不是该想想我们在教育孩子的过程也给了他“毒奶粉”呢？同样的道理，因为不了解孩子的特质，而用错了方法，不等于是在教育上给孩子喝“毒奶粉”吗？

第6章

认同孩子， 接纳孩子

认同自己的孩子

“认同自己的孩子”是一个重要的教育理念，它会直接反映在父母对待孩子的一切相处与教育方式上。

我们希望自己的孩子是“21 世纪的第一名”，也知道阅读、思考、运动、艺术、多变的环境等方法有助于孩子的成长，可以让孩子的大脑更加聪明，但是当我们面对自己的孩子时，往往还是不清楚该用什么方式、什么态度教导他，才会对他最有帮助。怎么样才可以让孩子快乐地发展自己的潜能，又能够出人头地呢？

我想，这是大多数父母心中热切盼望的目标。

● 如果你的孩子打破玻璃杯

希望孩子能够很好地生存在未来的时代，首先我们必须问一问自己，我们是否用对了教育方式？方式如果不对，花再多精力也是枉然。我在许多的演讲场合以一个简单的问题，给父母们做了一个测验，大多数父母的答案让我觉得，在他们这样传统的教育价值观下，很难培养出未来世界的孩子。这个题目非常简单，问题是这样的：

生活场景设定在客厅，一群孩子在玩游戏。

一不小心，孩子在客厅打破了一个玻璃杯，瞬间玻璃碎屑和水洒了满地。当下你立即的反应会是什么？想一想喔！

甲妈妈不假思索地回答：“我立刻会骂他，怎么这么不小心?”

乙妈妈则说：“我会问孩子是否受伤，赶快离开客厅，省得他被碎玻璃割伤。”

丙妈妈想想后回答：“我会忍住先不责备，叫他赶快处理现场。”

你会怎么说呢?

上述 3 种回答说明了绝大多数台湾妈妈的直觉反应，当碰到孩子打破玻璃杯时，80%的母亲选择了两种对待孩子的方式，一种是“责备”，另一种则是“保护”。但我必须很坦白地说，这两种教育孩子的基本态度，都是不合时宜的教育方式。

甲妈妈在面对孩子打破玻璃杯时，所采取的方法是责备孩子。换句话说，当她面对孩子犯错时，也是习惯用责备的方式来教育孩子，希望孩子以后不要再犯类似的错误。孩子打破玻璃杯时，责备他！孩子衣服弄脏了，“修理”他！孩子成绩不及格，更该骂！再不然，吃一顿棍棒大餐吧！这样的负面教育，久而久之会让孩子在犯错时，怕被妈妈骂的心理油然而生，所以当他再次犯错时，他就会开始找借口，或者以说谎等方式来掩饰，以推卸责任。因此，我们常常听到孩子在做错事的时候，急欲向妈妈辩解说：“真的不是我做的！是杯子自己掉下来的！”或是谁谁做的（反正不是我的错就好）等令人又好气又好笑的推诿之辞。当孩子习惯于编出这些借口的同时，我们往往忽略了是我们的教育方式，造成了孩子这种行为模式的产生。

犯错时，会用说谎或借口来掩饰的孩子，长大后将可能变成一个不敢面对自己错误的人。一个成功的人之所以会成功，不在于他用什么方法成功，而在于他面对失败时，能努力反省、找出自己失败之处并加以改进。不断犯错、不断改进的人，最后才能找出成功的方法。21 世纪千变万化，不可能有一种绝对必胜法，所以犯错、走冤枉路，会变成家常便饭，但愿意面对失败并能从失败的经验中学习的人，才能迈出成功的第一步。一个不能面对自己错误的孩子，犯错时只会想出千百种理由糊弄别人、欺骗自己，到最后，可能会成为一个只懂得推卸责任的人。这样的人格特质，怎么可能在未来的竞争社会中获得成功呢?

而乙妈妈的反应呢？当孩子打破玻璃杯时，她没有责备孩子，这样固然不会造成孩子因为害怕而找借口，但她立即叫孩子离开客厅以避免被割伤的做法，却是一种过度保护的心态。衍生到其他方面，像孩子不会系鞋带，妈妈就会主动帮他系；孩子手工作业做不好，妈妈帮他完成；被同学欺负了，妈妈出面讨公道……久而久之，孩子学习到的就是“逃避”。他遇到任何问题都不需去解决，也不需去尝试，因为父母或是其他人都会帮忙。长期下来，孩子对事物就会丧失好奇心，也就没有任何学习动力了。长大后，他一样会是个无法面对错误、不肯面对问题的人，并且养成消极被动、依赖他人的个性。犯错时，两手一摊说：“我就是不会做啊！你找会做的人去做吧！”遇到问题时，则会说：“没办法，我已经尽力了！”

生活其实是学习最好、最棒的活教材，可惜家长常常因为太注重学习成绩，而错过这绝佳的教育机会。其实，**不管是哪一种心态的妈妈，之所以没有选择让孩子把玻璃碎片扫干净，更深层的心理，就是对自己的孩子不信任、不认同。她们不相信自己的孩子有能力把玻璃碎片扫干净而不弄伤自己，**所以她们不敢让孩子自己动手做，也不认为这是重要的。但是，越不让孩子学习，孩子就越无法从生活中学习呀！

还好，仍有10%左右的妈妈，在面对孩子打破玻璃杯时，不会责备孩子，也不会帮孩子把地扫干净。她会拿出一只扫把给孩子，叫孩子自己去收拾残局，自己把玻璃碎片扫干净。她不怕孩子被玻璃割伤，因为她知道，孩子如果被玻璃割伤，下次再碰到同样的情况时，他就会更小心。这样的妈妈在面对孩子的问题时，采取直接让孩子自己去学习面对与处理问题，让他自己动手做，就算犯错也让他自己去收拾残局。在这种教育态度下成长的孩子，以后不但能勇于面对错误，更容易从错误中学习，也可以养成孩子的责任意识。

• 当你的孩子在玩沙子

在澳大利亚的一个游乐场里，我曾经看过一个场景，让我对不同国家的父母教育孩子的方式感到极大的震撼。这个场景是这样的：

有几个小朋友在道路旁的沙地里玩沙子，一位黄皮肤、黑头发，看起来像是华裔的妈妈带着女儿来到这里玩，小女孩蹦蹦跳跳地跑到沙地里。当她正想跟别的孩子一起玩时，我听到她妈妈说：“××，赶快回来，不要过去玩，那会把你的手和衣服弄脏！”听到妈妈的阻止声，小女孩露出失望的表情回到妈妈身边。

但沙地里还是有不少白人小朋友在随意地玩沙子，甚至把沙子揉成一个个小沙球，互相丢到对方身上。沙球碎开了，孩子们奔跑，躲避，他们的妈妈则坐在一旁，有的聊天，有的看孩子嬉笑打闹，一点儿也不在意孩子的衣服有没有弄脏。

突然间，一个小男孩捡起一颗石子，把它当沙球一样丢向道路，立刻引起坐在一旁的妈妈们的注意。正当小男孩拿起第二颗石子准备丢出时，我听到小男孩的妈妈大声喝止小男孩，把小男孩叫回她身边，立即要小男孩为他自己的行为说“Sorry”（对不起），且嘀嘀咕咕地跟他说了一番话。后来小男孩没有再下去玩沙子，很明显地，小男孩是受到了妈妈的惩罚。相较于小男孩的母亲立刻制止小男孩的动作，其他小朋友的母亲则浑然未觉，继续在旁边聊天。

这个场景之所以让我印象深刻，是因为我看到了 3 种不同观念下衍生出 3 种不同风格的教育方式。

第一种是小女孩的妈妈，她怕小女孩弄脏衣服，阻止小女孩玩沙子的动作是出自于过度保护小女孩的心理。小女孩的好奇心在妈妈的一声令下被遏止，就无法产生专注力进而刺激大脑，活化她的脑细胞。我相信小女孩的妈妈会因为衣服弄脏的问题阻止她玩沙子，一定也会有类似的理由阻止小女孩玩其他的游戏。我很担心在这种情况下，小女孩会变成一个不敢玩、不会玩的孩子，她长大以后很容易遇到事情就退缩不前。

其他让孩子玩沙子的妈妈，不是不担心孩子弄脏衣服，因为我看到她们的身旁都有一个大包包，大包包里面装的是孩子备用的衣服。显然，带孩子来游乐场玩的妈妈，早有心理准备孩子会因为玩乐而把衣服弄脏。所以，她们为孩子多准备了一套衣服，这是另一种对待孩子的教育方式。

另外一位是丢石子小男孩的妈妈，她是在场所有妈妈中，我认为最棒的。小男孩的妈妈虽然坐在一旁，但她随时注意小男孩的一举一动。当小男孩做出丢石子这样一个可能会伤害其他人的举动时，他的妈妈马上告诉他，这样的行为是不对的，并立即要求孩子为自己的行为道歉并处罚他。小男孩虽然沮丧，但也同意接受妈妈的惩处，我觉得她是一个很会利用机会教育孩子的妈妈。当她的孩子犯错时，她会适时地告诉孩子为什么这是不对的，如此能在生活中建立孩子正确的是非价值观，也可以养成孩子为自己行为负责的习惯。

至于不在意孩子丢石子的妈妈们，我很替她们孩子的未来担心，因为她们可能不太注意自己孩子行为上的是非对错。今天孩子丢石子，很可能只会造成其他孩子的轻微擦伤，但是非对错的价值观没有从小在生活中建立，孩子长大以后，犯的错误就不会只是丢石子这类轻微的错误，很可能会偷盗、欺骗……没有正确的价值观，孩子就容易误入歧途。

如果是你的孩子，你会用哪一种方式对待呢？

• 鼓励与责备的差异

国外曾经有一个实验，想看在不同情绪环境下成长的生命，会出现什么样的变化。这个实验让许多人大吃一惊，因为实验的对象不是人，而是两株相同的植物。

两组研究人员每天在固定的时间给两株植物浇等量的水，也在同一时间把两株植物拿到室外去晒太阳，但一组研究人员每天对其中一株植物说好的、赞美的话；另一组研究人员则对另一株植物拼命责骂、说一大堆负面的话！

很奇妙的是，在一段时间之后，每天接受赞美的那一株植物生长得非常茂盛，另一株每天被责骂的植物却完全相反！这个结果让许多人大吃一惊，连植物都会受到情绪环境的影响，何况人呢？（台湾地区的出版社也曾经出版过一本以水为实验对象的书，结果相同。）

把这种情况放在我们对待孩子的方式上，有的父母习惯于以责备的教育方式来对待孩子，有的父母则习惯于用鼓励的方式对待孩子。**我相信，这两种父母的出发点都是希望孩子变好，爱孩子的心都是一样的，常责备孩子的妈妈对孩子的爱，绝对不会比常赞美孩子的妈妈少。**她之所以会责备孩子，是因为孩子的行为不符合她的期望，因为在她的心目中，存在着一个理想的雏形，她希望把孩子塑造成她心目中理想的样子，所以当孩子的表现不合她意时，情急之下，就会因生气而责骂孩子。

但习惯于赞美、鼓励孩子的妈妈，之所以常会出现赞美或鼓励的举动，是因为她打心眼儿里就很“认同”自己的孩子。“认同自己的孩子”是一个重要的教育理念，它会直接反映在父母对待孩子的一切相处与教育方式上。父母的“认同”，会对孩子的学习成长产生正面的影响，例如孩子喜欢画画，父母也常赞美孩子画得好，让孩子产生成就感，孩子便会越来越喜欢画画，画也会画得越来越好。

让我觉得最“恐怖”的景象，就是每当月考或期末考时，家长在学校门口接孩子，一看到孩子，第一句话劈头就问：今天考得怎么样？考多少分呀？假如孩子说 96 分，妈妈会接着问：那某某人（班上的模范生）考多少分？若答案是 100 分，妈妈就会加一句：那你怎么才考 96 分？若答案是低于 96 分，通常妈妈就会很满意。是不是很奇怪？

我之前在报纸上曾读到一位爸爸分享的教子经验：他与妻子都是博士，但自己的孩子学习不好，常常考二三十分。可是他的对待方式却是：你好棒啊！竟然考了 20 分！下次若能考个 50 分，咱们就去吃大餐。之后孩子真的进步到 50 分了，他便带着孩子去餐厅庆祝。不巧在餐厅碰到朋友，结果很不好意思地告诉朋友，他们是为了孩子考了 50 分来庆祝的，因为怕对方会误以为自己疯了。结果呢？因为他的鼓励，孩子的学习一直不断地进步，且对学习保持高度的热忱，后来也是读到博士学位，学有所成。

所以，“认同自己的孩子”是一个非常重要的教育概念，它引申出来的，就是对孩子的“信任”。因为不相信孩子自己可以把玻璃碎片扫干净且不会弄伤自己，所以不让孩子自己去学习收拾残局；因为不相信孩子自己的能力，所以不随孩子的性向发展，硬要把孩子塑造成妈妈心目中理想的样子，走上家长规划好的路；因为不信任孩子，即便叫他去房间读书，妈妈也要偷偷去看他是不是在认真读；因为不信任孩子，妈妈在他成长的过程中习惯去指挥他的一切，就连他在读书时，也要没事找事地跑去问他："你肚子饿不饿？要不要吃点东西？"处处干预、事事安排的妈妈，如何期待孩子在未来能开创出自己的一片天地呢？

"信任"绝不是"放任"，这也是为什么父母要在孩子身旁陪伴与引导。父母因为信任孩子而让他自由发展，但这并不意味着父母应该对孩子不闻不问、"放牛吃草"或是减少关心。相反地，可能还要付出更多，因为父母得花更多的心力去注意孩子的行为，就像丢石子的小男孩的妈妈一样，她陪在自己的孩子身边，在孩子出现错误行为时，立刻纠正他，把他引回正途并建立正确的价值观。

因此，时常在孩子身边，引导他、陪伴他，将会在孩子的成长过程中，产生极为重要的影响，不仅仅是适时地帮助他树立正确的价值观，还能让他产生百分之百的安全感，让他感受到支持与关爱。这对孩子的人格发展将有莫大的帮助。

父母如何对待孩子才正确

小时候每个人都曾经放过风筝，每个人也都有过这样的经验，当我们把风筝的线拉紧时，风筝反而会飞不高、飞不远；如果我们适时地把线放长，不拉得那么紧，多给风筝一点空间，风筝就会飞得又高又远。

其实孩子与父母之间的关系，就好像风筝与线之间的微妙关系一样，孩子像是风筝，细线即是父母的关爱。父母对子女的身教、言教、家教，会通过线传达给孩子，只要线永不断，即便风筝飞向天际不知所踪，孩子也将因关爱（线）的存在使内心永远有所牵引，而不至于迷失方向或走入歧途。即使将来孩子长大出国，甚至在国外成家立业，父母的爱仍然如同无形的线一般影响着孩子，时时刻刻牵动他的心，孩子仍然会时不时地打越洋电话给父母报个平安。相反，如果父母对手中细线的掌控失去平衡，或自己本身的身教、言教、家教出现了问题，那么孩子就如同断了线的风筝，将会随波逐流，也许飞走后就不再回来了。

孩子未来的成就也视父母给他多少的关心保护、多大的压力而定。保护越多压力越大，那根放风筝的细线就会变得越来越粗、越来沉重，一旦线变沉重了，风筝就会因为被压抑而飞不高、飞不远。好一点的情况是，孩子会压抑自己的兴趣发展，空间变小，无所成就。怕的是，孩子因为压力过大，产生反弹及叛逆期的心理作用，故意和父母作对，想要拉扯掉沉重的粗线，可以让自己高飞而去，一旦成功，孩子将一去永不复返。

所以，只要父母确定自己的身教、言教、家教，一切对待孩子的方式都没有问题，就可以放手。越是放手，把线放得越多越长，多给孩子一些自由的空间，让孩子可以飞得又高又远，只要适时地拉紧一下细绳，一拉一放之间，就是给孩子的最佳管教方式，而孩子也自然可以发挥所长，且永远是你的宝贝。

事实上，每对父母都懂这个“风筝原理”，可惜大多数属于中产阶层的台湾父母都很难做到。特别是在老龄化的时代，每个家庭只有一两个孩子，大家都把孩子视作珍宝，期望特高。不会系鞋带？帮他系鞋带。不会用筷子吃饭？让他用汤匙。不肯吃饭？大人就跟在孩子后面跑，亦步亦趋地喂孩子吃饭。怕孩子被绑架？天天在校门口接送他回家，让孩子到了小学毕业都还不会自己搭公交车、坐捷运。

这就是现在许多台湾中产阶级家庭孩子的写照，因为我们的过度保护，让孩子的生活能力越来越糟。也许你会说：“不会用筷子有什么关系？他大一点就会了！”或是“不会坐公交车也没什么关系，小学不会，到初中就会了，初中不会，到高中也会了！只是晚一点而已，这又不是什么重要的能力！”

但是孩子越早发展生活学习能力，他的独立性才会越强；独立性越强的孩子，才越有自己的主见与想法，自然越有可能遇上好的机会。延迟训练孩子的生活学习能力，只是养成孩子被动、依赖的个性罢了！

想一想你的孩子，他几岁的时候会自己吃饭？他几岁的时候，学会自己上厕所，不用大人帮忙？他几岁的时候，会自己穿好衣服，不用你帮他准备好？几岁的时候，会自己系好鞋带？他几岁的时候，会自己坐公交车回家？这些问题，都有助于帮你判断，你是不是过度保护孩子，也可以提示你手上拉的风筝线是否太紧了，该是时候放松一下了吧？

丹麦的“玩的教育”

位于北欧的丹麦，国土面积约有 4.3 万平方千米，相当于 1.2 个中国台湾的面积，但公民 2014 年的人均国内生产总值达 6 万美元，位居世界前列。人均工资折合新台币几十万元，即便送报工的月薪，都高达十几万元。这是一个几乎没有穷人的国家。

这样的一个国家，每个人竟都出奇的快乐，英国莱斯特大学教授怀特（Adrian White）在 2006 年 7 月发布的《世界快乐地图报告》中指出，丹麦在全球近 200 个国家或地区中，名列快乐国家的榜首。

在这个排行榜中，丹麦、瑞士、冰岛、芬兰、瑞典等北欧国家位列前 5 名，美国是第 17 名，中国台湾地区与香港地区并列第 63 名，中国内地是第 83 名，日本则落后到第 88 名。这个结果让许多人震惊，因为像日本这样高薪的国家，人均国内生产总值约 3.6 万美元，而全球第一大经济体美国，人均国内生产总值约 5.5 万美元，但民众的快乐指数竟然都比不上丹麦，很显然，快乐与财富的相关性并非绝对。

丹麦人的快乐并非完全出于对物质生活的低欲望，相反地，他们的生活非常富裕，国家的竞争力也十分强大，不但拥有全世界最大的风力发电叶片公司、船运公司，它的生物技术、制药、工艺与设计也闻名全球。丹麦的猪肉、培根与火腿、草地与草种等农牧产品，市场占有率也是世界第一。

探究丹麦人之所以富裕又快乐的主要原因是他们的社会福利与教育制度。社会福利的部分无须赘言，丹麦是全球众所周知社会福利制度最完善的国家之一，他们每赚 100 元，有 60 元必须拿出来缴税。但令人讶异的是，丹麦国民视缴税为自己的责任，是个人的骄傲，也是可以帮助别人的快乐源泉，所以他们几乎从没有过偷税漏税的念头。此外，政府有效率、官员不贪污，也让民众得以信赖。更重要的是，他们有高质量、实用性佳的教育制度。

中国人重学历轻能力，丹麦人则重能力不重学历。在丹麦，职业无贵贱，每个人都有平等的学习机会，自我价值也得于此中实现。像丹麦副总理为农校出身，部长级官员不乏高中毕业者，但通过终身学习，他们同样可以治国。与中国台湾大不相同的是，丹麦的小学与中学，经常安排孩子参观各种行业，让他们有机会了解职业特性，选择自己的最爱。所以在丹麦，每个人不用担心自己会“入错行”，做一份自己一点儿也没有兴趣的工作。不管是当农夫或工匠，他们都与大学教授一样受人尊重，像举世知名的皇家哥本哈根瓷器（Royal Copenhagen），每件精致美丽的瓷器，都由一位工匠独立完成，完成后在器皿底座上署名。那个署名的意义，如同一个艺术家在他的画作上签名一样伟大。

这样的价值观，从孩子一进学校起就开始培养，中国的父母很难想象，丹麦孩子进入小学后，学期末收到的成绩单，竟是一份“没有成绩、没有分数”的成绩单。成绩单上面没有语文、数学、社会、自然的分数，也没有老师的评语，更没有排名。这份成绩单是由孩子自己或写或画完成的，上面只有 4 个格子，分别是“最喜欢的事情”“最讨厌的事情”“最擅长的事情”“最希望学习的事情”。

这是因为，丹麦教育的重点不在成绩，而在孩子的发展、个性及与同学的相处。丹麦儿童教育从“人”出发，每个阶段都有清楚的重点。幼儿时期，重点在孩子的适应力与社群能力的培养；年纪稍长，重心逐渐转移到好奇心的激发，训练孩子跨领域的知识运用、探索兴趣、多元化地认识自己。丹麦的孩子有作为孩子的自由，他们有时间，也有空间玩耍，接近大自然、爬树、跌倒等，而不是从小就被逼迫学习各种技巧。

孩子的年龄再大一点时，教育的重点会转移到团队合作与主动探索知识。丹麦提倡“玩的教育”，很多学校都采用“玩的教育”的方式来教导学生，也许你会好奇，孩子们“玩”什么呢？老师又如何通过“玩”来教导孩子？

《商业周刊》采访团队曾经实地走访丹麦 Hellerup 初级学校（相当于小学），观察他们的教育方式。他们发现，在丹麦的课堂上，老师会提出一个题目，要求学生一起讨论、提出计划，并在四周的时间内执行完成。有一位老师出了一个“创新”的题目给学生，孩子们在经过讨论后，决定用“火箭”来表现创新主题，他们用纸张、少许金属片和氢气球做成了一枚火箭，并且“发射”成功。除了“创新”课题之外，学校还设计了“怪兽”课题和“如何活出好生活”等科学课题，当然也有类似“友情”等主题，以增强学生的社会化能力。这样的教育方法让他们增长了解决问题的能力，也培养了他们的自信。

此外，丹麦学生有一半的时间坐在课堂里听讲，另一半时间则利用这种计划性课题进行跨领域的知识学习。孩子们或者在教室里或者在图书馆研讨这些计划，他们不是被动地听课，而是主动做实验或上网查数据。

特别的是，包括丹麦文、数学、英文、IT（信息科技）和科学等八个不同领域的老师，也都打破各自授课的框架，在一旁随时协助，激发孩子们在他们探索的主题上，可以同时吸取丹麦文、英文、数学等跨领域的知识。例如某周的主题是“非洲”，老师便带着孩子们玩各种非洲游戏，讨论非洲有什么动物、说什么语言、跳什么舞、睡什么样的床等。

所以，丹麦很少有不喜欢上学的孩子，孩子们总爱待在学校里，因为在学校，他们可以“玩”一整天。这些游戏设计的目的是让孩子养成主动、好奇的精神，并且爱上学习。丹麦人普遍认为，扎实的知识只是孩子们在学校的基础课程，他们更在意的是孩子应该在学校学习将来如何适应社会生活的各种能力，也就是如何与他人合作、如何适应快速改变的世界，更重要的是如何成为一个独立思考、有自信的人。

所以在丹麦，学校里没有模范生，丹麦人无法想象中国台湾竟然有模范生这种制度，他们反对这种做法。他们认为，孩子不需要和其他孩子比较，只需要追求自己的天赋、发展自己的才能即可。每一个孩子在这样的环境里长大，人人都有安全感且充满自信，懂得倾听自己心里的声音。

父母常犯的 6 个错误

你还保持“老师照书讲、学生照书背、大家照书考”的学习模式吗？让我们平心静气，自我检视一番吧！

你知道“课程统整”是什么意思吗？你还秉持“循规蹈矩，按部就班”“一科一科念”“一课一课读”的心态吗？

你知道“八大智慧”是什么吗？你知道孩子的“强势智慧”是什么吗？如果叫爱因斯坦练钢琴，逼莫扎特做实验，世界上还会有爱因斯坦和莫扎特吗？让蟒蛇与老虎比柔软，让老鼠与狮子比钻洞，合理吗？让山地人捕鱼，让“海人”打猎，谁赢？让张惠妹去做研究，让李政道去唱歌，谁强？让迈克尔 · 乔丹打高尔夫球，让泰格 · 伍兹打篮球，谁棒？

你还没厌倦“一、三、五补数学，二、四、六补英文，周日总整理”的赶场生涯吗？你还固守着“课本没写就不读，老师没教就不考”的想法吗？你还迷信“放诸四海皆准”的教材吗？

你知道“多元评量”有直接观察、逸事记录、口试、实际操作、作品评鉴、互动沟通、学习日志、深度晤谈、同侪互评、课后反思、档案评量、书面报告、角色扮演、公开发表、绘图、制作模型、戏剧表演、自编词曲、讨论发表、沟通批判等内容吗？

家长们，请看清楚，想明白，十大能力中有哪一项能力是单凭课本就学得到的？（我们认为教育行政主管部门的十大能力少了一个非常重要的“阅读力”。）

- 了解自我与发展潜能
- 欣赏表现与创新
- 生涯规划与终身学习
- 表达沟通与分享
- 尊重关怀与团队合作
- 文化学习与国际理解
- 规划组织与实践
- 运用科技与信息
- 主动探索与研究
- 独立思考与解决问题

专家说：我们要给孩子“带得走的能力”取代“带不动的知识”，可是，你能分辨“能力”和“知识”的不同吗？你还迷失在“考试=分数=成就”的桎梏中吗？你还能忍受“非选择填空，运气不好皆空”的考试模式吗？

从我们开始倡导儿童思考教育之后，亲身接触过无数的孩子与家长，我们发现，孩子之所以在成长过程中出现问题，追本溯源，大部分的原因其实是父母造成的。以下就是我多年以来看到台湾父母常犯的错误，在此也与大家分享。

• 你了解自己的孩子吗

“我的妈妈是只母老虎，她又老又丑！”这是六年级的凯文在最后一次阅读思考班下课时，从他的嘴里蹦出来的一句话。

听到凯文这样形容自己的妈妈，我们吓了一跳。从他说这句话时露出的充满怨怼的眼神，我可以猜想，凯文与他妈妈的关系一定很紧张。事实上，我见过凯文的妈妈，她一点儿也不老不丑，相反，她年轻、漂亮，又散发着自信，他的妈妈与爸爸一样，都是医生。所以，凯文不但家庭环境优渥，父母也非常疼爱他，但凯文为什么会用这么难堪的话来形容自己的妈妈呢？

原来，凯文的父母非常忙碌，又期望自己孩子的成绩很好，所以凯文的妈妈帮他安排了许多补习课程。凯文每天有做不完的功课，回到家时，常常因为功课没做完而被妈妈骂，弄得他只要一想起妈妈，脑袋里就是被责备的画面。他不喜欢回家，每次来这里上课，总是最后一个走。最后一次上课时，他告诉我们："老师，我很喜欢来这里上课，但因为这里上课的时间和补英文的时间冲突，所以妈妈要我去补英文。虽然我告诉她我不想去补，但妈妈根本不听我说……"

凯文的话，让我想起许多家长就像凯文的妈妈一样，他们爱孩子，但从来不曾用心聆听孩子的心声。孩子喜欢什么，讨厌什么，在他们眼中似乎并不重要，他们只要孩子按照他们认为对的、好的、正确的方式生活。到最后，父母不满意，孩子也不快乐，而父母又真的能得到他们想要的吗？这恐怕是一个很大的问号。很多初中生的父母委屈地说，他们与孩子的亲子关系不好，都是逼学习成绩逼出来的后遗症。为什么每年都有资优生自杀的新闻？为什么孩子得抑郁症的比例节节升高？

大陆有位作家的孩子要求妈妈与她互换 3 天角色，这样妈妈才能体会自己的苦。妈妈欣然接受挑战，认为太简单了，心想还可趁机说说孩子多不懂得惜福。结果，第一天早上她就被女儿强制从床上拉起来："我平常就是这样的睡眠不足。"接下来的赶场上课、补习、念书……到了晚上，妈妈终于投降，对女儿承认她错了。我们真心希望天下父母，如果要孩子好，第一步先从了解自己的孩子做起吧！

• 高学历等于高成就吗

我班上的一名学生的爸爸在大陆做生意，经常两岸跑。有一次，我很久没看到他爸爸出现，他告诉我说，他爸爸这次很仓促地回大陆去解雇几名员工，因为他们出了纰漏。他爸爸说，这几个博士缺乏实际工作能力，空有理论知识。我们在大陆演讲时，许多家长也说他们都知道，要训练自己的孩子当老板或成为专业人才，不一定要读博士。读博士不好吗？当然好啊！不读博士好吗？当然也好！我们所希望的是让孩子走出自己的路，而那绝对不只有一条路而已。只是不论走哪一条路，孩子一样需要培养出职场上所需的能力，这样他才能真正闯出自己的一片天地。

现在要想在职场上崭露头角，靠的就是真实力、真能力。从20世纪90年代末期开始，全球的高等教育模式已从精英走向大众普及，大学生的数量，以数十倍的速度增长。现在大学生的失业率甚至位居第二高，在长期失业者中，有22%的人拥有大学以上的学历。美国企业家杰克·韦尔奇也说：进入公司一个月后，你是哪一所学校毕业的已经完全没有关系了，能力才是竞争的要件！韩国这几年的经济发展给人印象很深刻，而韩国企业这几年在挑选人才时，除了要求很强的语言沟通能力外，更重视的就是人才的自我表达能力、独立思考能力与创新能力。

郭台铭、王永庆、比尔·盖茨等成功人士虽然没有显赫的学历，但是他们视野广阔，习惯于深度思考、系统思考，他们有一套独有的看世界、看事物的方法，那才是让他们成就事业的主要条件。最近几年，二十多岁的年轻人成功的例子越来越多，许多靠的是他们独特的创意，或是从小培养出来的专长。所以，如何让孩子认识自我、培养自我学习的能力，比起只让他上名校，更重要得多。

● 学习越早开始越好吗

我们看过无数的父母，在孩子学龄前，就已经忙着让孩子学英文、心算、画画、钢琴……五花八门的才艺满足了父母的需求，但是我们很好奇，究竟是孩子想学，还是父母希望他学的？

事实上，学习是有阶段性的，它和大脑的发展与身心的成熟都有密不可分的关系。只是盲目地“提早”，不但无法帮助孩子，反而容易扼杀孩子的潜力与学习兴趣。

“提早学习”不如改成“提早接触”，接触是让孩子多元化地欣赏、品味，引发孩子的兴趣。想要让孩子学钢琴，不如先让他听音乐；想让孩子学画画，不如先带他去大自然走一走，看山、看水、看风景，甚至去看看画展。如果有一天，孩子亲口跟你说：“妈妈，我想学……”到那时候再来帮孩子安排学习课程并观察，而非生硬地急着送孩子进各种才艺班，这样反而会造成“欲速则不达”的反功效。

在此顺便一提，韩国在几年前，做了一项了解脑的试验，他们研究成功人士的脑与一般人的脑有何差别，研究结果发现，活用脑是决定命运的重要一环。成功人士的脑其实与智商、学历并无太大关系。头脑灵活，善于思考，具有丰富的创造力、独创性、判断力、行动力等，才是成功的关键。研究也直接指出，现今以升学为主的填鸭式教育，有碍头脑开发。将单纯的知识塞进脑子里，不但无法提供脑部思考的空间，而且还会导致思考能力降低。特别是 10 岁以前的孩子，若是给予过多死记硬死背的填鸭式学习，那么脑部的机能势必会显著下降。

● 到底要不要让孩子补习

会问这个问题的家长，大多是看到别人的孩子都在补习，自己的孩子不补习好像是不正常的，由于心里没有安全感，所以才会问这样的问题吧？简单地说，这是一种“从众”的迷失心理。

如果把问题改成“我的孩子需不需要补习？”我想就可以厘清很多困扰了。当问题转换成“我的孩子需不需要补习”时，妈妈的思考就可以从孩子本身的需求出发。妈妈可以扪心自问：“补习的目的是什么？对孩子的帮助是什么？若真要补习，怎样的补习方式适合我的孩子？”

在大多数的情况下，我都不建议让孩子去补习，而会针对孩子的某些表现给家长一些实际的建议做改善。但也有少数情形，会因孩子的个性、学习状况而有不同的建议。

泽泽上初中时，来到我们的 RV 思考班，一阵子之后，我发现他的阅读能力很差，所有的学科也只能勉强跟上。泽泽的妈妈告诉我，泽泽在小学时很少看课外书，但学习还不错，可是不知为什么，进了初中后，成绩一下子退步很多。因为泽泽的问题在于小学阶段中文没有打好基础，当时他只是用死记硬背的方式来应付功课，但进了初中后，因为理解力差，碰到比较有深度的文章，就会觉得很吃力。针对泽泽的情况，我建议泽泽的妈妈请一个家教，用一对一的方式，让泽泽将小学的东西全部重新学一遍，先将底子打好，再谈别的。

依依的情况则完全相反，依依聪明伶俐，但有几次在我的课堂里，她似乎明显睡眠不足。原来依依的父母把她每天的行程都塞得满满的。不是补习就是学才艺，作业太多，依依只好牺牲睡眠来完成作业。

看到依依的情况，我提醒依依的妈妈："依依的资质很优秀，这些课余的补习对她不但没有帮助，反而压抑了她自身潜力的发挥，你的'用心良苦'，会把优秀的依依变成平庸没有特色的依依。"由于妈妈对我们的信任，几经讨论后，只帮依依保留运动和音乐两项课程，其他补习通通取消，把多余的时间还给依依。半年后，妈妈很高兴地拿依依在学校的作品给我们看，很明显地，依依的作品和其他孩子一点都不同，创意十足，内容又丰富，连学校老师都赞叹不已。

借这两个例子只是想说明，一个问题不是用二分法来看待，对于学习好、资质好的孩子来说，补习也许对他没什么帮助；对于学习非常不好、资质不好的孩子，补习同样也没什么帮助。但对于功课普通的孩子，补习也许可以帮助他增加 5~20 分。父母是否了解孩子的特质、才能，找对方法帮助他们，才是孩子能出类拔萃的关键。

• 作文可以补吗

有一则笑话说，联合国给全世界的小朋友出了一道题目，题目是"对于其他国家粮食短缺的问题，请你谈一谈自己的想法"。非洲的小朋友看完题目后，不知道什么叫"粮食"；欧洲的小朋友看完题目后，不知道什么叫"短缺"；美国的小朋友看完题目后，不知道什么叫"其他国家"；中国的小朋友看完题目后，不知道什么叫"自己的想法"。

自从教育事务主管部门宣布中考要加考作文后，满街的作文补习班异常火爆！所有发现自己孩子中文底子差的家长，都一窝蜂地把孩子塞进补习班，你不觉得很奇怪吗？作文是可以用补习补出来的吗？

就算知道上作文补习班很不可思议，但面对孩子写的作文"离离落落"，妈妈反问："不补作文怎么办？我的孩子就是不会写作文啊！"

我们也知道，现在孩子对中文的理解力普遍都不好。一道数学题，孩子往往连题目都看不懂，遑论计算答案。事实上，要提升作文能力，最重要的是先培养“阅读能力”，以“阅读”做基础，以“思考”做后盾。但可惜的是，台湾大部分的父母根本不重视阅读，而大部分孩子成绩不好的根本原因，往往却是出在中文的理解力太差。

要培养中文的阅读能力与理解能力，关键期是在小学、中学，特别在小学三年级到六年级阶段应该进行打底的工作。阅读能力的增强，可以带动思考的活跃，有好的阅读能力和思考能力，才能写出有创意、有想法的作文，而非死背华丽辞藻或用成语破题的格式化作文。

多让孩子看各种课外书籍，比送孩子进作文补习班，对提升孩子的作文能力更有帮助。

在此要补充的是，有些家长会说：“我的孩子很爱看课外书，看了好多好多！”可是在孩子参加我们的阅读班测试后，却显示他的中文能力很有问题，原因就在于，孩子只是看了一堆书，但是并没有消化吸收。这种孩子只记得书的内容（记忆），但如果问到稍微深入的内容，或文字背后的意义时，孩子便无言以对。所以家长要检验的，是孩子的阅读能力，而非阅读了多少本书。

前些日子，《联合报》针对首度登场计分的作文中考，发表了一篇文章，文章中提醒学生，太制式的文章难以拿高分。“体悟多一点，感动多一点”“讲自己的情感，文章要与生命有感应”，这样的文章中即使没有名言锦句，也一样可以拿高分。这些都不是补习可以补出来的！

● 你培养孩子的学习兴趣了吗

最近，一名哈佛学生的父母出版了一本书，描述他们用“卡尔 · 威特”教育法培养他的孩子，成功让孩子考入哈佛，使得“卡尔 · 威特”教育法突然之间流行了起来。

我个人十分推崇卡尔 · 威特的教育法，原因不在于他如何神奇地让原本被认定是智力不高的孩子变成一个天才，而在于他的教育方法一直是我打心眼儿认同与赞叹的教育法。所以我也用同样的方式教育班上的孩子，那就是“激发学习兴趣”与“保持学习热忱”。

孩子的兴趣并不是从天而降的，而是需要培养与发掘的，这是学习最大的动力。但家长往往会忽略培养孩子的兴趣，大多数的家长都认为，孩子只要用功读书就好，其他的都不重要。到最后，孩子不是成了书呆子，就是潜能被压抑，好好的一个天才，却在父母的“刻意栽培”下变成了庸才。

很多成功的人之所以成功，是因为他所从事的行业与他本身的兴趣相关，他愿意去研究，从而发挥他的能力，才因此取得成功。可惜大多数的父母怕孩子输在起跑线上，盲目地帮孩子安排了一大堆补习课与才艺班，若孩子抱怨，家长还会理直气壮地说：“我花那么多钱，都是为你好！”却不知道这样的行为，极可能扼杀孩子的兴趣与潜能。

在卡尔·威特的教育中，他特别强调的就是“学习兴趣”，如何激发起孩子的学习兴趣，是老师与家长要努力的第一步。

第7章

个性决定孩子的未来

个性差异造就不同的未来

没有亮丽的学历，用能力打造亮丽的成就

放对位置，做对事情

没有资优班的国家——芬兰

个性差异造就不同的未来

假如，你是企业老板，有3名来面试的应征者：

1. 公立大学毕业，成绩一直第一，获得无数优秀学生奖状。

2. 公立大学毕业，每年有打工与家教的经验。

3. 普通大学毕业，有外资企业实习经验，国外实习经验，考取了许多执业证书。

想想看！你会选择谁来你的公司工作？

这个题目，我在许多场合演讲时都给家长做过，结果几乎一面倒地选择第三名应征者。可是等我再问下一个问题："你栽培孩子的方向又是上面第几位应征者的学习模式呢？"家长们这时都尴尬地笑了。这种尴尬凸显出家长对正确教育知识的缺乏！而更奇怪的是，理性上知道是错的，但是回到家，做回父母的角色，又完全感性用事！下班一到家看见孩子，马上又开始唠唠叨叨："作业写完了吗?！今天的模拟考试结果出来了吗？"问题到底出在哪里？是对自己的教育方式没有自信，不得已又回到传统分数竞争的战场？

决定未来竞争实力的首要前提在于了解孩子的个性，而个性改变或者调整的最佳年龄就在12岁之前，问题是身为父母的我们到底清不清楚孩子的基本个性与学习特性。让我们通过心理学与儿童皮纹咨询专业，简单地以4种动物的特质来做分析，使各位明白，你的孩子属于哪一种个性及其差异。

以下 4 种动物分别代表 4 种潜在的学习性格：

老虎个性：权威，勇敢，自信，勇于挑战，认定目标后就勇往直前。

此学习类型的孩子就像老虎勇往直前地去捕获猎物一般，父母只要善用沟通的方式，此类型的孩子会自己主动安排时间与计划，一旦完成或了解清楚自己的需求与目的，就会主动去完成既定的目标。

树袋熊个性：善于模仿学习，敦厚老实，温和，以和为贵。

此学习类型的孩子，通常比较懒散，如同树袋熊的个性，一旦抱着树就不动啦。虽然看似温和被动，不过缺点也是优点，这样的孩子就需要家长的鼓励与催促，安排得好，孩子就容易达成家长的预期，一步一个脚印地慢慢完成学习。

猫头鹰个性：仔细，有纪律，严谨，重质量，是个完美主义者。

此学习类型的孩子对事物坚持有原则，亲子关系一定要先行好好培养极高的默契，掌握并善用与孩子的沟通模式，共同讨论才可以找到学习完成的方式与计划模式。

变色龙个性：可塑性很大，具备良好的环境适应能力。

此学习类型的孩子主动性与参与感不高，家长必须帮助孩子建立自信；懂得察言观色，贴心。

当然，学习个性类型并非区区 4 个模式就能涵盖所有孩子的性格差异，像老虎的勇猛行为也并非所有的老虎天性皆是勇猛，尚可细分为聪明、懒散等不同的组合变化。重要的是，能明白不同个性的差异，就能针对其个性的优缺点，通过生活教育中的食、衣、住、行各方面来训练和强化孩子不同方面的优势能力。除可以提前增强孩子未来进入社会的适应能力外，也容易发现孩子的强项与未来赖以为生的技能或实力。

以下，我们将列举几个年轻人不是因为学习的优异，而是因为生活教育的成功，让他们可以发光发热。他们的共同点是背后都获得了父母的鼓励与支持，造就了个性的优势从而迈向了成功。

没有亮丽的学历，用能力打造亮丽的成就

• 鼎泰丰为他留个缺

“没有不景气，只有不争气”是中山工商校长对学生说的话。

刘碧晃初中毕业时因家境之故，选择了高雄县中山工商餐饮科建教班半工半读，在校期间他被鼎泰丰（台湾地区享誉国际的小笼包专卖店）录取担任厨房助手。他不但学习认真，更利用休息或放假时间帮师傅的忙，并且不计较是否有加班工资，因为他认为多做不一样的事可以多学一些技能。当主管询问他某个门市很缺人要不要去时，他说“你派我去哪里，我就去哪里”。后来他才知道，那个门市很多人嫌太忙，都不想去。

在中央厨房里，他得学做饺子、烧卖、松糕，在门市还得再学做包子及其他。“刚开始真的很不适应，不过转念想想这样就可以学更多的技术，撑过了，技术也会大为精进。”由于他的敬业，工作勤奋，不但工资加奖金达5万元，公司还为他留了一个正式职位，等他服役回来续聘。他用在鼎泰丰3年实习的心得鼓励学弟学妹：

“只要肯努力，一定可以出人头地。”

这样的例子在现今的社会里愈来愈多。“出头”已不是靠分数，而是靠真真切切、扎扎实实的能力。我们的大学生找不到工作，绝大部分都是因为能力与态度的问题。大学4年学了什么？为进入社会准备了什么？工作需要

的基本条件有哪些？具备了什么能力让别人愿意录用你？哪些能力或特质是可以与别人竞争的？该弥补的弱点又是什么？……

● 酷酷厨师，惊艳迪拜

一个从初中开始想法就与同龄的朋友不一样，也很特立独行，在美式餐厅打工是为了学英文的年轻人，高职毕业后，立志要当国际顶尖的厨师，这是他的梦想。当大家都在补习班东补西补的同时，他却飞到印度尼西亚巴厘岛的度假村工作，只为了让自己更接近梦想。两年之中不但将英文学好，还赚了一笔钱。他 33 岁时，在迪拜一家五星级饭店担任厨艺总监，手下 104 名员工，上任半年就拿下迪拜年度评鉴最佳餐厅。CNN（美国有线电视新闻网）与 BBC（英国广播公司）闻风采访，国外杂志封他为“酷厨 Steven Liu”，他叫刘一帆。这曾是《联合报》报道的一则新闻。

台湾记者称他为“厨艺界的王建民”，但是刘一帆却“抗议”：“为什么我要跟他比？我只是想做不平凡的事。”如何办到的？“相信自己，”他说：“总要做些让自己相信自己的事，做出让客人感动的事情。”

高职毕业后，他原本计划到瑞士学习餐饮，却因严长寿（被誉为“台湾饭店业教父”）的一席话放弃了。当时严长寿说：“像你这么有天资、有潜力的，已经算入行一半了，没有必要再为了文凭去读书，应该要利用所学再往上走，眼光要朝外看。”于是，便有了文章开头所说的，他飞向巴厘岛一家度假村应聘厨师，对方却称不要来自中国台湾的厨师。他深知成为国际厨师是他的梦想，英文将是必要的工具。于是，他“转当”那家度假村的运动教练——这与厨师看似风马牛不相及，却让他与目标更近。当时没人能理解他在想什么。

两年后，大家明白了。他不花一分钱就学好了外语，而且还小赚了一笔。2008 年 5 月，刘一帆在迪拜的饭店举办台湾中华美食节，把台湾地区的炒米粉、三杯鸡都搬上国际舞台，让阿拉伯富豪们惊艳。刘一帆在迪拜实现了他的梦想，也打响了台湾美食的名号。

从传统的角度来看，他不过才高职毕业，可是让他成功的却不是文凭，而是他对兴趣的热情、对梦想的坚持与独立的思考——相信自己！

● 周杰伦与方文山，时代潮流的创造者

大学联考3次落榜，你是父母，会如何做？如何想？周杰伦仍坚持要走音乐的路，他的妈妈也坚信儿子的音乐梦想，并给予他最大的支持。虽然大学之门拒绝了他，但他却以能力创造出另一扇门——更宽、更广的新天地。很讽刺的是：万一他考上了大学，还会有周杰伦吗？还会有方文山吗？这是一个很值得玩味的问题。

周杰伦的故事大家都耳熟能详，也知道他有一位伟大的母亲。若没有妈妈在背后默默地支持与对儿子音乐能力的坚信不疑，相信也很难成就如今的周杰伦。

● 玩芭比娃娃的男孩，跃上世界舞台

一个从小喜爱芭比娃娃的男孩，对婚纱礼服有着特别的兴趣，这与传统的价值观存在太多的冲突，因为这是女孩玩的东西。男孩就要有男人样，喜欢洋娃娃是令人感到奇怪的，是不被允许的。可是，当米歇尔·奥巴马接连穿着吴季刚设计的华服出现在全世界面前时，也将这个从小喜欢洋娃娃的大男孩推上了世界的舞台。许多人也才知道，原来他——吴季刚，是中国台湾的孩子。吴季刚的故事读起来让人不免心惊，在固有传统的框框里，这样的特质完全不符合社会的期待，成长的路上该遭受过多少人异样的眼光？追逐梦想又要多大的勇气与坚持？吴季刚对自我的坚持与家人一路的支持和相伴，是使他梦想成真的最大力量。他的父母在接受专访时说，当米歇尔穿着儿子缝制的礼服在总统就职晚宴翩翩起舞时，激动的吴季刚打电话给家里，哽咽后的第一句话是："妈妈，我帮你争回面子了，再也不用担心别人笑我们了。"这句话，让人心疼，也更令人省思。

抛开成就不说，这些人的缩影在现今的社会里比比皆是。他们也许没有上述人物的大成就，但是都有梦想，都有勇气追梦、筑梦。他们乐于工作，享受拥有梦的快乐。教育的目的是什么？它绝对不只是狭隘的知识或一份解

决温饱的工作而已，它应该是引导孩子有一个完整无憾的生命，在过程中他们可以去创造与丰富定义不同的价值，并找到最大的快乐与满足。

没有积极进取与热情的态度，怎会经得起激烈的考验？没有决心要做好一件事，又怎能期待别人给你机会？积极进取、永不放弃是上述成功例子具备的相同特质，这些特质是学校培养出来的，还是家庭教育所塑造出来的？答案已经不言自明了。

放对位置，做对事情

相信你我都会赞成这样的观点：每一个人的存在都是独一无二的，全世界找不到第二个你。做父母的如果明白这个道理，就会放手让孩子在成长中摸索着找到自己。即使路途跌跌撞撞，但终究会找到自己的位置，做真实的自己，也能够坦然地面对真实的自己。要知道，主流价值不一定是所有人要走的路，常常我们会发现以往冷门的科系，怎么过了几年又变成热门？就像最近几年最热门的是中文教学，可是以前谁会读中文系啊？所以说，盲目地追寻只会让自己更迷失自我。家长如此，若教育孩子也用这种逻辑，肯定会两败俱伤，后悔莫及。

我一位好朋友的孩子去年台湾大学毕业，这孩子一路都是第一志愿上来的，提到他，老爸总是一脸得意。如今问他孩子在哪工作，只见朋友一脸无奈，说了一句话“他什么都不会，怎么找工作？”这话听在我的耳朵里一点都不意外，因为这种现象，我看得太多了！

为什么以前父母的骄傲，进了社会就变了调？“什么都不会”是孩子的错吗？背后最大的推手不就是最爱他的父母吗？怎么办？现在才来办，是不是太晚了呢？

其实，找不找得到工作是一回事，但是你真正想做什么又是另一回事。前者是小事，后者是大事。《天下杂志》曾经做过一系列“勇敢，走自己的路”的报道，每一个主角都有自己的理想与想要奉献的力量，其中一则在泰缅边境漂流 2000 天的故事让我很感动：

赖树盛大学毕业工作几年存了些钱后，只身前往欧洲游学和自助旅行，一趟世纪末的独自旅行，开阔了他的视野，促使他前往英国继续学习硕士课程，从而结识了来自世界各国的朋友，让他对于这个世界产生了无比的兴趣和关怀。因缘际会，在泰缅边境的难民营中，从难民身上，他看到了自己的软弱与傲慢，也学到了乐观与坚强。现在，他在难民营为孩子们制作午餐已经 6 年了，对此，他甘之如饴，因为生命的意义已在这里开花。

印象中比尔 · 盖茨的一位总经理也是在事业如日中天时，放下一切去非洲照顾那些受难而无法受教育的孩子，这份“工作”让他卖掉所有的资产去帮助他们，钱花完了，就再想办法发掘资源，他太热爱这份“工作”了，他说他每一天都快乐得不得了！而这样的快乐与成就不是以前人人称羡的高层主管可以获得的。

假如我们早一点让孩子知道勇敢，认识勇敢，相信生命，也尊重生命，相信很多孩子都可以提早找到生命的出口。大学毕业找不到工作就回家“啃老”的这种风气实在不可取，真不知道这些还在养“吃奶的大孩子”的家长，为什么能够如此放纵孩子？

没有资优班的国家——芬兰

芬兰教育体制真心把每户人家的孩子，都珍视为自己的宝贝，去抚育、用心灌溉，给予时间、空间，找到人性中善良的一面，帮助他们开启学习动力，从不刻意强调精英、资优、竞争、比较，从不要求学生和老师具备超人的能耐，从不奖励全勤与整齐划一，而将人人视为有着喜怒哀乐的平凡人，然后从人性的根本上，去思考如何陪着他们健康、正常地走完成长中的教育旅程，如此而已。

北欧的孩子，和你我的小孩相同，毫无差异地拥有所有人性中的各个方面；而所有从儿童到少年的青涩成长历程，也都一样。唯一的差别是，整个社会和教育体制对于人的关怀、对于人的信任、对于人的尊重，以及对于人生到底是不是一场要赢在起跑线上的竞赛的观念，是以更健康、更有人文思维的深度，去厘定教育的理念和方法。

“教育观念”的不同，是形成不同社会与文化的真正藩篱。

这段话，真是一针见血，道尽芬兰为何可以为他们的下一代如此地尽心尽力、义无反顾，他们的国家真伟大！老师真优秀！孩子真幸福啊！

也让我在看到我们的孩子们天真脸孔的一霎，既感慨又心酸。

唉！我们的家长过分迷信资优班，巴不得自己的孩子削尖头也要挤进去。万一进不去，还会走后门或是另辟蹊径，压根儿没有想过孩子是否资优或者在班上是否适应的问题。

我一名初中班的学生在上一所私立学校的数理资优班，由于他的成绩排名比较靠后，老师不但不鼓励他，还告诉其他的学生，他是拖垮全班总成绩的“害群之马”。这个学生拼命想要跟上，怕别的同学歧视他，人变得很没自信也没安全感。我们看得很难过。学生去学校受教育到底学了什么？同侪之间在集体里又学习了什么？动不动就拿分数来压迫、来分优劣，竞争活生生的就像没有硝烟的战争。自信与荣誉就是名列前茅。如此而已！人在这种环境中怎么能培养良好的人格与人际关系呢？

思考班小学组的一个小朋友说学校老师派他与另一个小朋友打扫公共区，另一个小朋友理直气壮地直接将扫把递给他，叫他一个人去扫，因为这个小朋友是第三名，而他是第七名。很骇人听闻对不对？这样的价值观竟然深深地烙印在孩子幼小的心灵里，请问这是谁的错？我开玩笑地说应该找第一名的来将扫把塞给那个小朋友，然后大声地说：谁让你是第三名！唉！好可悲呀！

看看全世界教育最成功的芬兰这个小国家，他们的教育也是从“填鸭”、高压的方式改变至现今学生评鉴表现最好的国家。人家是怎么做到的？他们没有资优班，上课时数最少，却可以有这样出色的表现，很大的一部分原因是他们让教育回归到本质（根本）。每一个孩子都不能放弃，“抢救”落后的学生是他们的宗旨。**让每一个孩子在教育里找到自己，在学习中发挥自己，教育的根本不就是这样吗？**我们的家长、老师若心中独尊成绩，也怪不得孩子潜意识会有这样可怕的观念。我们一直强调品德教育、品德教育，嘴上这么说，实际上却处处给孩子错误的示范。

大家有共同现象的案例太多了，每个孩子都是独立个体，同样的问题发生在不同的孩子身上，对待的方式也会有差异，所以家长若想在案例身上找到自己问题的解决方案的想法是不对的。看似没问题的孩子反而常常问题更棘手、更难解决，因为他们把什么都藏在心里，日积月累，又没有找到适当的发泄口，终有一天会爆发出来，难以收拾。所以在面对孩子的时候，千万不要只看表象，**孩子了解父母常常比父母了解孩子还多，**他们生存的面貌很多变，所以父母被蒙蔽的机会也多。

第8章

思考型学生与答案型学生

思考型 vs 答案型

富兰克林曾说：**“读书是易事，思考是难事。二者缺一，便全然没有用处。”**这话充分说明了若光是读书而不思考，不经过消化，充其量不过是记了一堆“死”知识，没法举一反三，活学活用，更无法应用在生活与工作中，这样的学习是无用的。做家长的我们都希望自己的孩子不要死读书，可是希望归希望，所作所为却常常将孩子推到反方向，最后希望破灭，却仍不知道为什么落得这种结果。

在学习的道路上，家长通常会在孩子还小的时候给予过多的干涉，在他们幼儿时期，最有创造力与丰富想象力的时候，就已经不知不觉一点一滴地扼杀了他们的潜力。进了小学，因为对分数与功课的要求，再一次施以高压来满足自己的虚荣。孩子若反抗，就是不听话，就是叛逆。唯有顺从、听话才是好孩子、好学生。等进了初中，请家长看看自己孩子的脸，看看自己孩子的眼神，青春正盛的他们，生命的活力与光彩在他们的身上与眼中看得到吗？又有几分呢？看完我以下的问题就再清楚不过了：

假如孩子面对着：

- 学校的功课
- 数学补习
- 英文补习
- 作文练习

- **才艺课程（钢琴、绘画、计算机……）**
- **玩**

请问你要求孩子的优先排列顺序是？

不要昧着良心说瞎话，家长应该都明白我在说什么了。因为功课永远做不完，即使做完了，还要来个复习，复习，再复习，考它个一遍、二遍、三遍。补习也永远补不完，这科补了，那科还要再补，最好来个“十全大补贴”，家长最放心。榨干了孩子的学习兴趣，也浇熄了学习的热忱与动力。所以谈到“玩”，妈妈都会说：“等你考上了好大学，就可以尽情地玩了。”难怪孩子没有创造力，没有热情，一旦进了大学，理所当然就不学习了。玩？玩什么？怎么玩？似乎连这个本能都打了大折扣。

读书与思考可以兼得吗？我的孩子是属于答案型还是思考型呢？让我们来分析一下吧：

通常，思考型的学生与答案型的学生在求学的过程中有不一样的特质，表现也有其差异性。譬如：思考型的学生通常不会是很听话的学生，他们讨厌一成不变的学习，喜欢发问，有些调皮捣蛋，常常会想出些鬼点子；功课的表现通常在中上，但是碰到喜欢的事就会勇往直前，毫不退缩；即使有困难，也懂得如何找方法解决或求助，外表上给人活泼、鬼灵精怪的印象；积极、主动性高，对许多事情保持好奇并喜欢探索。

而答案型的学生则通常是老师与家长心目中的“好学生”。他们功课名列前茅、听话乖巧、不会惹麻烦、按部就班，所以深得老师的喜爱。外表几乎看不出来喜怒哀乐，对规定的事情，通常都会做得很好，碰到困难，不大容易向外求助，积极性不高。

根据国外的研究，在学生进入大学之后，原本名列前茅的答案型学生，在学习上通常会遇到瓶颈，因为学习一旦没有人给指定方向，他们会感到无所适从，使得他们相对无法表现得很好。相反，顽皮的思考型学生却可以如鱼得水般表现得很好。为什么会有这种反差呢？研究显示，因为答案型的学生在大学以前的学习大多是靠死记硬背，也习惯标准答案的模式，一旦进入大学，跳出标准答案与按部就班的学习模式，他们就会不知所措。而对于思考型的学生来说，喜求变化，乐于挑战，本就是他们所喜欢的方式，因此，即使在进入社会之后，求新求变的思考型学生也仍然会表现得优异。

所以简单来说，答案型的学生在进入大学以前都会表现得很好，而思考型的学生反而是在进入大学以后与进入职场时，会表现得令人眼前一亮。

读书与思考当然可以兼得，也本来就应该兼具。思考是一种能力的整合，在学习的过程中有很多的方法可以运用，以刺激孩子去做思考训练。能力的训练与养成是大部分家长最薄弱的一环，有些时候家长发现了问题，可是不做深究，一下子又被大环境给淹没了，把原来看到的问题一再忽略，教育就被耽误了。

思考是一种能力

哈佛大学“教育改革领导小组”的计划主持人托尼 · 瓦格纳先生在接受《商业周刊》专访时，提出年轻人在 21 世纪必备的七大生存能力：

批判思考与解决问题的能力：能够问对问题，是批判思考、解决问题的第一步。

跨界合作与以身作则的领导能力：你不再只是跟这栋楼的人共事，而是跟不同国家、领域、文化的人合作，过去威权式的领导已愈来愈不管用。

灵活与适应力：今天的工作未来可能不存在，必须终身学习，持续接收新信息，了解新情势，随机应变。因为未来的世界跟学校考试不一样，没有标准答案。

主动进取和创业家精神：不愿意尝试，你就输了。你必须采取主动，并拥有创造力，不断找寻新机会、新点子、新策略，不断创新。

有效的口语和沟通能力：你要有 60 秒就可以说服客户提案的能力。

评估和分析数据能力：信息瞬息万变，批判思考力是你有能力通过多元管道取得并分析检验这些信息的基础。

好奇心与想象力：企业要的不只是聪明人，而且是懂得问出好问题、追根究底、对世界好奇的人。因为好奇和追根究底解答了最重要的问题。

而这七大能力中又以批判思考、合作与沟通的能力最为重要，为什么呢？瓦格纳指出：在今天任何人想要得到一份工作都必须具备这些能力，企业要创新，若不懂得如何批判思考、不懂得如何有效沟通、不懂得与他人合作，就算有很多的证书、很高的学历，21 世纪也不会有你的位置。你的饭碗会被那些更善于做机械性工作的人抢走，而这些能力在任何时候都可以训练。

既然如此，思考与读书不但可以兼得，而且也必须要兼得。同时，其他的能力也是不可忽略的。下面是我们 RV 思考班学生的案例，我们将针对不同的特性与问题来说明上述的章节以供大家参考。

结束分数的追逐战

2008 年全球“金融风暴”的危机让社会生态发生重大改变，华尔街的金童梦碎也让金钱游戏崩溃。全球经济不景气使得失业人口大幅增加，据当时的报道指出，金钱游戏的崩盘让世界顶尖大学的哈佛、MIT（麻省理工学院）的毕业生都找不到工作。以前人人称羡的在大四尚未迈出校门就被企业争相网罗的这些天之骄子，也必须面对失业的噩梦。

立彰是双语学校的学生，来 RV 思考班时已经上六年级，刚来的时候也是摆着一张臭脸（妈妈属于标准台湾家长补习一族，所以他以为又来补习了。好讨厌哦!)。上课的态度很不好，一段时间过后，他开始认真听课了。我们发现他非常聪明，有时甚至可以和老师讨论商业方面的议题，而且观点成熟，于是鼓励他一定要好好把握剩下的学习，因为打底子的时间不长了(小学思考班只收到六年级)。资质虽好，若不努力，一样等于零；资质好，若努力的方向错了也可惜！他该改的是学习态度。谢谢他的信任，自开始端正学习态度，他发现了自己的不足，听起来好像很矛盾喔！不然！立彰原本在学校的成绩就不差，所以只稍微加了把劲，当然就更好啦！傲气也自然而然地流露出来。

在他沾沾自喜的同时，我告诉他，他的程度并不好，而且快升初一了，要加油啰！他一脸惊讶地大声反问：“我程度怎么不好？我现在成绩都考 95 分以上呀!”我提醒他：“你是我的学生，程度好不好我最清楚，难道要用分数来向我证明吗？你的中文和英文都很差，不应该再陷入分数的追逐了。好好认真地把中文程度提升上去吧!”这下子，他更是一脸的不服气，但是因为信任，他没有反驳。我也知道他铁定会回家反省。

一周后，他终于点头承认了！如此聪明的孩子只要真心承认错误，就会付诸行动，马上改进。他非常努力，现在在初中思考班，他追赶得很辛苦，虽然进步的速度缓慢，那是因为起步晚，而阅读能力不是短时间可以立竿见影的。立彰的妈妈十分忧心又懊恼，觉得自己耽误了孩子的学习，考虑是不是应该换一所学校。我们劝她与其换学校不如换种思考方式看待孩子的问题。以前不知道问题所在，所以错过了。现在知道了，就应该改变自己的观念，这才是解决问题的根本之道。孩子的路还很长很长，每个阶段给予适合他的发展之路，只要基础打稳了，任何时间他想读书或进修拿学位都不难。立彰是很好的案例，因为他承认了自己的不足，所以会虚心地学习，也才会有进步的空间。原本他对读课外书非常排斥，经过鼓励与引导，他忽然对一个系列的历史书产生了兴趣。这是在聊天时我们无意中发现的，后来他去书店将全套书买回家全部看完！这孩子也争气，不但看完了，也开始对阅读产生兴趣，现在他正在读金庸的全套书。可想而知妈妈有多高兴。

另一个同样是初中班的家仁就不同了，家仁是初二才来思考班的，进来的时候一副很酷的样子，认为自己很行（功课不错）。可是遇到脑筋要转一转的问题时，脑袋就打结了。但他并不在意，因为这不是学校成绩，所以他满脸不在乎。在做课题讨论时不认真，上台发表见解时也马虎应付，看得我们直摇头。根深蒂固的分数导向，我们只好让家长领回去，不必浪费彼此的时间。前面提过，我们不怕学生笨或慢或调皮，只怕学习态度有问题。到了初中，若只对测验卷与分数有反应，其他的都不在意也不重视，麻烦就大了！因为他们的认知是学校的功课才是学习，其余的都不是学习，小学生还可以引导，到了初中就只能靠自己了！

初中生的问题千百种，讲三天三夜都讲不完，怎么会有这么多问题呢？说穿了，**初中生的问题，追根究底就是验收小学阶段家长教育的成果。**

初中班的建德又是一个更令人震撼的例子：建德是小学六年级下学期才

来 RV 思考班的，他是一个很容易受别人影响的孩子，十分缺乏自信，上了半年的小学组，在升初中的那年暑假，我们和家长做了一次沟通，让妈妈知道在这半年我们看到的建德（毕竟已要升初中了）。当妈妈听到我们说她的孩子程度太差，进了初中会出状况时，她简直无法置信。妈妈说建德从“幼儿园”开始几乎都是第一名，从小就是老师眼中的好学生、乖孩子，爸爸对他也寄望很大，准备让他念私立中学，再怎么看也不像有我们说的这么大落差。暑假过后，建德顺利进了私立中学，在学校第一次阶段考试结束后，我们接到他妈妈的电话，建德是全班最后一名！“老师！怎么会这样？该怎么办才好？我现在要怎么做？孩子无法接受这个事实，我怕他会崩溃……”急促慌张的声音着实吓了我们一跳。该怎么办？这是大多数的家长最喜欢问的，因为都要解决方案！可是解决方案掌握在家长与孩子的手中，不该由我们来提供。就好比一对夫妻要不要离婚是他们自己去决定的，别人哪能帮他们做决定呢？因为只有当事人最清楚其间的问题，贸然前去介入的和事佬，最后常常搞得自己里外不是人就是这个道理。

同样地，最清楚孩子个性与问题的人就是父母，我们能够提供给家长的是他们忽略或是没看到的另一个面，这个就足以让家长警觉并提早发现问题、解决问题，而不是每当问题发生时，就来问怎么办，那么问题永远都会层出不穷。建德的例子并非特例，这是常见的现象，只是落差没有他这么大而已。建德的问题除了分数的落差以外，最麻烦的是心理建设的问题，这才是家长要谨慎处理的地方。处理不好，孩子信心一蹶不振，可能永远都爬不起来，甚至都可能发生轻生以逃避问题的情形。因为在父母和老师的掌声与期待中成长的孩子，常常会将自信心建立在分数的表现上，一旦依靠的东西垮了，孩子的信心也就跟着垮了。人的信心不应该是建立在分数或功课上，太脆弱也太危险。许多成绩优秀的孩子会自杀，多多少少也与这有关。家长更不应该以孩子功课表现的优劣来评判孩子，压力最大的源头不是老师，而是父母。别忘了，溺爱与过度期待都是不可取的。

从孩子的分数可以看到什么？想要了解孩子、帮助孩子，就不要掉入追逐分数的陷阱。上述就是很好的范例。

影响学习的情绪化

浩浩来的时候我们差点把他淘汰，因为每次上课他都会发脾气，像枚易被引爆的原子弹，随时给你炸一下，弄得其他小朋友很困扰，就连别人不小心碰到他的笔，都可以让他发脾气。而只要他脾气一上来，接下来课堂在上什么，他完全不知道，因为仍陷在情绪当中，非得等他平静下来，心思才可以回到课堂。上了一期课，我就忍不住和家长说假如情形没有改善，这个学生我们不能收了。家长也烦恼，因为浩浩的情绪就是这样，他们也不知道该怎么办，好说歹说都没用，学校功课也不认真，很伤脑筋啊！接着我和浩浩说老师只能再让他上一期，假如这一期他依然乱发脾气，不能控制自己的情绪，老师就必须请他回家，希望他好好想一想。浩浩很沮丧地说他并不想这样，可就是无法控制自己的情绪，但他非常希望可以继续上思考课。我们告诉他要争取就要付诸行动，想要继续上思考课，就必须自己想办法改掉坏脾气。这就是游戏规则。老师愿意给他一期的时间改进，其他的学生也得再容忍他一期，接下来就看他自己的了。浩浩没有作声……说也奇怪，接下来的7周，当他要发脾气的那一刹那，只见他张着大嘴，第一个字才蹦出来，就硬生生地停在半空中……然后吞下剩余的“炸药”。脸上表情当然依旧气愤，很安慰的是没有炸弹了！干扰当然也就消除了。对于一个脾气坏到要让我们淘汰的孩子来说，他的表现着实令我感动！而每次看到他张嘴停顿的那个画面，真的又好气又好笑。多经典的画面啊！7周过去了，浩浩急着跑来问我，他是否可以继续上思考班。我反问他："你觉得呢?"他怯怯地说他真的很努力，为了能继续上思考班，他想尽办法改变自己，想尽办法不让自己发脾气，他一心只希望老师不要淘汰他。这时我们才告诉他非常欢迎继续来上课，他的努力我们都看见了，而且我们为他表现得这么好感到骄傲。浩浩高兴得欢呼雀跃！看到他的模样怎么都不像之前那个坏脾气的浩浩啊！故事还没完，当浩浩的情绪改善后，我告诉他在爆发脾气的那一刹那，虽然控制住脾气，但是从脸上气愤的表情看得出来气并没有消，所以上课无法专心。若要等到气消，可能都已经下课了。这不是很浪费吗？现在第二阶段要练习的是气消了就是消了，不要留尾巴，打败气愤的延续，专心上课。这就比较难了！浩浩做得也很辛苦，但他愿意不断练习。果然！皇天不负苦心人，他在思考班上几乎都是表现得最优异的，更大的收获是他的人缘变好了，大家不会躲着他了，这枚炸弹已经变成了开心果。不过最高兴的应该是家长了！他的妈妈前不久和我分享说，浩浩在学校表现得也非常好。老师有一次很惊讶，在一次小小的争执中，浩浩回到位子想了想后，竟然跑去向老师道歉，当时老师还吓了一大跳。妈妈听了老师的叙述，内心的喜悦令我们感同身受。浩浩在思考班已经两年了，有次他在作业上写若他没有来 RV 思考班，可能现在是一个人见人厌的坏小孩。

浩浩的例子说明了看待孩子的问题一定要找到根本点，而不是只看表面。只看表面不但无法解决问题，还会制造出更多的问题，让人疲于奔命。浩浩的家长若是只看学校成绩就觉得孩子不用功、不努力，再去给他补一堆课，那样他的情况只会愈变愈坏，功课也绝对不会进步，反而会更退步。但是找到根本点，改善之后，功课其实一点儿都不难。偏偏家长们都要反其道而行，像上面几个初中生的例子也一样，根本问题都不在功课，可惜家长却看不清!!

由被动变主动

小柔是一个外表乖巧、不爱说话的孩子，在班上连笑都难得一见，一个“没声音”的学生还真让人捉摸不定。我鼓励她多说话，更鼓励她女孩子要常笑才会讨人喜欢，这对一个快升六年级的孩子是很重要的。妈妈也告诉我们小柔在家也是安静不说话，常常一个人待在房间，没有朋友，在学习上很被动，搞得母女关系也不好。妈妈也气她为什么这么古怪。看到妈妈板着的脸孔，真够严肃。我问她为什么这么不快乐，她回答说养这样的孩子怎能快乐得起来。每天两个人就像打仗一般，烦都烦死了，她这么辛苦，为什么孩子不能体谅她？我们告诉她的第一件事就是：“没有快乐的妈妈，就没有快乐的孩子。”妈妈整天板着脸好像别人欠她钱似的，孩子怎么能受感染？又怎么快乐得起来？

妈妈解释说每天若不盯着小柔写作业，她是不会写的。所以没办法，每天下班回到家发现孩子又没写作业，无名火就冒上来。盯啊，盯啊，盯了半天，小柔反而更是被动。这个做妈的也快被逼疯了！听完了控诉，我们建议家长放手吧！别再做“直升机父母”，弄得两败俱伤，谁也没好处。若妈妈不改变做法，我们也无能为力。刚开始妈妈觉得很困难，不过为了小柔，也只好硬着头皮照做。当然，我们也不忘时时提醒她，否则一不小心又会板着脸。“快乐的家长才有快乐的孩子”，我们也应用到 RV 教室，给孩子们一个心灵无负担的教室，才能培育出自主学习的学生。

渐渐地，我们发现小柔的脸上开始有了笑容，也开始做思考作业。到后来更是铆足了劲写思考作业，不但有设计成立体呈现方式的作业，更有插入音乐的有声作业，让其他学生叹为观止。好佩服她的精神！我很高兴小柔有这样的改变。有几次她甚至到我面前跟我说一两句话，虽然很小声，但是毕竟迈出了第一步，我们已经很满意了。过了半年，小柔告诉我她在学校的期末成绩进步了 16 名，下次她要挑战前 5 名。思考班的队友全部为她鼓掌！前 5 名重要吗？对我们来说不重要，但是对孩子来说很重要时，她就会全力以赴。这才是我们觉得重要的。

小樱的情况就不同了，小樱的妈妈也是对学习盯得格外紧，总认为孩子的学习不好是态度有问题，孩子一定是偷懒，不愿意学习。为了盯紧小樱做作业，母女之间的关系也是坏到不行，小学 4 年就换了 4 所学校。到了思考班半年后，小樱开始认真地写思考作业，学习也开始慢慢地进步。我们觉得小樱个性没什么问题，是妈妈对她的要求太多，反而看不到她的优点，使得孩子在潜意识做出反抗的表现。过了不久，妈妈觉得小樱可以做得更好，硬要求她考进前 10 名，否则不让她上思考课。小樱很努力，结果还是没有达到妈妈的标准，她恳求妈妈再给她一次机会。妈妈却跑来找我们，希望我们将小樱看电视的坏习惯改掉，这样小樱才可能考到前 10 名。我们告诉家长，这是家庭教育造成的，解铃还须系铃人，家长要自己想办法，怎么来找我们呢？可是，小樱的妈妈坚持一定要我们答应她的要求才让女儿继续上课。这样威胁老师、威胁孩子的做法，相信没有人可以接受。这样的身教与教育方法也只会牺牲孩子自我改变的可贵机会。

大学生的一堂课

有一次，我们去给一所很知名的大学上课，经验告诉我们可能人数会是最大的变量，所以特别提醒主办人一定要确认真正要上课且真正会到场的人数，而不是以报名的人数为准。因为报名对他们而言，只是一时兴起，并没有经过认真的考虑，反正到时不来也不会怎么样，就是这种不负责任的心态，才让我们再三地提醒与交代。最后主办人告诉我们确定有六十多名学生会参加，于是我们分成两个班，每班约 33 名同学。我们心想已经确认过了，变量就相对会小，再扣掉当天有突发状况的话，每班应该也有 30 名同学。

上课前一天，我们不放心，又再做了一次确认，主办人告诉我们人数不变，他们前一天又再次确认，并以 e-mail（电子邮件）通知会来上课的同学，也收到了对方的确认函。这下应该没问题了吧！晚上终于可以睡个安稳觉了。

第二天，我们一早依约而至，却看不到接待的人，赶紧打电话联络主办人，却听到他刚睡醒的声音，说他临时有事不能来了，会有其他的同学负责接待。这已经够过分了，等到接待的人带我们去教室的时候，发现教室竟然乱作一团，完全没有安排好，老师上课要用的投影仪、计算机也都还没准备，让我们当场傻眼——这是走错学校还是怎么了？接待的同学也一脸尴尬，不住地说对不起。能怎样呢？遇上了只好认了。我们卷起袖子，搬桌子，移椅子，一切自己来。9:00，上课时间到了，我们还在弄桌椅。这时教室里终于来了两名同学，他们看见老师在搬桌椅，竟然无动于衷地坐在角落大吃早餐，完全没有不好意思的表情。学生迟到也是意料中的事，我们安慰自己学生只要能来就是好事，别生气！到了 9:20 我们开始上课，人数从确认过的 33 人，变成 20 人。奇怪了！这些人不是都写了回函要来上课吗？怎么睡一觉起来就变天了？算了！继续上课吧！好歹这些来的同学是上进的，总得要让他们有所收获。我们在台上口沫横飞，却没有人想到拿杯水给老师润润喉。直到下午我渴得受不了了，才向同学要了水。为什么会这样？写到这里也不用说讲课所发生的事了，光这些就够我们大人好好想想，为什么大学生会变成这样？为什么企业不愿雇用他们？当天的思考课，我就直接拿这个鲜活难堪的例子与他们讨论，光是这些“前奏曲”就包含了思考的整合性与周延性，责任感与解决问题的能力也在其中，还有最重要的——人与人之间的尊重。你们今天要上思考课，要解决问题，不是看老师在前面表演，下了课才是真功夫。生活里面不练习、不思考，永远只会纸上谈兵，恐怕连赵括还不如呢！

解决学习问题，父母先要观念正确

了解孩子是必要的。所谓的了解是可以真正客观地看待孩子。做父母的通常批评别人的孩子很容易，遇上自己的孩子就难以客观了。举个例子：我们看别人溺爱孩子，心里一定会暗骂怎么这样带孩子，将来长大一定是个宠坏的“公主”或“王子”。可是转过头来面对自己的孩子时，也许别人心里也是这样看待你的，而你却不自知。

一次在等车时，无意间听到两个大学生的对话：“你也在等车啊？到哪里去？”“去学校。”“今天放假，你去学校干吗？”“要去排练表演节目，然后去打工。”“打工？1 个小时多少钱？”“1 小时 90 元，今天要做 5 小时。”“什么啊？1 小时才 90 元？拜托！你 5 个小时才赚 450 啊？”“对啊！你要不要也去？我可以帮你介绍！”“我才不要呢！奋斗一个下午才 450。谢了！我跟我妈要就行了。”

怎么样？这种对话不陌生吧！先别笑，“跟我妈要就行了”真的是现在很普遍的现象。记得在北京上课时，那儿的家长说他们有句俗话“宁养孽子不养吃子”。孩子若从小伸手要啥有啥，从来没有正确的金钱价值观，家长也舍不得让孩子吃苦打工，要钱要习惯了，若有一天不满足他时，他会马上翻脸不认人，这类新闻一点儿都不新鲜。到那时才骂孩子不孝，都已经来不及了。

我们曾在一个全省性的家长协会做演讲，会后他们很热心地与我们交换意见，讨论孩子的问题，却让我们惊讶地发现他们多数对教育仍停留在“分数=成就”的观念里，想到就令人灰心。这样的观念不改，他们怎么能帮助孩子呢？

台湾的家长对孩子的学习充满焦虑，可是我们却对现在的家长充满焦虑。我们做思考教育的推广已有多年，却深深感觉大人十分欠缺思考能力。这是一种深深的无力感。

学习会碰到的问题因人而异，我们也碰到过所谓的“问题学生”，怎么办呢？有些“问题学生”是很聪明的，只是放在现今的教育制度下，无法发挥，家长若不能看清楚这一点，就真的会误认自己的孩子有问题而耽误孩子的学习。这一类的“问题学生”我们反而很喜欢，因为只要给他们发挥的空间，他们就会表现得非常棒。怕就怕碰到真正有问题的学生，而家长却视而不见。

我们曾经收过一个孩子，上完第一堂课就发现他有智力问题，下了课我们准备请家长带回去的时候，先试探性地问家长是否知道孩子有问题。只见家长一副自卫的姿态反问：“我儿子哪里有问题？他很正常啊！”再问：“学校老师怎么说这孩子？”“学校老师说我的孩子不专心而已！”我们只好做坏人，告诉她孩子智力是有问题的，请家长去寻求专业的帮助，我们的课程帮不了孩子。妈妈这时才缓和下来，说她自己也感觉孩子有问题，可是爸爸却坚持儿子正常，不但让他上正常的学校，而且也和一般的爸爸一样，对孩子的将来充满期望。现在孩子都上五年级了，课业根本就跟不上，爸爸给他报各种补习班也不见效。她的压力很大，但实在不知该怎么办了。天啊！怎么会有这么“天才”的家长？逃避问题只会让问题更加扩大与严重，孩子都上五年级了，错过了多少宝贵的补救时间啊？到现在还在自己骗自己，可怜天下父母心！我心疼孩子受折磨，虽能体会爸爸的心情，却无法认同这种可憎的行为。没有人不希望自己的孩子聪明、活泼，又美丽，可是，当问题来临时，我们无法逃避，也无从逃避，只能擦干泪水，挺起胸膛，带孩子一起更勇敢地面对问题。有快乐的父母才有快乐的孩子，相同地，先有勇敢坚强的父母才有勇敢坚强的孩子啊！

在孩子的学习路上，每一个家长都有不同的苦水与烦恼，我们常常只会要求孩子该怎样怎样，自己却在教育的路上不学习也不花时间，用传统的观念带孩子，自己跟不上时代，也连同一块埋葬孩子的天性。我们平常在演讲或上课的时候，常常会被问到两岸的孩子有什么差异性，但是从来没有人问两岸的家长有什么差异性，这倒是让我们很纳闷，难道家长从没想过自己也有不足吗？

好品格奠定孩子一生的基础

在天母（地名，位于台北市郊）一所小学附近的书店里，一个小学生拿了一支笔放入书包里，画面被监控摄像头清清楚楚地拍了下来。小学生至柜台结账时，店员特别询问他是否还有别的东西要一起结账，孩子说没有了。店员又暗示说书包里是否有东西要结账，他回答没有。于是，店员打电话给家长，请家长过来一趟。不一会儿，妈妈气急败坏地走进店里，一眼看到自己的孩子，不由分说地大声骂道："家里什么值钱的笔没有，你偏拿人家这支 15 元的破笔干吗？去，拿 15 元给店员小姐。"店里其他的客人看得目瞪口呆！店员说："您的孩子在店里偷东西，我们通知家长是希望给孩子一个教育的机会，而不是要您来付钱的。"那位妈妈立刻反击道："我的孩子哪有偷东西？哪有偷东西？你不要乱说，才 15 元的笔，谁要偷呀？"店员气得说："您的孩子明明就是偷东西。今天他偷 15 元，长大会偷 15 亿。我们好意通知家长，无非是希望家长可以给孩子一个教育的机会，您这样蛮不讲理，我们只好通知警察，将他偷东西的监控视频一起给警察，看他是不是偷东西。"

这是一个真实的故事，我们思考班的一位家长当时就在现场和她的女儿买书。她说那位家长简直是生病了，还病得不轻！读者家长们可以设想这样的教养会教出什么样的孩子？孩子未来又会成为什么样的人？相信这样的父母以后要付出的代价绝对非常大。

人，都有去天堂报到的一天，在我们离开人间后，我们希望可以留给孩子的是什么？拿这个问题问做父母的你们，会怎么回答？曾经想过吗？是一堆花不完的钞票？还是洋房、套房、小公寓？想的范围大概都脱离不了这些。不过，假如问你留下什么给孩子能够让他终身受益不会有遗憾？钞票、洋房的答案可能就得改改了。因为留一堆钱也可能是留一堆祸害给孩子，孩子为了争夺财产所引发的“战争”，种种难堪的戏码经常上演。也难怪现在许多人不留财产给子女，宁愿捐给慈善团体，只是希望子女可以脚踏实地靠自己努力，而不是坐吃山空。那你想留给孩子的是什么呢？

同样的道理，思考教学除了训练思考之外，我们可以给孩子的附加价值是什么呢？不可讳言的就是“品格”。古人说“三岁看大，七岁看老”说的就是基础教育，也就是品德。以前老祖宗都会遵循古礼，不但尊师，更重孝道；现代父母流行自由、民主、开放，拿捏不好，开放到最后，却是灾难一场——子女骂师长，父母叫苦，老师喊冤……这是什么造成的？品德不正造成的。从哪里改善起呢？非得从教育着手才行呀。假如我们在孩子还小的时候就教导他们尊敬、谦逊、孝顺等一些最基本的品德，进了小学懂得尊敬老师、爱护同学，分辨是非的能力自然而然就从生活中得到训练了，而这些也就是“规矩”。愈小开始教导，愈有成效。这是品格的基础。等孩子进了初中，想教都难了。现代父母觉得这些不重要，感觉好像很“八股”，于是少了规矩，多了开放，开放变成了放任，没有了规矩，孩子骄纵蛮横，坏的习惯一旦形成，也就很难矫正回来。即使书念得再好，再有学问，也无法开出好的花朵。

网络上有一篇流传甚广的文章，姑且不论其是否具有真实性，但是内容却值得做父母的我们好好省思：

1980年，大卫在美国阿灵顿商学院读书。他的大学生活，主要靠父母按月寄来的那么一点儿钱来维持。不知怎么的，家里两个月没给大卫寄钱了。大卫的布兜里只剩下一枚硬币了。饿得肚子咕咕直叫的大卫走到电话亭旁，把所有的钱，也就是那小小的一枚硬币投了进去。

“喂，你好。”电话接通了，千里之外的母亲说话了。

大卫带着哭腔说：“妈妈，我没钱了，现在饿极了。”母亲说：“亲爱的孩子，妈妈知道。”知道了为什么不寄钱？大卫刚要把这个疑问怒冲冲地向母亲说，忽然感到母亲的话音里有一股深沉悲凉的味道。大卫预感到不妙，他赶紧问：“妈妈，家里出什么事了吗？”

母亲说：“是的，孩子，你爸爸得了重病，已经 5 个月了，不仅花光了所有的积蓄，而且由于患病导致丢了工作，家里唯一的经济来源断了。因此，这两个月没给你汇钱。妈妈本不想告诉你，可终究是瞒不过你的。妈妈只想说你大了，应该自谋生路了。”

母亲说着说着，大哭了起来。电话那端，大卫也“啪嗒”“啪嗒”直掉眼泪，心想：看来必须辍学回家了。

大卫对母亲说：“妈妈，你别难过，我现在就去找工作，一定能养活你们。”

残酷的现实把大卫击晕了。还有一个月，这个学期才结束，如果能有十块八块的钱，大卫就可以熬到暑假，然后利用两个月的假期打工赚钱。可现在一分钱也没有了，不得不退学了。大卫和母亲说“再见”挂掉电话前的那一刻异常难过，因为他的学习成绩很棒，并且他很喜欢阿灵顿商学院的学习生活。

挂断电话后，公用电话传出一阵噪声，大卫惊喜地发现有许多硬币从投币口涌出。大卫高兴坏了，伸出双手去接那些钱。

如何处理这些钱？大卫心里直犯嘀咕，留给自己用吧，完全可以，一是没人知道，二是自己确实很困难。但考虑来考虑去，大卫觉得不该据为己有。在经过一番激烈的思想斗争后，大卫把其中一枚硬币投进公用电话机，拨通了电话公司的服务电话。

听完大卫的叙述，服务小姐说：“钱属于电话公司，所以您必须把它们放回去。”

挂掉电话后，大卫就把钱币往回投，可一遍遍地把钱币塞进去，公用电话机就一遍遍地把它们吐出来。

大卫又给服务小姐打去电话，服务小姐说：“我也不知道该怎么办，我现在就请示上司。”

孤独无助的大卫在声音中透出一股凄凉，服务小姐强烈地感受到了，直觉告诉她电话那端一个品行优良的陌生人需要帮助。

不一会儿，服务小姐把电话回拨到这部出了毛病的公用电话。她对大卫说："我请示了上司，上司说这些钱送给你了，因为我们公司现在人手不够，不想为了几美元专门派人去取。"

"太好啦！"大卫高兴得跳了起来。现在，这些硬币光明正大地属于他了。大卫蹲下身来，认真数起来，一共9美元50美分。这些钱足够大卫支撑到暑假打工领到第一笔工资。

往学校走时，大卫一路笑着。他决定用这些钱买点儿吃的，然后去找份活干。

转眼暑假到了，大卫找了份清理百货公司仓库的工作。那天，大卫找到百货公司老板，跟他讲了公用电话的事和自己找工作的想法。百货公司老板告诉大卫随时可以来上班，不只是暑假，平时学习不忙的时候也可以来工作，因为百货公司老板觉得大卫是个诚实的人，尤其是个懂得慎独的人，让他清理仓库绝对信得过。

大卫干活非常卖力，老板很欣赏他，也很同情他。老板给了大卫双倍的工资。

领到工资后，大卫把钱都寄给了母亲，因为大卫此时已经得到消息，他获得了下一学期的奖学金。

一个月后，钱又被寄回给大卫。母亲在信中说："你父亲的病有些好转了，我也找了份工作，能够维持生计。你要好好学习，无论如何别饿着肚子。"

看完来信，大卫又掉下了眼泪。大卫知道，父母就是忍饥挨饿，也不会反过来向需要资助的大卫要钱的。

每每想到这些，大卫就泪水直流，心澜难平。

一年后，大卫顺利完成了学业。毕业后，大卫开了一家公司，第一年，大卫就创利10万美元。大卫时刻不忘公用电话的事。他写信给电话公司："让我终生难忘的事情是，贵公司把意外的9美元50美分资助了我。正是这一善举，让我免于成为辍学青年，在贫困中沉沦，同时也给了我无穷的力量，激励我时刻不忘拼搏。现在我有了自己的事业，也有了一定的积蓄，我想回赠贵公司 1 万美元，略表我的心意。”

电话公司老板比尔随即回复了一封热情洋溢的信：“祝贺你学有所成，事业发达。我们认为，那些钱是我们花得最值得的一笔。这倒不是指 9 美元 50 美分换回了 1 万美元，而是说那些钱让一个人懂得了这样一条人生至理箴言：‘在最困难的时候，一不要忘了希望就在眼前，二不要忘了坚守正直的品性。’”

20 多年过去了，大卫怎样了？在美国芝加哥，有一幢豪华大楼，它的外形就像一座公用电话亭，这就是 ADDC 公司的办公大楼，而 ADDC 公司的开创者、现任总裁，便是大卫。大卫，同时也是菲力慈善基金会的最大捐献者之一。

前几年，台湾有一些民间组织提倡读经，本意很好，可是很多孩子在进了读经班之后，毛病便出来了，他们开始瞧不起父母、同学，因为这些人背的经书都比不上他们，态度自然就开始傲慢了。这就是坏的习性。怎么会这样呢？父母送孩子去读经班，不就是希望他们懂得礼仪吗？道理很简单：这就好像学功夫一样，学了些花拳绣腿，不过招式漂亮，唬唬人罢了！真正的功夫，即在前面所提的品德。品德教育好了，接下来再学习知识才会让孩子更上一层楼。我们看社会上许多的父母为了儿女的教育，“费”尽一生让孩子能够学业有成，而到头来，这些有成的人却反过来嫌弃父母的出身不够高，有的甚至弃父母于不顾，心中只想着自己的前程，这些都是在品德上出了问题。还有最近揭发的“黑心”商品层出不穷，为了赚钱不择手段的事我们听多了，也看多了，这些社会乱象的源头都是品德的问题，也就是教育出了很大的问题。

我们的政府最近为了降低犯罪率，竟然提出了高昂的预算案要广设监视器预防老百姓“饥寒起盗心”，我很好奇这样真的会有效吗？试想，预谋偷盗的人，难道会因为这监视器就不敢做了吗？想法未免太天真，不但污辱了我们善良的百姓，也凸显思维的僵化。可是，若将这些钱拿去投资教育，我想没有人会反对，因为这才是解决问题的根本之道。人会做坏事是因为起了坏的念头。所以说，教育是国家的根，不肯投资教育，不重视教育，将来要付出的社会成本将更加昂贵。而父母是家庭中教导孩子品格扎根的人，只注重孩子的学习成绩而没有品格教育，将来都会尝到苦果。这也就是我们的思考训练一定要包含品格教育的原因。

曾有一位初中老师在报纸的文章中写道，她为了奖励模拟考成绩优秀的前几名同学，特别招待他们来家里吃午饭。当天早上她开车去接这些学生时，高兴之余忍不住透露中午的菜单内容，没想到学生竟然七嘴八舌地说："为什么不叫比萨或麦当劳呢？""我比较爱吃面哟！""老师你煮的东西能吃吗？"……当场浇了老师一头冷水。进了家门，刚要向同学们介绍她先生，又听到学生们的窃窃私语："他是谁？有点胖！""一点儿也不帅"……只见老公脸色一阵青一阵白，忍着气去帮他们准备饮料时，又有同学溜进老师的卧房，对着房里的照片与摆设品头论足起来。老师强忍着心中怒火，提醒他们已是初三的学生了，难道连最基本的尊重别人的隐私都不懂吗？学生被念叨后马上露出不高兴的表情，吃完午饭就嚷着要离开，老师这时也没了兴致。学生走后，她回头一看，满桌未收拾的杯盘、一地的杂志、扑克牌、CD……这些功课优秀的学生是怎么了？这些高才生，为何人情世故却是零分？是谁的责任呢？

有一则寓言，说一个年轻人和一位睿智的老人打赌，他手里握着一只小鸟，问老人说："既然你是智者，请告诉我，我手中的小鸟是活的还是死的？"这个年轻人心中盘算着，这回绝对稳赢不输。他想："若老人说是活的，我只要轻轻一掐，鸟就死了；若老人说是死的，那我只要把手张开，小鸟就飞出去了。"不论如何，这下子老人输定了。只见老人淡淡地说了一句："生命就在你的手中。"

同样，孩子就像握在你手中的小鸟，是生是死？"生命就在你的手中。"

第9章

思考力决定孩子的竞争力

解读 RV 思考

创意思考

直线思考

批判思考

系统思考

图像思维

解读 RV 思考

培养孩子思考的能力，不是靠“教”的，而是要通过不同的技巧、方式来“引导”！只要能通过有趣的、生活化的方式来引导孩子进行思考，他们的创意、记忆力、认知能力、推理能力、人际关系、阅读能力与独立性，就都会跟着提升！

想要成为“21 世纪的第一名”，思考能力是孩子不可或缺的关键能力之一。我们碰到过很多的家长，他们在面对“思考教育”时总觉得很奇怪，有时他们会反问：“思考？谁不会思考？”

没错！每个人的确都会思考，即便是学龄前的孩子也会思考！所以很多人都觉得，思考就如同呼吸一样简单，毕竟每个人都可以有自己的想法。但是“21 世纪的第一名”需要的思考，却不像呼吸一样简单！在面对 21 世纪多元化的社会时，思考不能停留在单点、浅层、浮面或天马行空的想法上；在 21 世纪要想成为最有实力的竞争者，那么就必须具备“有深度”的思考能力，这种思考要能从厘清信息、判断、分析、归纳，到进而做出正确的逻辑判断，直至提出解决方法。只有这种思考，才算是真正的思考，也才是在瞬息万变的 21 世纪中制胜的关键。

• 引导式的思考教育

问题是，如何培养孩子深度思考的能力？我们遇到过许多家长，虽然他们已经清楚地了解思考的重要性，但是仍会继续追问："那该如何教我的孩子思考呢？"其实，这就代表家长们并不了解思考的真义，同样又陷入把思考当作一门学科要孩子"补思考"的错误泥淖。

培养孩子思考的能力，不是靠"教"的，而是要通过不同的技巧、方式来"引导"！思考最重要的精神，就在于每个人都有不同于别人的想法，在把自己的想法提出来和别人相互碰撞、讨论之后，又要把自己原有的想法融入其他不同角度的想法之中，从而完善成自己最终的想法，这个分享的过程才叫作"思考"。

可是在台湾，我们却看到一个很奇特的现象，因为家长的需求，我们竟看到有些老师在"教"思考。他们在课堂上教导孩子，思考的第一步骤、第二步骤、第三步骤……要孩子记住这些学习"思考的步骤"，规定孩子碰到事情用这些步骤一、步骤二、步骤三等顺序来思考。老实说，我看到这种现象，感到不寒而栗。

没错，**思考教育中的确存在某些"思考性的技巧"，但是这些只是辅助的工具，并不能取代思考学习的本质。**比方说学英文，一般老师会教我们先从 ABC 开始，再学音标、背单词，最后学整句句型和时态。这是学英文的步骤，相信很多人都经由这样的步骤来练习英文。但是学英文只有这一种步骤吗？当然不是，有些人是先学会日常的英文会话，才慢慢学会"写"英文；有些人则是先学会"听"，再学会"说"英文。不同的路径最后都可达到学英文的目的。你能说，学英文只有一种方法吗？而孩子也只适合一种思考的标准方法吗？假如是这样的话，那和"填鸭"的方式有何不同？还遑论什么创意！

现在的教育往往重视太多的技巧、步骤，而忽略了学习的本质。试想，如果每个孩子都按照同样的思考技巧来思考，那不是使得每个孩子的思考模式都变成一样的。这么一来，又如何产生不同、多变的好创意？这样的方式又如何能称作思考呢？

学习思考，必须尊重每一个孩子本身不同的思路，以及他们不同的学习方式，之后再去引导孩子思考出不同的结果与看法。所以，"引导"是非常重要的教育理念，重视“教”而不重视“引导”的老师，是不可能培养出孩子的深度思考能力的。

要观察一个好的老师是不是真正会引导孩子思考，有两个指标：

第一，观察孩子是不是很喜欢上他的课。所谓“引导”，一定是从孩子本身的兴趣出发，进而触类旁通。既然孩子是以“兴趣”作为学习的起点，他怎么可能会不喜欢走进这位老师的教室？

第二，就是老师的课堂上，不能只有一种标准答案。千万不要使本来天资聪颖的孩子，活生生地被教成书呆子。前一阵子被家长抨击得很厉害的“建构式数学”，就是犯了“只有一种答案”的错误，因为答案的算法，在老师的严格规定下，只有一种思考路径。比如，数字答案为 81，老师只认为，一定要用“9+9”，一共加 9 次算出 81，才是对的，不能用“90−9”，也不能用“9×9”。只要是用其他的思维方式算出来的 81，老师都画上大大的一个“×”。这让本意在于引导孩子“理解、思考”的建构式数学，在错误的教学观念下，终于“寿终正寝”。

• RV 思考是什么

很多人都说，我们教思考的老师是“不一样的老师”，像我的孩子在上幼儿园时，社会上刚好流行双语教学，但我却坚持不让我的孩子这么小就开始学英文。我要他好好去幼儿园玩乐，所以特地去找一个什么都不教，却有很大活动空间的幼儿园，让我的孩子可以天天去玩耍！当我的孩子上小学时，我依然不让他去补任何才艺课程，每天孩子放学，我只会问：“今天好不好玩？”我唯一对孩子提出的坚持和要求，就是帮助他建立阅读课外读物的习惯及自我管理的能力。这样他才能够对自己负责，并能面对各种事物的挑战。当然，我们对来学习思考的学生，也都以此来要求。

假如回到我们小时候的年代，要求分数与成绩都是有必要性的，因为在那个年代，好学校、高学历代表好工作、好前途。但是，进入 21 世纪后，好工作、好前途已经因为社会变迁、经济改变与世界潮流的不断前进，发生了改变。现在就连当家长的我们在职场上都经常感到难以招架，不幸的还可能被裁员。体会到这样的社会改变，再睁大眼睛，认真实在地看看现今的教育环境与职场上人才需求的条件，聪明的家长就会清楚该给孩子什么了。

或许是因为我们本来就有“不以分数要求孩子”的教育理念，1996 年，当我们接触到以《第五项修炼》一书在台湾企业界掀起热潮的管理大师彼得・圣吉（Peter Senge）所研发的“系统思考法”时，我了解到，这正是企业主最期待员工和主管所拥有的能力！我开始深入学习系统思考法的精要，同时协助许多企业对员工进行思考开发的教育训练。

1999 年，我们遇到全脑心理学博士 Mimmo Gasbarri，接触了“RV（Remote Viewing）直觉全脑开发学习”，它主要的功能是开发人类直觉感官的敏感性，以及全脑意念的运用。这是由 Beverly C. Jaegers 与她的学生于 1971 年共同成立的“Psi Squad 机构”。在刚开始于美国推行时，她只是运用这套方法帮助美国警方从被害人的私人用品中寻找被害人尸体的线索，由于美国警方利用这套方法侦破了许多谋杀案、名画失窃案、失踪人口案，因此让 Jaegers 能经由无数案件中所积累下来的经验，整理出一套完整的“RV/Psi 学习方法”，甚至进一步辅助警方做警务人员的教育训练。

当 2000 年我们远赴美国学习这套课程时，我深感 Jaegers 的“RV 开发”与彼得・圣吉的“系统思考法”，手法虽异，但本质上却有许多相通之处。身处于华人社会之中，我常看到周遭的朋友为孩子的教育问题所苦，这让原本从事成人企业员工思考训练的我们，认识到一件事情：既然企业这么需要让员工拥有自己判断、思考、解决问题的能力，为什么要等他们进入企业之后，才应老板的要求进行思考教育？既然这种能力是企业的需求，何不从小就培养孩子拥有这些能力呢？

更何况，目前台湾父母最头痛的问题，像是孩子说话没重点、不喜欢上学、依赖性高、中文程度差、不专心等，这些孩子在成长与学习上的困扰，追本溯源都与华人社会长期以来不注重孩子的思考教育有关。为了培养孩子独立思考的能力，我们开始融合 RV 全脑理论与系统思考的技巧，进而再融入国外行之多年的自主学习理论和多元智能手法，设计出一套属于孩子的“儿童 RV 思考”系列课程，并且将部分课程导入台北两所公立小学做实验推广，其效果令家长大为惊叹！我们只是希望，这套课程可以帮助那些因为太沉浸于补习、记忆、背诵的训练而大脑僵化的孩子，变得更柔软、更有弹性，并为孩子们打开视野，让他们见到一望无际的原野。

设计儿童 RV 思考课程，的确和大人的课程很不一样，由于深度思考的能力不是一蹴可及的，所以课程中最重要的原则有两项：一是要让孩子觉得我们的课程“有趣”，二是能从“生活”中培养他们独立思考的能力。

因为“有趣”，可以让孩子喜欢上我们的课，一旦喜欢，他就有主动积极的意愿，我们也才有引导他的机会。如此一来，他的吸收、学习能力便会迅速增强，这是培养孩子自主学习能力最有效率的方式。至于提出从“生活”中培养独立思考能力的原则，是因为我们认为，所有的学习都必须落实在生活之中。孩子不是生活在实验室，也非活在教科书中，下了课他必须将所学用于生活中，不论是学习或行为，现实生活里都会碰到许多问题。如果不从生活中培养他的独立思考能力，孩子拥有的只会是天马行空、漫无边际的空想，这对孩子的学习、成长、未来进入社会的竞争力，都没有太大的帮助。

● 知识的单向输入与引导思考的差别

举一个简单例子来说明我们的思考课程是如何进行的。近些年来艺人吸毒的事件闹得沸沸扬扬，我们思考进阶班的学生就曾一起讨论过这个问题。当时的情景是这样的：

我问孩子们：“你们最近看过艺人吸毒的新闻吗？”通过电视新闻报道的强力放送，所以孩子们一听到我的问题，都兴奋地回答说：“看了！”

我再问他们：“你们觉得这些艺人吸毒之后，产生了什么后果？”

一个小朋友马上举手告诉我：“吸了毒之后，他们人会变笨！因为大脑受到毒品的影响，脑子会坏掉！”

我把“变笨”这个后果写在黑板上，笑着说：“很好！但除了变笨之外，还有没有其他的答案？”学生们每次面对问题都回答得很踊跃，因为他们知道，我不是一个“标准答案”的老师。

另一个孩子说："他们会丢掉工作！吸毒的事情被曝光后，因为形象受损，电视台就不愿找他们主持节目了！"我又在黑板上写下了"失去工作"这一项后果。还有一个孩子说："他会离婚！老婆发现他吸毒后，觉得很丢脸，就不要他了，跟他离婚！"也有一个孩子说："吸毒身体会变差！会变丑！脸黄黄的很难看！"

孩子们七嘴八舌一个接一个地抛出他们的答案，我把他们的答案一一写在黑板上，几乎占了半个黑板的空间。趁他们兴奋之际，我再问他们："你们觉得这些艺人吸毒后，会影响到谁？"孩子们对于我的第二个问题，又热切地举手发言，我又把他们的答案写下来："自己、家人、朋友、社会大众、电视台工作人员……"又几乎写满了 1/4 的黑板。

但我的问题还没结束，我再问他们："你们刚刚说了那么多吸毒的坏处，但我相信吸毒一定有好处，不然为什么会有很多人去吸毒？来吧！告诉我，吸毒有什么好处。"孩子们听到我的问题后有些讶异，因为大部分的老师或家长，在面对吸毒这个问题时，常常是单方面地灌输他们"吸毒的坏处"，他们没有想过"吸毒会有什么好处"，所以孩子们对于我这个问题沉默了一会儿，但还是有小朋友举起手来："吸了毒之后，应该会很 high 吧！"我再问他："你觉得会 high 多久呢？"孩子想想说："应该不会很久吧！顶多几个钟头，不会超过一天吧！"听到他的答案，我说："那就算最长的时间，一天好了！"于是，我在黑板上写下"high 一天"。

我接着再问："还有呢？还有没有其他的好处？"

另一个孩子则说："应该会忘掉些不愉快的事情吧！也有人说，吸了大麻之后，音乐特别好听！"听到他的答案，我问他："忘掉不愉快的事、听音乐特别好听，和刚刚那个答案一样吗？"这个孩子歪着头，想了一会儿，说："嗯……好像差不多！"于是我并没有在黑板上写下这个答案。

我再问孩子："大家再想想，还有没有其他好处？"孩子们有的皱着眉头，有的歪着头，一个个露出苦思的表情，整整一分钟，没有人再举手。于是我说："没有人再提出好处来了？那么吸毒的好处是不是只有这一个——high 一天？"孩子们一个个点头称是。

“现在吸毒的坏处与好处，你们都知道了，那么你们要不要吸毒？”

“不要！不要！”“神经病才要！”几乎是异口同声地，孩子们都摇头说不要！因为所有的答案都是孩子自己说的，整个过程都是孩子自己在学习，所以对议题的核心认识得深刻而全面。

这就是我对待“吸毒”这个议题的方式。有些传统的老师根本视“吸毒”这个问题为禁忌，连谈都不会和孩子谈，仿佛社会中不存在吸毒这样的问题，但这只不过是一种过度保护的障眼法罢了。不和孩子谈吸毒这个议题，不代表吸毒在社会中就不存在，孩子长大以后，还是会通过其他渠道了解到毒品，甚至可能会接触毒品，过度保护的做法会让孩子因为不了解吸毒的坏处与代价，只因一时的好奇而去吸毒，这样不是很糟吗？

有些老师比较开放，他们愿意谈“吸毒”这件事情，但采用的方式大多是播放一段由法律事务主管部门制作的禁毒宣传片。孩子坐在那边看影片，有的很专心地看，有的则打起瞌睡来。但是禁毒宣传片是单向的知识灌输，有的孩子会听进去，有的孩子则一离开教室就忘了！我们的方法是让孩子们自己去思索答案，就算是吸毒这种事，我们也不仅让他们思考坏处，也让他们去思考好的一面。因为只讲坏处不讲好处，对事物就会不够客观，也容易偏执。一件事总是有正反两面，在我们的课程中，我们希望孩子从不同的角度去看待问题，所以不把“吸毒的好处”视为禁忌，一样让孩子自己去思索、分析、讨论，并得出结论。

最重要的是，在分析与讨论过吸毒的好处与坏处后，我们会让孩子们自己对吸毒下个结论。当孩子们自己得出来的结论是“不要吸毒”时，这可是他们自己所得出的答案，而不是死记硬背的灌输。因为在整个过程中，孩子清楚了解到，如果吸毒，不但让自己、家人、朋友都受到影响，更可能丢了工作、搞坏身体……吸毒的一时快感竟要付出这么大的代价，当然没有一个孩子愿意去吸毒。

我相信这样的思考过程，比起单向式的禁毒宣传片，更能让孩子以后永不沾染上毒品，这比禁毒宣传片的效果要好多了！

在某次进阶课的思考训练中，我们请孩子做咖啡店的创业企划分析，目的是希望通过完成作业的过程，让孩子自己去体验个人创业的辛苦，以及促成一件事物所要付出的代价，并做最后的评估与分析。我规定全班同学都必须交作业，老师才会带他们去咖啡店吃点心与访问老板，再对创业者提出这次作业过程中的所有疑问。孩子们都很兴奋，两周后全班都交回了作业。我们也实践诺言，带孩子去咖啡店实习考察。当我与老板接触并说明来意时，她先是一阵大笑，说这么小的孩子怎么可能做这种作业？然后我严肃地看着她两三秒后，告诉她：我们的孩子都已做完作业了。她才收起笑容，很认真地问了我们几个问题。后来店主人特别抽时间面对面地回答孩子们对经营一间咖啡店所提出的问题。看到孩子们认真的表情，我相信在他们日后成长的过程中，当面对一件需要做抉择的事情时，他们不会鲁莽、不会仓促，至少会思考其中的困难点，然后勇敢地面对问题并解决问题。

• RV 思考的效果

这只是我们儿童思考班的例子，除此之外，我们还运用了许多语言、逻辑、数学、空间、肢体、音乐、人际、内省等元素，开发孩子们多元化的智能。所以在我们的课程里，并没有教任何一门学校的科目，但通常上过 RV 思考课程的孩子，在两三个月的学习后，平均学习总成绩皆可提升 30%以上。原因无他，只因为他们对学习的兴趣被激发出来了！孩子们知道学习的目的是什么及学习对他会产生什么样的帮助后，他便开始懂得运用自己的思维能力，专注力自然便会提高。事实上，目前小学的课程对一个懂得思考的孩子来说一点儿都不困难，所以懂得思考的孩子，其学习成绩会进步，当然是水到渠成的。

除了学习成绩进步之外，孩子们在其他方面的转变也常让父母惊讶不已。普遍来说，现在的父母大多因为对孩子过度保护，造成他们的独立自主性不足，而且因为安排孩子上太多补习班、才艺班，单向式地对孩子拼命灌输死知识，让他们不断记忆、背诵，结果就是使孩子们的学习动机低落、被动、偷懒，说话也没有重点，对中文的理解能力、表达能力都会产生问题。我听过太多的父母在抱怨他们的孩子上课不专心，但一碰到网络游戏时，不仅兴趣高涨，还是个中好手。

许多有这种情况的孩子上过思考开发课程后，这些问题都会渐渐朝正面积极的方向改变。不但这些现象会明显改善，更重要的是，通过每期一次的家长座谈会，父母也跟我们分享，孩子们对于思考课程不但兴趣盎然，而且还带动了其他方面的学习表现。多年来，在这些孩子的身上，我们可以看到几项明显的效果：

● 创意与记忆能力增加了：孩子们在课程中，经由各种他们感兴趣的活动，活化了大脑，自然增加了创意与专注力。一旦孩子产生了专注力，记忆力便会增强。

● 观察与认知能力增加了：当孩子们的各种感官智能在课程中被激发出来时，协调反应与融会贯通的能力便会进步。

● 推理思考能力增加了：各种思考活动都离不开逻辑推理，所以在孩子懂得思考之后，他的逻辑推理能力自然会增强。

● 人际互动能力增加了：思考的课程特别重视团队之间的合作，孩子们在参与各种课程活动时，必须和其他人合作完成。在这些过程中，与人沟通的能力会一点一点地提升，而且逐渐习惯于和他人或团体分享各种成果与感受，这都会增加孩子在人际交往上的能力。

● 独立思考能力增加了：在我们初中的思考班里，这些大孩子并不是乖乖地在课堂上听老师怎么说，而是通过各种活动的设计，让他们参与，并让他们自己去解决问题。当孩子们要自己去解决问题时，不但主动积极的个性会逐渐显露，独立思考的能力也会增加。

● 阅读思考能力增强了：在阅读作文训练课程里，会运用各种孩子觉得有趣的方式，让他们自己去找数据或者看书，从而培养他们建立阅读的习惯。由于大量与多元化阅读是让孩子变聪明的重要方法，所以不但孩子的知识量会增加，而且他们的感受力与思考能力也会增强。

秉持着这样的教学宗旨与教学方法，前面提过，我们曾进入台北市两所公立小学进行思考教育的推广教学。由于学习效果明显，不但受到老师喜爱，许多家长也纷纷询问，是什么样的课程竟然能让孩子喜欢上课。看到孩子们那么兴趣盎然地学习，真是对我们最大的回馈。每次进校门，学生们给予我们的拥抱更是热情。我们真心希望，全天下的孩子都能这样快乐地成长、学习，而这不就是大人们的责任吗？

“强调思考，不强调记忆”，这个理念已是世界教育的主流。九年一贯教育的宗旨也是这个目的：**“教孩子带得走的能力，而非死的知识。”**只是很多老师还没有真正理解这种精神，所以在教学上，才会因为不知道该如何引导孩子，而产生许多教育改革的后遗症。如果我们让孩子的课业压力越来越重，却不想办法引发孩子的兴趣，那么孩子的程度永远都没办法提升。

创意思考

• 是什么让求知变得索然无味

请找出彼此的关系，填入适当的字母于带“?”的格内。

E	L	I	P	M	?

尝试做做看，是否可以解得出来？这是数学吗？应该不是，是英文吗？似乎也不像。它只是一个逻辑思考的反应练习，但可以看出你的某些反应。

思考的学习不在于技巧的使用，而在于教学习者如何引导与开启学习者的大脑反应和想象空间等的练习，让学习者可以很自然地摆脱原本制式的反应。由于我们的教育在大学之前是以考试为引导教学的学习模式，使得长久以来学生或老师对“学习”这件本身应该十分有趣的事，却表现得乏善可陈，然而学习实在不该如此。

先让我们回头想想，在人类成长的过程中，刚学会爬行或走路的小宝贝，对初来乍到的这个世界一定是满怀着种种好奇与惊讶，遇到可以捉住的东西必定会用他的小手掌玩弄一番，要不就是放在嘴里来咬一咬，尝尝是何滋味！等到小宝贝拥有语言能力时，又会开始不断地模仿大人与学习发问，总是问：“为什么？为什么是这样？为什么不是那样？这是什么？那是什么……”等疑惑。小宝贝每天只要一睁开眼睛，对所看到的事物一定是好奇的，值得他们停下来好好地摸索一番。可是曾几何时，当小宝贝逐渐长大，进入了正规的学校体系，准备探索不同的知识，以满足他们小小的好奇心时，我们却发现在此阶段学习的孩子，举手发问的次数却随着年龄的成长反而减少了，且对万物存着疑惑的心（好奇心）也渐渐消失不见了，到底发生了什么事，为什么会这样？

学习本该是有趣的！为什么在我们的孩子正式进入了知识的殿堂后，本应遨游在浩瀚无垠的学习海洋之中，满足好奇与想象的追求，却变得对学习提不起一点兴趣。是什么侵蚀了孩子们的学习动力？是什么让知识在短短的时间里就变得索然无味了？从过去曾遇到的许多案例中，我们看到大多数12~14岁正值青春期的初中生，人生正准备开始绽放青春色彩的同时，在学习表现上却是不忍卒睹的散漫、消极、没有学习动力、不愿意与人互动的小宅男/宅女们，他们只愿意待在家中看电视、玩网络游戏，一点儿青少年应有的朝气与活力都没有，到底问题出在哪里？

• 怎么教比教什么更重要

《天下杂志》教育专刊曾有一则报道：2008 年 10 月，美国哈佛大学伯克教学中心在一项针对 20 门课的所有教授和 400 名学生的学习成效调查中，分别调查教授与学生是否掌握了课堂“核心概念”（big idea）。结果跌破众多教授眼镜的是，只有不到三成的学生，可以抓住教授在那门课想要传达出的核心概念。这些来自全美 600 所顶尖高中的学生与一群不乏是诺贝尔奖得主的优秀教授，学习成效的落差竟是如此巨大，而“教”与“学”之间究竟出了什么问题？

哈佛大学的研究结果，明确地告诉我们“如何教”比“教什么”来得更重要。在今日这个知识大爆发的时代，学习这条路上，传统的教学角色定位必须转换，我们不再是单向传递知识的圣人，而是与学生一同探索和共同学习成长的伙伴。

在过去创意教学的课堂中，多数的学员也常会质疑我们，创意手法与思考训练有何关联性？为什么老师不先教技巧应用，创意不就是教一些使用手法，即可利用其方法钻研出新的想法或所谓的创意吗？而老师却花那么多的时间引导学员学习跳出原本的思考空间，为什么是这样呢？记得曾于电视节目中听吴念真导演说过：“灵感的产生，那一刹那间是酝酿多少时间与工作经验的累积，它不是一触即发而生的……”创意也绝非一蹴而就的，简单的几件工具就可以碰撞出精湛的火花，果真如此的话，每个人不都可以变成创意达人了吗！对于学习，连大人都是“赶快告诉我怎么做就好了，其他的都不重要”这种心态，不也是只要答案，不要学习吗？这和那些学生有什么两样？

一个好的创意来源，该是拥有一个不同于一般人的大脑思维模式，或可以这么说，是有别于传统思考或想法的大脑，这样的“奇才”，常见于广告界。“习惯性思考”的大多数人是否可以通过学习的方式来跳脱既有的思考模式，答案当然是可以的。只是创意的产生，不是速成的学习，而是需经过长时间思考、酝酿的过程，在后面的章节，我们将会再深入探讨“思考+创意=创意思考”的学习方式。

我们先以前述的题目“E-L-I-P-M-?”为例子，这不是一道数学测验题，来检验数学程度的好坏（一般人正常的反应就是测验，测验）。它在初中课堂上只是一个好玩的游戏罢了，借游戏的过程来训练学生举一反三和思维反应的灵活度。但是从这个游戏中，却透露出一些十分有趣的现象：在课堂上这个游戏每次进行10~15分钟，题量为五六道相类似的逻辑反应练习题。通常第一次接触的学生，大多数仅能答对1~2题，我会认为这是因为孩子们第一次学习不熟悉所造成的结果。但好玩的是，固定的上课时间，我们持续进行三四周类似的练习，学生才可能答对八成以上的题目并知其原理。更有趣的现象是，若过两三个月再来做相似的练习时，学习模式依然不变，会发现学生完全没有累积之前的学习经验。为什么会有如此奇怪的现象呢？这是笨吗？

我将它归咎于态度的问题。因为这是思考游戏的训练，而不是学校的考试科目，学生大多在学习态度上并不会十分认真与投入，一是因为家长们重视的是学校成绩的表现；另一个真正的理由是，台湾多数的初中学生，从小学开始（或者更早），生活中已经充满了考试测验、补习加强、才艺训练、各种检测等数不清的补习与考试，所有的学习不是在了解知识的原理和运用，而是在父母过多的期待与要求下，把学校的成绩列为主要目标（考高分）、把妈妈所要求的才艺练习到好（不断地练习）、以爸爸期待的成就为目标、为考上好的学校而努力（无自我）……所以在小学阶段，我们的孩子是没有自己的思考模式的，也不允许有自己的想法，大量的死记硬背，一切向分数看齐，如此表现才可满足父母的殷殷期望。一旦孩子上了初中，他们发现自己似乎拥有了自主权，可以用叛逆为借口，即开始反抗父母，有些以拒绝学习来表达不满，有些在家庭得不到温暖与支持，转而向外寻求认同，很容易就会走上歧途。还有一群顺从的孩子，则沦为考试的机器人。当问题跳脱学校科目的制式学习时，不是不知如何思考，就是一副漫不经心的态度做消极的抵抗，如此，当然学不到游戏的精华与乐趣，也学不会游戏中的逻辑思考能力。创意，在这样的学习模式中，从何而来？

这即是目前台湾教育环境中最大的问题所在。学习本该是有趣的、多元的，从多变的学习过程中，来引导学生如何去思考问题，寻找问题与解决问题，还有最重要的——如何执行。对于知识的追求，即在整个思考的过程中学生自然而然就已经完成。但是，很可惜，多数的老师、家长仍以追求分数高低的价值来评判学习的成果，让我们的孩子不断地记忆背诵和反复不停地计算练习，只希望孩子立刻达到快速提升分数的结果。可是，这样的学习既没有生趣也不快乐，长期下来，得不到多元的刺激，大脑自然就退化僵硬，久而久之，就成了习惯性反应。思考性低，头脑不灵活，对于突发的状况当然也无能为力啦！学生时期如此，进了社会，又如何能够改变？

如同上述的题目“E-L-I-P-M-?”，如果它是数学，它会是一道有趣的逻辑思考练习题；如果它是逻辑思考，那可以测出你的大脑对字母的反应是否足够敏锐？如果不行，试试下一题你的反应好不好？从下列 3 组中，按照一定的逻辑运算，求出问号是多少？

6459	5204	200
7288	5166	360
9768	7422	?

答案计算出来了吗？只要找到关键的运算模式，一点儿都不难，如果很难，还是看不出来，想想“6459”，6×9＝54；“5204”，4×5＝20。外环与内环数字相乘，这样对吗？多尝试几种方法吧！

练习分析如何解开上述的游戏重要，还是当它只是一个逻辑反应练习？若学生知道变化的规律，即使题型改变，学生自然而然就应该懂得举一反三，可是对于一个习惯死记公式来解题的学生，是永远也不会知其逻辑关键点在哪，等到下一次遇到类似的变化，依然不知从何开始思考问题……

• 语言也需要思考

“Heart is in one's mouth.”

这是一句常用的英语，“heart”是心脏，“mouth”是嘴的意思，直接翻译是“心脏在嘴巴里”，但实际上真的是如此吗？想想答案，在文章中找一找。

这一题是在课堂上，给初中生的思考游戏练习，同样地不是训练他们的英文程度哟，因为英文单词旁都已直接有中文批注，只要学生翻译出正确的中文意思即可。你会觉得很困难吗？或许对英语程度不好的学生是一个挑战吧！还是其实都一样？学生测试的结果都如同你我想的一样，直接照文字翻译出来“心脏都跳到嘴巴上来了！”

完全不经思考的“答案”。这个语文能力的训练就如同前章节的数学逻辑题目一样，不在于英文程度的好坏，而在于语文思维的理解感受能力好与不好。语言也是需要思考的，不论是中文或英语，学习语言本就需要理解、思考、想象、感受。不经过消化，只硬邦邦地丢出个答案，连自己都说不清楚，这是完全不合格的。

近10年来数字网络时代大幅度改变了人们的生活形态，台湾这一代的年轻人所展现出来的自我特性与创意，是我们这一群走过艰辛岁月的人所不曾拥有过的。深入观察这些新时代的学子，不知身为家长或主管的你有没有发现，许多他们所谓的创意，常是无厘头的表现，过度自信，内涵与深度却显然不足；更可怕的是连自己的母语沟通能力，都常采用“截短补长”的手法，导致语焉不详或是尾音赘词太多。“然后……然后……”“对呀……对呀……”“好夸张哦……好夸张哦……”等重复使用的情况愈来愈严重，听得都让人头皮发麻。这才仅是口语语言的表达，再说到语言文字书写的表达，那就更惊世骇俗了：现在初高中生写一篇 500 字以内的作文，错别字一堆竟成常态，这还不打紧，重要的是中文词句的修饰能力低，往往高中生表现出的程度与内涵却只有一般初中生的水平（甚至更差）。也难怪我们的高中老师们叫苦连天。当然！新一代的创新绝对有值得鼓励与称赞的地方，我们也期待能有更多更丰富的原创可以让大家眼前一亮再亮。

母语基础影响学习表现

我常于不同的演讲场合中，根据上述的现象，不厌其烦地劝告父母，如果一个连自己母语都说不好的孩子，又如何学得好一种或两种以上的外语呢？如同上述的英文语句，是抽象式形容词表达当下的行为，而与此类似的语句在英文中是十分常见的，如果学生中文能力不足，那么他对文字的理解与感受等能力的思考应用也难以发挥，更不用说对其他学科表现的影响了。简单而言，中文程度（母语）的基础扎实与否，绝对会影响其他方面学习的表现。

语文的学习是否要愈早开始愈好？或是应该有一定的阶段要求？在学术理论上，分别有不同的学派来支持相关的理论，单单就过去我个人教学的经验所观察，多数小朋友于幼儿园或小学阶段，若是采取双语教学或处于英文为主的学习环境，日后中学时期的语文能力都会出现不稳固的问题。这主要是因为此阶段的学生以英文为主、不重视中文，使得中文基础未能打好，以致在未来的求学过程中所有的学科都未能发挥应有的实力。因为在中文的学习环境中，所有的学习或测验皆以中文方式呈现，一个连题目都看不懂的学生，更遑论外语的程度也会好！

这也是目前台湾教育的一个奇怪现象，据研究报道指出，一个完全不懂英文的孩子，只要待在英语系国家 8 个月的时间，即可说出和当地人一样流利的英文。英文之所以是全世界沟通使用上最广泛的语言，即在于它是一种最简易的语言，中文反倒是世界上最困难的语言之一，而我们台湾的家长舍本逐末，放弃最困难的母语，却提早追求简易的沟通用语——英文。家长让孩子开始学英文的年龄也愈来愈早，当孩子说英文时，似乎是可以拿来比较与炫耀的，甚至孩子的中文名字都消失了，皆取个英文名字相互称呼，来表示他们的英文说得也不错哦！电影《海角七号》的女主角田中千绘是日本人，在公视（公共电视文化事业基金会）节目中，她开心地与台湾朋友吃饭聊天，我看她中文说得实在很不错，以为她学中文已有好多年（毕竟中文是世界三大难学的语文之一），节目中的男主持人问她学了多久的中文？答案竟是：8个月！

看到这里，你不妨帮孩子好好地计算一下，在英文的投资上是否获利会很高？从小学6年（甚至更早的双语幼儿园），加上中学6年，再大学4年，一共十几年的英文教育训练下，你的孩子是否敢用英文和老外打招呼？或是可以很自然地与外国人聊天说笑呢？你是否曾检测过自己孩子的英文程度？是否如同他的中文一样好（坏）？还是只要可以说出一些英文“废话”（会话）就是不错的表现？或是学校英文成绩的分数都“考”得很高，即代表孩子的英文程度很好了？从过去5年来，台湾学生于亚洲托福成绩每况愈下的现象，就可以清楚地知道答案了。辛苦的家长，你必须审慎地评估你的投资方向，并检视你孩子的英文“程度”了。

图片记忆教学

再让我们来了解一下真的是语文不好学，还是理解思考力的不足？上页图描述的是一个中文成语，这是一道好玩的看图猜成语题，不需要过多的思索就可以猜出，关键的是要懂得举一反三。

学习力强的学生玩过一次就上手，而且速度非常之快，也乐在其中，更会期待老师多出几道来玩玩。反之，学习力弱的学生就抓不到诀窍，能力高下，很容易就判断出来。

在教学上有许多种学习方式，通过图片的记忆教学就是其中之一。图片的情境连接可协助学习者的大脑记忆所要的数据或文字的搜寻，但仅通过图片快速的记忆而没有适时的思考理解，充其量不过是死记另一个图片而已。上述的成语和图片的相结合，是启发学生对文字意义的联想，而非死背强记的学习。更重要的是，如果这是一个思考游戏而非考试测验，则孩子会因为好玩，而启动学习兴趣与动机，举一反三的大脑反应能力也会顺势被慢慢地开启。

学习本该是有趣好玩的，不是吗？

再想想“born that way”，“born”出生，“way”路径，翻译为“出生的路径”，真的是这样思考的吗？

● 好的文章，要有好的思考

“有间房子不寻常，建在一条小溪旁。门外下着毛毛雨，门里藏着小太阳。”

（猜一个汉字）

话说刘邦终于打败项羽，结束了楚汉 4 年多来的对峙。一统天下后，他首先分封了二十几位重要功臣。但其他有功之人一直没得到封赏，就每天聚在一起吵吵闹闹、议论纷纷，比较谁的功劳最大。几天后，刘邦偶然间看见诸将三三两两地坐在一块窃窃私语，不知在讨论什么，于是便询问身旁的张良。张良故作惊讶地说："陛下不知道吗？他们正在商议谋反啊！"刘邦大吃一惊，忙问："天下好不容易才安定，他们为什么又要谋反呢？"张良说："陛下本是一介平民，靠这些部属取得了天下，如今贵为天子，所封的人都是像萧何、曹参这些原来的故交旧识，而所杀的都是生平有过仇隙的人。诸将见到这种情形，担心自己得不到封赏，又害怕陛下清算他们以前的过失而杀害他们，因此人人自危，便相聚在一起意图谋反。"刘邦听了很是忧虑，问张良："这可怎么办呢？"张良反问："什么人不仅让陛下最为憎恨，而且群臣都知道这件事？"刘邦说："大概是雍齿吧！他与我是旧识，但却经常轻慢侮辱于我。我一直想杀他，只是他立过不少战功，我不忍下手。"……

思考问题："你觉得张良的用意是什么？"

好的文笔不在于文字、成语的运用，而在于内容的描述是否能提出自己想法或不同观念的对比。以上是一个历史故事，也是我们初中思考班的训练题之一，该如何回答呢？一般没经过思维训练的学生，会停顿许久而不知如何作答（无法跳脱），更重要的是，它并不是一个制式答案（虽然历史早已有定数了）的是非选择题。一般程度好的学生，往往仅以"将功赎罪"4个大字来作答或再多描述几个字（争取分数），像是把他杀了或不杀等所谓不经大脑的表达，不会再多做思考也不知如何思考。以下是我们初中思考班学生的答法："运用诸将互相比较的心理，并建议刘邦封赏雍齿，使得有功却没有得到封赏的将领觉得连刘邦最讨厌的人都能分封……"；"张良希望刘邦不要只为自己的旧识封赏，要让所有对立国有功的人都得到封赏，不能因为雍齿是自己的故交而对他睁一只眼闭一只眼……"；"张良的用意是想要杀雍齿，因为换作是我，我也会想去杀他，毕竟他曾背叛了刘邦……"。相形之下，有思考性的回答与答案性的回答，其结果是截然不同的。

自主学习

记得多年前我曾看过关于"自主学习"系列书籍，其内容强调，提供给孩子较多的自主空间，让孩子有富余的时间去思索自己与未来，选择不同的学习课程与环境，当时我并没有太多深入的了解与感受。等到自己的孩子面临高中升学的压力时，我毅然决然地选择了让孩子不要为了分数牺牲学习，而直接就读以自主学习为方式的学校，给予他另一种学习、成长的环境。

在最初的一年，让我有机会能清楚地看到一个十四五岁的孩子，从原本传统教育体制的学习模式中，跳至一个自己可以享有较多时间与空间的学习环境，开始学习自我发展的一个奇妙的成长经验。而从孩子每次返家的表情上，我已经清楚地知道这样的选择是对的，因为学习本质该是快乐的。再从多次的亲子互动沟通中，孩子喜悦地与我分享在学校和同学之间种种趣事与摩擦，除更拉近我们之间的距离外，也更容易传达我身为家长的某些观念与教导。此外，在开放式的学习环境中，孩子也改变了过去学习上较耽于玩乐或浪费时间的不良习惯，而开始懂得时间管理。同时，孩子还会计划寒暑假打工及学习英文等事务在时间上的合理调配，这些都是在过去的传统学习中被动地以功课至上、由妈妈所安排一切的做法下未曾有过的行为表现。

在过去甚至于现在，我们的学校一直都被公认为是传授知识的地方，而学生应该守着自己的本分好好地努力读书，父母努力工作赚钱是为了让孩子考上一所好的高中、大学，以便未来可以找到一个好的工作或出路，也才能成家立业与拥有美好的人生。但随着社会的不断进步，学校培育英才的方式与目的似乎从未因为环境的改变而调整过固有的价值观。我不禁要问：“难道人生就应该是这样？”

因为从来没有人或学校可以告诉我们的孩子，学习到底是为了什么？是为了可以多一些专业知识，还是习得一些人生道理？在现行的教育体制中，似乎没有一套是属于学生自己的思考性课程，让教育者来启发或引导学生思考这些问题，以及该如何面对未来人生方向与挑战等“大哉问”的深入讨论和思索，为什么我们还要读这些课本？

一个很有趣的问题吧！在思考的训练过程中，教育者需要让学习者的大脑经历一段长时间的酝酿与发酵，来学习思索、沉淀、消化。不断反复的练习、启发，并给予等待的时间，大脑才能在不断的刺激中渐渐形成自我的思考模式，进而发展成判断与解决问题的能力。同样一个问题的呈现，却能产生出多样的差异性作品，这才是可贵的。反之，大家表现出来的都像一个模子刻出来的，请问这还有什么乐趣？什么价值？吊诡的是，我们的教育方式似乎希望每个人都一个样，很讽刺吧！

阅读也需要思考才能提升阅读能力。对于一般性的学习，仅通过文字技巧的提升来帮助写作不好的学生，这只是揠苗助长，对孩子的写作和语文能力的提升帮助并不大，我们教孩子太多的技巧，却忘了学习的初衷，一味地求速成，却忘了消化理解的重要性。

课堂上，我们非常容易分辨孩子的作文是技巧性补习补出来的，还是以一定的阅读理解能力为积累的很好的思考性文章。一篇作文要写得好，其关键在于对主题内容的内化和理解其背后的用意，能够提出自身的想法，进而才是文字的修炼。可惜目前大部分学生的语文能力太差，不足以理解题目真正的意思，也懒得去思考该如何铺陈整篇文章，且本身对文字的应用又趋于口语化。最基本的补救方法，就是从提升自身的阅读实力开始着手。

有了想法，又如何能写出一篇感人肺腑的文章呢？其基本要求在于是否拥有阅读能力，亦即表示应该具备了文字的表现能力。此处谈及的不是“读书”的能力，因为一个很会读书的孩子，并不代表他具备了阅读的能力；一个很会读书的孩子可以考高分，却不代表他对文字的理解是十分成熟的。举例来说，常听到家长说：“我的孩子很会读书，一坐下来可以读好几小时都不动……”言辞中充满骄傲，但家长是否检测过孩子的中文理解能力，还是他记忆书本的能力很好？两者的差别可是很大的。（不过，家长仍会说：因为孩子在学校的分数考得很高，所以……）

培养阅读习惯

让我们换一个思考的角度来说明：一名正常的小学生，在学校所学的基础语文词汇和成语，应是有限的。通常阅读一本数百页的中文书，或多或少都该有些较难的字或不解的成语，需要去查字典或问问父母，才能明白字里行间所表达的意思吧！可是孩子一屁股坐下去，一口气就把整本书看完了却完全没有任何提问，问他好不好看呢？会直接说很好看！此时若再问他好看在哪里？如果我们的经验没有错，聪明的孩子都会回答哪几段内容十分精彩

（因为他的记忆力不错）。但是，若再深入问些“为什么”时（如果我们的经验还是没有错的话），大多数聪明的孩子，总是将故事内容再描述一次（记忆力真的不错），因为他们不知道如何讨论，也缺乏想法。若是不够聪明，通常连回答都显得支支吾吾。这就是读书与阅读之间的差别了。一般聪明的孩子可以暂时记得七八成的故事内容，但当我们涉及些批判性的问题时，通常他们会将内容再重复地回答一遍，或再次用不同的用词修饰，但结果还是一样，即可证明孩子只是凭借着记忆在读书，而非理解性的阅读。“小和尚念经，有口无心”，只念书不思考，效果怎么会好？

要想学好语文，不论是中文还是英文，基础的学习即是通过大量的阅读书籍（课外书籍而非参考书）。因为通过深度的阅读，好的文字和丰富有趣的内容情节，可以刺激大脑想象空间的开发与细胞的活化，不仅可以让专注力不集中的孩子静下心来，而且大量的阅读还可以提高对文字解析的速度，提升口语词汇量，建构孩子语文写作词汇的应用整合。一旦基础语文能力提升了，连带着其他所有科目的学习（包括外语），都将大幅进步。

更重要的是，阅读习惯的培养是一项成本低廉但效益却高得惊人的投资。它所需要的投入除了时间外，还是时间。但就是因为它需要家长们花时间陪伴阅读，反而使得多数的家长不习惯（因为自己也没有阅读习惯），于是放弃此种方式，继续盲从于市场上的补习教育。这导致多年来阅读的口号高高挂，却不见台湾的阅读率有所提升，反倒是教学参考书的销售量遥遥领先！

在思考教学中，我们也尝试让学生阅读不同类型的报道或文章，希望借由除文章内容知识层面的吸收外，更可提供给学生不同视角的探讨及酝酿各种不同角度的看法。可惜，这两三年来学生素质每况愈下，有些甚至连最基本的文章内容都无法理解。不做笔记，也不知道什么是重点，如何能深入讨论该文章和作者所要表达的内涵？更别奢望能有什么个人想法了。

某次，我曾播放《江山美人》的电影 **DVD**，借这部讲究武术动作、集爱情和武侠于一身的电影来吸引学生的兴趣，该片导演正是以写意武侠风格著称的香港导演程小东，主要角色由黎明、陈慧琳、甄子丹担纲，剧情充满爱恨交织的侠义，更是一段背负国仇家恨以及儿女情长的故事。我让初中学生写下一篇1000字内的观后心得，然而有趣的现象是，我们可以从学生文章的引言看出，会思考与被训练下的学生于文字表现方面的差异性令人惊讶。如：

“看完这部《江山美人》后，我觉得它前后的剧情有连接性。”

“哇！真的是一部感到伤心又刺激的好电影。”

“我觉得这个故事的铺陈十分有趣，既真实又残酷，是一个耐人寻味的故事。”

“《江山美人》是一部结合了爱情与战争的精彩电影。”

再比较一下：

“权力、金钱、女人，在人类从古至今的史书中，不断地上演着不同的戏码，却有着相同的命运。”

“无私的爱与无穷的欲，两者相碰撞会迸发出怎样的火花呢？在我们人生的际遇中……”

明白我的意思了吗？

知名女演员张钧甯，曾在接受杂志的专访中说道：……自己是典型的台湾升学体制下长大的孩子，拼了命也要达到老师要求的好学生，她不清楚自己喜欢什么，不知将来要做什么，从小就感觉跟世界没有联结，好像死掉也没关系，没有什么贡献……就像是活在一座孤岛上，她的生存方式就得仰赖浮木（书本与课业）的搭载，从一个岛屿到另一个岛屿（升学）……而她的母亲于《联合报》发表的文章也表示，当她从杂志看到女儿的访问，突然觉得好难过，是做母亲的对她不够了解，还是她长期的自我压抑？对于孩子的孤单，她突然有了深深的自责。本以为她自小理性、冷静，其实潜藏的是一颗纤细敏感的心。

看到这里，假如你心里也有一丝丝的难过，那我能告诉你们，在过去十几年的教育顾问生涯中，这不是个案，而是众多事件中一个较幸运的案例。张钧甯或许在艺术表演中重新找回了自己，而又有多少孩子深陷在父母期待的关爱之中不得解脱。而张钧甯的例子，让我们看到许多年轻人其实都和她有一样的困扰，在求学的过程中，只知分数的竞赛，也从未思考过自己的兴趣和未来，更没有思考过自己的人生。

少了思考，没了理想，生命的拼图似乎难以圆满。

你真的会思考，有自己的想法吗？还是随众人的想法而想呢？

动一下脑，想一下下面谜题中说的是哪个字？

高山一座，石头是根，

泥土全无，寸草不生。

你是否有豁然开朗的感觉呢？让我们再继续思索下去吧！

直线思考

• 由手机引发的“习惯”思考

一名穿着新潮的少女，一手拿着手机谈笑风生，另一手于皮包内找东西，却伫立在“捷运的入口处”“便利商店的结账台”“电梯门开时的正中间”或“电影院的售票口”。这种似曾相识的情景，或许你也常常习惯性地如此做而不自知吧？

近10年来，手机科技的发展，从早期一个大得吓人的黑金钢到目前轻、薄、短、小的口袋型手机，其功能的变化早已无形中改变了人们的生活形态，也拉近了人与人之间的距离。曾几何时我们可以看见街上、捷运里、百货公司、电影院内，人手一机边走边玩的现象。学生、上班族、业务员、老爷爷、老奶奶等各种各样的人，都因这小小的手机仔，可以随时与自己的客户、爱人、上司、亲朋好友便捷地沟通，也因为如此的便利，让自己习以为常的方便造成他人的许多不方便。

最常看见在捷运车厢内，有人旁若无人地“高谈阔论”，旁边无辜的我们还要强迫忍受忽然冒出来的“三字经”“四字经”。有时一阵突如其来的歌声，震天价响，唉！不知道又是哪个天才的手机音乐，真想问他：你是听力差，还是耍酷啊？还有一种情形就是一边进车厢一边打电话，进来就呆呆站在门口中央“当门神”，继续打他的电话，让出去与进来的人都得绕道而行，完全无视他人的存在。讨人厌！对不？（搭乘电梯也会碰到同样的情形。）出捷运站刷卡时，也会有人站在刷卡处慢慢地边打电话边开始找悠游卡，浑然不知后面一堆人被他卡住，也不懂得往旁边站，让别人先行刷卡出站。同样的情形也会在“7-11”便利商店的柜台出现，这些天才会边打电话边付钱，然后呢？继续打，……似乎只要一机在手，即沉浸于对话中，将自己与周遭环境完全隔离，种种的手机怪象都在你我身边发生，甚至可能你自己也曾不自觉地做过这样的事。

在生活中有太多潜意识的反射动作或不自觉的习惯反应，造成自己的疏失或别人的不便，而往往又自我安慰说：“不小心啦！”“我就是这样啊！”以此方式来搪塞。还有一些常常出门容易丢东西或是开车总是找不到方向的人，似乎也被认定是个人的习惯或特色，没办法也改不掉。然而这些潜意识的直觉反应，不是不能改正，而是自己给自己找了过多的借口，甚至从没意识到这些行为是习惯的问题，也从没有想过这样的行为其实会干扰到别人，所有这些林林总总的生活上的“习惯”，其实都是可以改善与改变的。

意识到这些“习惯”的存在，也愿意承认这是一种对他人的干扰，就能跳出原有的习惯模式，站在旁观者的思考角度来为别人着想，如此，自然而然就会改变行为模式（经过思考），也就可以避免造成他人的困扰。千万不要让习惯把你变成许多人背后批评的对象，那才真是得不偿失。

想想，家庭教育中似乎常有这些习惯性反应的例子，说穿了许多人却放任这样的直觉反应而不愿改变。我们习惯孩子可以边看电视边吃饭，因为家长自己也不在餐桌上吃饭——习惯了（甭改了！）；在公共场所小朋友到处跑，大人到处追——习惯了（从小就是这样，骂也不会改啊！）；在餐厅吃饭，小朋友大呼小叫耍脾气——习惯了（我制止他，他也不听啊，能怎么办？）；在家庭中，孩子赖在沙发上看电视，不做家务，不运动——习惯了（叫不动他啊！）；每天一大早叫孩子起床——习惯了（他起不来呀！）。好多“习惯了”，自然而然，到了学校，也就和别人一样逼孩子考高分，做功课——因为大家都这样啊！（我哪敢和别人不一样呢？我又哪敢让孩子和别人不一样呢？）因为这是大家习惯了的模式，所以不用去改变！那以后孩子大学毕业找不到工作，不知身为家长的你，会不会说："没关系！大家都找不到工作，我们也不用和别人不一样，就一直找不到工作吧！"观念与思考若是这样"习惯"，孩子怎么会有机会？曾经轰动一时的《谁动了我的奶酪》一书将老鼠分成三种类型：第一种，看到满屋子的奶酪，虽然可以吃很久，但总有吃完的一天，那我是不是应该提早出去寻找新的奶酪？放着也许外面有更多不同口味的奶酪等着我呢！勇于改变是第一种老鼠的特色。第二种，看到别人改变，犹豫之后，也知道要赶紧跟上脚步。第三种，觉得堆积如山的奶酪够大伙吃上好一阵子了，干吗没事冒险出去找什么新奶酪呢？舒服日子不过，何必自找麻烦呢？结局当然是第一种老鼠找到更多更好吃的奶酪，因为他们知道，不改变就是等死。

我将这三种老鼠归类为：先知先觉者、后知后觉者、不知不觉者。先知先觉者本就是懂得远虑（人无远虑，必有近忧）的人，也是懂得思考的人，可以预测未来可能的问题，才能够早早布局与行动，虽然有些冒险，总比等死好。不会思考的人即不知不觉者，当然也就没有勇气改变（因为害怕），这就是第三种老鼠。我们做家长的人若是落在第三种类型……唉！唉！唉！除了三声无奈，也为你的孩子的未来感到悲哀。

几年前，在网络上有一篇名为《在美国高中"中国妈妈"为何成了贬义词?》的文章，引发了热烈讨论，其内容隐喻华人社会重升学、输人不输阵的文化心理及中国妈妈喜好比较的心态。不仅成绩分数爱比较外，凡才艺、穿着、身高，甚至于爸爸开什么汽车都是比较的项目。此现象意味着中国妈妈只看重成绩，只关心孩子的学习情况，不关心孩子在班上的待人处世、交友情况。

跳出习惯是需要练习的，做父母的我们可以检视一下自己的生活中与观念里有多少"习惯"、潜意识在掌控着我们？不好的习惯一定要摆脱，而好习惯的养成本就需要技巧与时间。例如：阅读习惯、做家务的习惯、思考的习惯、问问题的习惯、早睡早起的习惯……万事开头难，尤其是做好父母，想要让自己的孩子跳脱，自己就一定要先跳脱。人云亦云是思考大忌，从手机反应看人生百态，想要避免当"第三种老鼠"，就从改变自己的习惯开始吧！

再问一个直线思考的问题：当你每月收到孩子的手机账单并无奈地帮他缴费时，是否常常高分贝地责备孩子："手机是给你用来聊天吹牛的吗？怎么费用这样高？"孩子要么嫌你啰唆，要么认为你不了解他们新时代的生活。但双方习惯性的动作却重复发生，我不禁要问："你孩子的手机费是谁在缴纳呢？"了解了吗？

小小的思考常会带来意想不到的效果哟！

• 在学校学不到的生存技能

大陆的教育学者曾针对社会成功人士做了一项广泛调查，发现这些所谓社会精英在学校的表现，并非外界想象得那么优秀，反倒是落在第 11 ~ 13 名，所以大陆有一个很火的词叫作"第 13 名现象"。因为前 10 名的学生在学校学习时要花几乎所有的时间与精力去维持成绩的排名；而 11 ~ 13 名的学生则会利用课余的时间去提升其他方面的能力，让大脑能有更广阔的思考空间，也培养了其他兴趣。

在台湾我们所谓的"草莓族"，在一个安逸的环境下成长，但面对的未来却又是一个不确定性极高的社会。在前几年金融风暴的袭击下，粉碎了华尔街曾造就出来的名学历、高薪资的美梦，导致现今大企业招聘人才不再以学历为主要考虑因素，而是需要能面对与承受巨大的压力和拥有快速应变的思考创新能力。经验和专业似乎已不再是首要考虑的条件了。

但在未来的竞争社会，到底需要拥有何种能力的人才呢？让我们回忆一下前面提到的哈佛大学教育改革领导小组分析出的 21 世纪必备的新七大生存能力：

- 批判思考与解决问题的能力
- 跨界合作与以身作则的领导能力
- 灵活与适应力
- 主动进取和创业家精神
- 有效的口语和沟通能力

- 评估和分析数据能力
- 好奇心与想象力

试问：上述能力，我们的学校教过哪几项？或是在家庭教育中，身为父母的我们可曾有意识地来引导孩子开发潜能并应用？在多数的演讲场合里，我不止一次对家长们强调，学历不是不重要，只是孩子在成长过程中，它已不是首要的选项。因为只要孩子想读书拿学历，学校（学历）永远都在那儿随时等你进入（申请），永远也不算晚。可是，学习能力的开发与训练却是有一定时间限制的，一旦错过了能力开发的最佳学习阶段，再回头来开发不但倍感吃力，而且可能再也没有这样的客观环境了。例如：游泳、骑单车，如从小即开始玩玩水和骑骑三轮车等，不用多久自然即可学会游泳的一般技能和驾驭单车的平衡感。反之，如果是年龄稍长才来学习游泳和平衡感等技能，要克服心理障碍的时间成本就高了许多。再则，人际关系的互动，乃至两性关系的学习，如能在青少年时期就适时地给予正确的价值观引导，等到成年后进入职场皆有加分的效果，若等到进入社会才去报几堂教育训练课程，以为通过课堂理论的学习就可以从宅男（女）变成交际高手，你觉得可能吗？所有的能力都需要从小开始培养，也需要时间的积累。千万不要急于一时的效果而走错了方向啊！

下面以面试为例佐证我们的观点。

面试已不限于找工作了，现在连入学都开始有面试，因为学校也要筛选学生，通过面试，可以非常直接精准地筛选出他们想要的学生。于是，我们台湾的家长又和当初教育事务主管部门公布恢复作文考试时，家长一窝蜂地送孩子补作文的情形一样，开始送孩子去补习了。补什么？补面试啊！连面试都能补，真佩服这些天才家长，“标准答案”式的思维都延伸到无所不补了。各位相信吗？还有补智力测验的补习班呢，厉害吧！听说家长为了挤进资优班，硬要孩子练习智力测验的题库，将 IQ 分数拉高好让孩子可以“变聪明”。真是灾难一场！再这样下去，孩子不疯也笨了。面试其实就是临场反应与本身素养的表现，目前面试的方式也开始五花八门，你永远都不知道下一关会是什么，下一个题目又会怎么变形。平日做好实力的积累，何须害怕临场真实的自我表现？面试也是一种经验的学习，多谈几次，多失败几次，也能摸索到一些窍门，这些都需要思考与练习，怕就怕永远不会在失败中学习，能力不足，应变不够，还傻傻地认为是自己怀才不遇，这才可悲。

我的侄子几年前在美国申请大学入学面试时，大家有一些担心，因为他高中成绩平平，经过面试，学校不但欢迎他入学，还给了他高额的奖学金。而与他一起申请的朋友，很多是高中名校毕业兼名列前茅，这些朋友经过面试后，没有一个人的奖学金超过他，有些甚至没有被学校录取。其他人很不服气，有些冲动的家长甚至打电话向学校质询，学校当然不会多做解释。我们也好奇地问他到底面试问了什么，让他如此幸运。他说专业性或与功课相关的问题全都没问，全程就是聊天。他和这些教授聊得很愉快，分享他参加过的许多关于登山、滑雪的乐趣与一些少年的疯狂计划，上至天文，下至地理，无所不聊。他也没想到学校竟然就给他这么好的“福利”。既然是聊天，那他为什么又能够聊这么多？原来，他的妈妈自他入学就不希望孩子考第一名，妈妈认为与其将时间花在有限的分数上，不如多花时间让孩子充实自己，所以自小就给他自由的学习空间。在进大学之前，他活泼乐观，几乎精通所有的运动，知识丰富，无所不谈，因为妈妈给他订的杂志、书籍每个月都超过 18 本，所以他涉猎广泛，难怪可以和教授们谈笑风生，没有任何障碍。进入大学后，每年暑假他都自己规划打工，每次我们都看到他吃别人不能吃的苦，可却从来没见过他叫苦或放弃，存下的钱都拿来孝敬妈妈，让我们看了好生羡慕。侄子还未毕业就已找到工作单位——美国排行前 20 的大企业。

而说到打工，也不该只是赚零花钱而已，现在美、英、日、澳等国除推动海外青年来本国打工的实习活动外，也鼓励该国的学生勇于跨出人生的一大步，去体验不同文化和语言的学习，更重要的是让学生们于进入社会前，可以建立独立思考与人格成熟的历练过程，这是国外一项极为流行的活动。

反观我们的教育，目前我们的孩子除家庭经济困难外，打工只是一个彼此玩乐的项目，而非过去我们所认知的打工实习是一个职场前的训练，通过工读去体验社会中人际的互动、专业知识的应用、实际与理想的差别性等，借这些来调整自己在学校的学习规划，毕业后能很快地进入竞争激烈的职场，缩短彼此的适应期。可是由时下进大学的四大项目——学业、交友、玩社团、打工可知，打工不是一项学习而是一种流行。

再则，不知你是否发现，现在的工读生或第一线的服务人员，他们整体的素质偏低，不是沟通上有些不通，就是服务的态度不够积极，在工作的质量上的要求不高等，这皆与过去大不相同。而这些现象皆是思考价值改变的结果，若对打工的定义只是赚钱与流行，那经验的学习，似乎便无从谈起了 。

上述的例子可以让父母明白，学习是多元的，单靠分数与成绩，很难达成你所预期的结果。假如身为家长的我们做不成第一种老鼠，起码也不要成为第三种老鼠啊！

批判思考

如何才能增强批判思考的能力呢？

美国学者恩尼斯（Ennis）发现了与批判思考相关的个性与能力关键在于以下这两种：

◎质疑的能力

◎理性思考的能力

批判思考的怀疑精神，并不是让你什么都不相信，况且这种态度对任何人都没有好处，重点在于，对事物持有理性的怀疑，了解我们在特定的时间点所知道的事实。批判思考提供了工具，帮助学习者以理性的态度面对任何事物。我们可以有更充足的信息，去判断事情的真伪或成效。另一方面，要让生活平稳地运行，一定得相信有些东西就是里外一致，不需要怀疑。如果我们有能力清楚地分析事物的本质，就更容易分辨，什么时候该相信，什么时候该怀疑。有些人习惯多疑，有些人容易轻信，这样的差异可能源自于过去的经验，也可能是天性使然。不过，批判性思考谈的不是天性或个性，而是一套方法，教学习者用特定的步骤，检视各项依据，经过系统的分析，多疑的人更有理由信任眼前的结果，而容易轻信的人，也可以学到合理怀疑的必要性。

当与孩子一同去西餐厅，一坐下来除了点菜和吃饭外，你可以和孩子聊上几句话吗？还是默默地吃饭，无言以对呢？

我们通常会说，在餐厅用餐就可以看出两人的关系。若是两人滔滔不绝，有说有笑，那一定是谈恋爱的恋人。若二人慢条斯理偶尔说上两句话，没有任何的肢体语言，这是结婚多年的夫妻。同样地，看孩子在餐桌上与父母的互动就知道他们是否相处得很好。谈笑自如？无言以对？无话可说？还是已经无法沟通？结果掌握在父母手上，假如你们的现状已是无言以对，其实也是做父母的长期以来自己造成的。因为孩子在他小的时候就已失去对父母的信任，如今初中、高中了，当然也不愿意与父母有互动。

夫妻关系也一样，都需要小心呵护，长期经营。我们在上成人课的时候，就曾通过批判思考的方式帮妻子们向丈夫们要到她们想要的礼物。刚开始，大家都觉得不太可能，因为丈夫……（一堆说辞），等到真的去做了，八成的人都要到礼物了。为什么？这就是思考！这一过程就是一个完整的思考设计训练，多练习，不但有助亲子沟通，也可帮助改善夫妻关系。

已故前世界宗教博物馆汉宝德馆长，曾于《联合报》上发表过一篇题为《台湾需要爱与美的教育》的文章，其中有一段令我有所感触，说道："……我们的教育多年来只是升学的机器，培养出很多会读书，又善于为前途竞争奋斗，因而习惯于仇视他人的国民。在这样的教育制度下，除了为争取私欲的满足外，不知道生命有其他价值，当然不知有爱。我们的社会渐渐为恨所充斥……不懂得爱的人甚至不珍惜自己的生命，看不到生命的价值，学生会因考试成绩不佳而寻短见。台湾地区的民众太容易伤害自己，伤害别人……"

近几年来，每每在社会版面看到，我们学生出现残暴行为的新闻，小小年纪的中学生犯下杀人、伤人的罪过愈来愈严重。大家除了会责备教育出现了什么问题外，其实应该回到问题的核心：我们现代的父母对孩子的品德教育究竟做了多少？对自己的孩子到底了解多少？难道非要到孩子面临法律制裁或生死之际，身为父母的我们才会有所惊觉吗？

对孩子不够了解是父母的过失。孩子回到家，不要只会问：今天考得怎样？功课做了多少？明天的考试准备好了吗？英文背了没有？下周的某某测验有没有复习？数学练习题做完了吗？……想想假若我是你的孩子，都巴不得跑得远远的，还说什么了解？何不改成："今天好不好玩啊？""有什么有趣的事情说给我听听？""有没有约同学一起出去啊？""今天我公司发生了一件事……""下个连续假期，我们是不是得规划规划呀？""告诉你，妈妈今天看了一部很不错的电影……"这些都是很好的开场白，也容易与孩子产生互动。互动的意思是"孩子愿意与你对话"。只有可以对话，才有机会了解孩子，知道他交往的朋友和孩子对生活的价值观，等等。有了这些初步的互信才可能让孩子敞开心扉与父母真正地对话。孩子不与父母对话都是因为丧失了对父母的信任，因为大人都在要求孩子要怎样怎样，却忘了我们自己应该怎样怎样。有一句广告台词"要刮别人的胡子之前，先刮刮自己的胡子"，用在这里真是再贴切不过。譬如家长常会说："你要体谅体谅我的苦心，这都是为你好啊！"可是你的苦心是一种自私的要求，孩子为什么要配合演出？乖的孩子配合演出之后，还会被嫌演得不够精彩。家长为什么不听听孩子怎么说呢？一直都是大人自己在说，孩子不能说（说了也是白说），等到有一天想听孩子说，孩子当然不会说了。因为"信任"从来都没有存在过。

我班上有一个孩子资质很好，可是他妈妈总是爱唠叨他没考第一名，而小表妹却是第一名的常胜军……后来，我实在看不下去了，就把学生叫过来聊天：考第一名难不难？他说不难。于是和他商量这次期末考试考个第一名让妈妈知道他有这个实力，不要一天到晚唠叨不停，封封妈妈的口，我们也图个清静。孩子说可以！期末考试结束，孩子心虚地跟我说："对不起！老师，我只考了第二名。"我一听："第二名很棒啦！表示你是有实力的。难为你了。赶快去跟妈妈说吧！"本以为这样结局就皆大欢喜了，没想到妈妈照样唠叨他，因为第二名不是第一名！本来我想和孩子再试一次，经过思考后即改变主意。不是孩子不愿配合，而是我认为孩子即使考了第一名又怎样？妈妈还会有别的要求，而这种要求是永远都不会停止的。

我不愿让孩子掉入这个痛苦的泥淖，因为妈妈永远都有借口要求孩子。倘若家长是这样的态度，相信孩子很难与他们说心里话。假如我们是这样的老师，学生又为什么会信任我们呢？

再举个例子：假如你发现孩子浏览黄色网站，你当场的反应是什么？

假如你发现孩子偷偷交女朋友，你的反应又是什么？

假如你接到老师的电话说你的孩子与别人打架被记小过，你会如何反应？

假如你的孩子这次考试一落千丈，你会怎么面对他？

许多家长在面对第一题的时候就已经抓狂了。有一个家长很坦白地说她的孩子在五年级的时候，被她无意间发现偷偷浏览黄色网站。当时，她怒不可遏，冲过去就是一个超级大巴掌。接下来就是声嘶力竭的教训与严厉的处罚——因为打击太大，实在无法接受。但是，问题解决了吗？孩子从此不会再犯了吗？这一巴掌打掉了什么？解决了问题，还是制造出更多的问题？

批判思考难道可以改善这样的情形吗？想不到吧！没错！其实不只批判思考可以帮助改善沟通，父母多一点儿同理心与忘掉分数就可以大大改善亲子关系。批判思考不过是锦上添花，可千万不要本末倒置哦！批判思考的运用非常广泛，即使应用在孩子的教育与夫妻关系上都会受益多多。

一个没有家庭生活的孩子，两个大人，一个整天忙于工作，另一个整天忙于家务，彼此之间没有任何的交集，当双方安静地坐下来吃饭时，你一开口除了下意识地问孩子学校的成绩表现外，你还能再思索些什么，或闲聊些什么吗？

尝试想想：

你的孩子最喜欢玩什么？

你的孩子最喜欢听什么音乐？

你的孩子喜欢看哪一类书籍？（还是只看学校教科书？）

你的孩子最好的朋友叫什么名字？

你的孩子有什么爱好与梦想？

你最常与孩子聊什么？

孩子最喜欢和你聊什么，一起做什么事？

你和孩子讨论过什么？经常性的吗？

你清楚孩子的交友情形吗？

你的孩子最常与朋友做哪些活动？你支持吗？

你的孩子了解你吗?

……

上面的问题，各位做父母的可以回答出几项?还是更多孩子的秘密你都知道呢?亲子互动沟通是台湾多数家长心中的痛，举凡与亲子沟通有关的书籍或演讲，总是能吸引大量的父母参与。可是技巧的应用是一回事，内心观念的改变才是真正重要的。记得有一个案例，母亲总是负面地说教自己的孩子，长时间下来非常打击孩子的信心。我则建议她，一定要学习看到孩子的优点，时时地鼓励孩子，称赞孩子，让孩子可以慢慢恢复信心，如此学业成绩也会进步。这位妈妈反省后，回去开始尝试称赞自己的孩子。等到下次见到这位妈妈，她回应我，当她开始说好话时，孩子第一反应都是："妈妈，你好假哟!"了解其意义的差别了吗?

洪兰教授曾讲过一个故事，她上小学三年级的儿子在考试时有一道社会科是非题，题目是："我们这里是安和乐利的社会吗?"而当时正发生陆正绑架案，学校老师及家长每天都在提醒孩子要小心陌生人……可想而知孩子对题目的反应，就写下了一个"×"。结果，孩子被扣了 2 分，流下了不解的眼泪，这就是我们大人教育孩子说一套、做一套的思维。

教子有方的父母能以子为荣；相反，溺爱孩子的父母一定会自食其果。总有一天，他要为孩子痛哭流涕，留下遗憾。想一想，做父母的你们真的了解自己的孩子吗?从现在开始，不要再活在生活的直觉反应模式中，快跳脱出来，与你的孩子培养应有的亲子关系吧!

系统思考

“你没有办法教人思考——只有让人去想事情。”

这是多位尝试教导思考成为一种技巧的老师在讨论课程中所达成的共识之一。思考被认为是人类天赋所拥有的自然学习力，思考上的成长来自知识和专业的成长。姑且不论这个共识，本部分应用于1994年美国麻省理工学院彼得·圣吉等教授从系统动力学中所发展的一套系统思考的模块(archetype)，借由不同模块的情境来仿真出不同情境的互动影响，且依循不同的变化下该如何预测其问题的产生或其后的影响变化。

• 何谓系统

在坊间有许多工具，可以说明系统的概念，从理论的探讨到生活中许多的状况及事物，都可以来解释“系统”，而最简单的形容是：系统是在一个整体架构中包含着许多个不同结构的小组合，且各个小组合彼此之间产生互动的关联，而以整体所发挥的功效最大。如果分别来探讨系统中各个小系统，虽然有其功能性的存在，但就系统本身而言是整体性的，且由于是彼此相互的联结互动，所以任何一个小系统皆无法单独存在或运作。就像是一辆汽车的运用，是通过许多单一零件组合而成为数个不同功能的系统，如引擎系统、刹车系统、空调音响系统、轮轴系统等，再经由众多系统结合成一部功能完整的汽车，只有各个系统配合良好，才能发挥汽车最佳的效能。如果我们只单一把引擎系统拿出来发挥其效能，除了可以制造出很大的噪声外，没有任何功能可言，因为它不过是汽车内部的一个重要的“零件”罢了！

对系统而言，它是有循环路径的，而非单一的直线式，不论是从何处出发，最后必将循环回来，系统环环相扣，互相影响牵动。这就好像人体的血液循环系统一般，心脏不停地制造血液及养分，通过血管的运输作用，将各种不同的养分送到全身上下每一个部分，最终又回到心脏这一原点，形成一个庞大的系统结构。

• 系统 I 图

10 多年前系统思考风靡全球，前面提及的书籍《第五项修炼》成为企业界人手一本的必读宝典，独领风骚好些年，可是众人却有看没有懂，随之而来的学习型组织喊得震天价响，也没有多少企业可以成功达阵，市场上敢开课的老师凤毛麟角，即便如此，这股热潮仍持续了好多年。上海后来也跟进脚步大力推行系统思考与学习型组织，好几次还邀请原作者来演讲与授课，可见走到了 21 世纪，许多人都在思考改变与如何改变。

系统思考是第五项修炼的核心与基础，少了系统思考就不用谈五项修炼，更不用谈学习型组织、学习型小区，而 MIT 研发出来的系统思考将其分割出十多个基模，在哪一种状况下对照属于是哪一个基模或两个、哪三个基模的组合造成这种现象，然后再予以提出解决方案，所以系统归系统，它仍将系统拆散至十多个单一基模，至于如何看问题、解决问题，就看智商有多高，能将基模整合到何种地步了。这也是为何大多数人很难学习的原因所在。

而我们尝试将所有基模以中国人全像思维的方式将它融合成一个整合图，这才符合“系统”的精神，而不是又掉入单一“基模”的陷阱。这个整合过的系统全像图我们将它称为“I”。图是活的，将问题的因素放入到图中，顺着连接线找出问题症结点再予以解决，我们称为“跑图”。这样才符合系统的精神，也符合全像的精神。

系统没有起点，没有终点，是起点也是终点，环环相扣，互相影响，一个看似不起眼的小小因素的改变，整个系统就将全然改变，也就是中国人所谓的牵一发而动全身。

我们称此全像系统思考图为“I”，并将此图以 E-mail 传给原作者互相交流，得到对方的称赞，觉得中国人真的很厉害。在台北时，我们在企业内训也会利用此图看企业的问题，可以清楚找到问题脉络；在教育上，也可以利用此图找出孩子学习上的症结点而进行解决方案。

• 系统思考的重要性

系统思考是一个结构性强且循环式（因果关系）的过程，因为在此思维过程中，各个思考因素组成的部分都会直接或间接地相互影响，彼此牵动。因此只要有任何一个小地方欠缺周详的思考，即会产生微妙的改变，而这小小的改变也将牵引整体变化，产生截然不同的结果。举例来说，许多事件的发生，经由媒体的渲染报道出来，当你接收到信息的第一时间，是否对于整个事情的经过、发展照单全收，而不做其他的联想？所播报的事件是否有背后的原因？媒体的报道是不是可能有所遗漏或过于主观？系统思考这一套思维训练，即是帮助我们再进一步或以更多不同角度去思索问题，找出问题的根本与关联性，进而找出最适当的解决方案。而不仅以表象来认定事实，因为表象往往只是问题的呈现，并非真正的问题所在。

大家所熟悉的“冰山理论”即是最好的解释——号称不沉之船的“铁达尼”号（大陆译作“泰坦尼克”号）在发现冰山时，虽然立刻转向，却仍然逃不过沉船的命运，为什么？因为看到的冰山只是冰山一角，看不见的冰山在水面下有多大，没有人知道。所以浮在水面上的冰山不可怕，水面下看不见的冰山才可怕。系统思考就是希望训练看到整座冰山的全貌，对于发掘问题与解决问题才不至于陷入直线思考的窠臼。

现今人们对事物的解读，不外乎仅就表面粗略的内容，再不就是过于主观的评论，对整体事件/故事不做深入的探讨，就粗糙地下结论。像前述的例子中曾提到，汽车架构可视为一个多系统组合的架构，其中包含引擎、油料、电路、空调音响、传输等不同系统的组合体，若是单就引擎开发部门来思考，该部门努力的目标，必是研发一个最省油、马力最大又零污染的高效能终极引擎。这样的单一考量，如不思考其他（零件系统）部门实际配合的效应与结果，即使研发出最棒的引擎，若不能相容于其他系统的整体配合，也是枉然。为什么呢？

虽说以引擎部门的思考角度来说，是以研发出最棒的引擎为最高指导原则，但在汽车的整体思维考量时，它仅是其中的一个环节，它必须将其他所有相关之系统零件彼此的关联性一并来做整体性思考，否则就很可能发生农夫种番茄故事的后果——以农夫的思考角度，他没有错，以科学家研究出基因改变的角度来看也没有错，为什么所有的事情都没错，结果却是出人意料的悲惨？因为单一分开来看都没问题，可是进入到系统中，就出了连接上的连锁反应（一环扣一环，环环相扣，互相影响），导致负面的变化。

这就是直线思考与系统思考的差异性。

生活上也是一样，一旦跳脱了生活经验和惯用的思考方式，大多数的我们都会有瞬间停顿数秒的当机，陷入不知如何回应的尴尬。想想上班时，在早餐店买三明治，外加一杯饮料，当早餐店的老板问你："小姐，奶茶要大杯或是中杯？"当下你的直觉反应是什么？大概都是直线式的回答："大杯"或是"中杯"。但是，可能你只想要小杯或是根本不想要奶茶啊！这是一种设计过的营销技巧，我们却常常掉入对方所预设的答案范围内。为什么呢？因为一般人的反应都会如此，所以设计问题时就可以依照我们直线思考的反应引我们掉入陷阱。再想想看，诈骗电话营销的业务员是不是也是依照这样的逻辑在拼业绩？再来考考你，这个游戏设计的个中翘楚是谁？对了！就是诈骗集团啦！他们轻而易举地就可以让人上钩，除了人性的弱点以外，靠的就是我们薄弱的直线思考而上当（更夸张的是有人一而再再而三地上当）。下次有机会，你可以试着跳脱直线思考，去和这些诈骗电话玩玩看，相信他们对你跳脱式的回答，会是一阵错愕与不知如何应对！

思考其实就是游戏与不断的练习。那直线思考与系统思考两者又有何不同呢？直线（直觉）思考，顾名思义就如同一条直线般地延长，从 A 到 B，没有相连的两个端点，彼此没有任何关联性。像我们常可听到某朋友的子女在学校的课业退步了，他父母很基本的反应定是找个补习班好好地加强，再不行，干脆找个家教一对一地上课。公司业绩大幅增长，公司理所当然追加投资设备来赚更多的利润；反之，业绩快速衰退，马上又裁员来降低人事成本。殊不知，许多问题并不能看表象的呈现，隐藏于背后的才是关键点，只是你是否真的看得到！

前几年全球经济大风暴，许多高科技企业大量裁员或无限期地留职停薪，引爆许多不满的抗争，时过半年，在订单开始回稳之际，又希望原离职或强迫退休的员工回来工作，此举不但让公司好不容易建立的企业形象毁于一旦，也让在公司服务的员工心有顾忌。你觉得员工会为公司拼命吗？以前也许会，现在就很难说了。这就是单点直线思考的例子，只看表象做出的决策，往往以后都要为这样做产生的后遗症付出代价。这个例子显然就是企业形象的破灭与员工向心力瓦解。

同样的道理，子女课业的退步，不一定是孩子不用功或不认真，可能是心理上或交友，使得学习出了问题，只看表象功课的退步就认为孩子不用功而忙着去补习，不但不能解决问题，还会制造出更多的后遗症。何不试着与孩子静下心来好好地沟通，并了解问题之所在，多听听孩子的心声与想法，再一起商量找出最好的方法，才是解决问题的根本之道。别忘了，我们每一个人、每件事，都是系统的一个小环节，彼此互相关联也互相影响。系统思考常应用的理论——蝴蝶效应（巴西翩翩起舞的蝴蝶，可能在美国得克萨斯州引起一场龙卷风），就是这个道理。

或许你会说，生活中哪有这么多的事情需要多角度思考，太复杂了，直线思考傻傻地过也不错呀！没错，你可以保持以不变应万变的态度，因为过去的社会结构，复杂性不高，竞争性也没有今天如此激烈。但随着时代的变迁，面临信息爆炸的时代洪流，直线思考早已不足以应对目前这个复杂性高且竞争日益激烈的社会，稍有不慎，就会被淘汰出局。在信息焦虑的世界村，传统的思考模式再不改变，迟早将丧失自己的竞争实力，若是没能站在时代的浪潮上，很快就会被后进的浪潮所吞噬。

• 系统思考的解析

有一个案例，夫妻两人常忙于外商公司且担任高阶主管，目前有一子上小学三年级。他们平日忙于工作，公司与家庭之间两难全是现在父母最明显的写照。爸爸往往在关注孩子在校的表现时就会与妈妈产生争执，且一旦介入孩子的功课时，亲子关系除更差外，也未能达到其功效，夫妻两人沟通更是恶化……如此现象，你该如何思索以找出问题点来对症下药？

以此例子来做一下系统思考：由于父母于职场上表现优异而强势，在“输人不输阵”的心理因素作祟下，往往对子女的期待会不自觉地强加于孩子身上，而且“望子成龙，望女成凤”更是东方父母普遍的期盼，都希望给孩子最好的教育及事物，却往往忘了去了解孩子真正的需要与想法。如同案例中的父母，在对孩子的教育方式上，即是采取表面问题（症状解）的处理方式而不自知，使得孩子与父母一直都无法达到彼此的预期目标（期待），造成双方都有后遗症的产生，也在父母与孩子的心灵上留下挫折感的心理压力。如果没有全盘看清楚问题所在，而断然采取方法（如上补习班或请家教），只会让事情更加恶化，不会有任何改善。

如果你懂得使用系统思考理论，自然就会知道使用快速解决（症状解）处理问题时，相对地，需要预期后遗症的发生与善后处理。如要避免副作用（后遗症）的发生，就是必须直接面对问题的症结（根本解）来处理问题。那根本解是什么呢？其实就是找出问题的根本点。唯有找到问题的根本点，才可以一劳永逸地做出适当的解决方法，至于处理的手法则因人而异。首先必须先了解父母与孩子之间的认知落差是否太大，再多花时间来与孩子沟通，以了解他的想法，再多些耐心，将父母的期待值降低些（目标调整），先让孩子很容易达到彼此的最低设定目标，再一步步强化与增进孩子的自信心，以渐进方式提高目标……多花些时间陪陪孩子，有时也会有意外的收获哟！

在系统思考的过程中，是以系统的观念来思索问题点在哪里，还是以思考的观念来应用系统，思索问题点的学习方式，哪一种方式会比较好，我们并没有去设定其范围。对以往学习系统思考的人来说，如果你没有以“系统”的角度来思考问题，以及应用发挥系统基模的功能，那在学习的过程中将倍加艰辛，例如在我们的例子当中，曾有“一对缺乏耐心的父母遇上一个学习缓慢的孩子时，该如何处理？转换成‘系统’的语言时，就是当一个快的系统遇上一个慢的系统时，你应该要注意……”试问学习者又如何知道及应用于生活之中？有哪些是快的系统，或是慢的系统呢？如果你本身有“系统概念”的理工知识背景，可能在生活中的应用就驾轻就熟了，但当你遇到问题时，是否也是在寻求哪一个系统基模来解决此问题，或是那些比较接近此状况的处理？一旦事物的复杂性提高，那么在应用上是否就会有困惑了？更何况那些没有“系统概念”的学习者，学习系统思考的困难程度就可想而知了。

图像思维

• 何谓图像

《易传 · 系辞（下）》说："易者，象也。"很显然地，古《易传》的作者认为，"象"在一定意义上乃是《易经》的核心和本质。"象"是什么呢？《系辞（下）》说："古者包牺氏之王天下也，仰则观象于天，俯则观法于地。"这里所说的"象"，指的是客观事物静态地表露在外的形象。《系辞（上）》说："彖者，言乎象者也，爻者言乎变者也。"这里所说的"象"，则指的是事物动态变化的现象。在《易经》体系里，象除了规定静态和动态的认识层次之外，更进一步"据象归类"，整体划分世界，太极、两仪、四象、八卦、六十四卦等，这一套思想符号体系，成为中国古代认识客观世界的基本方法，以形象形式反映事物的本质，这一套方法可称为形象思维（图像思维）。

让我们换个方式来说明，试着念念下列元曲："枯藤老树昏鸦，小桥流水人家，古道西风瘦马，夕阳西下，断肠人在天涯。"多美的意境，短短数句，却道尽文字传达的美，然而美在哪里呢？美在当你念出元曲的文字时，心中同时浮现出美丽的图景。想象一下，自己漫步于瑞士阿尔卑斯山下一个宁静小镇或是游走于桂林山水之间，一望无际的碧绿田野、小屋和终年积雪的层峰或是如同中国山水水墨画境一般，此时的美景，又怎能用文字来尽表图像（视觉）之美呢？如此稍可体会出一点图像的意境吧！

图像思维感觉似乎很陌生！西方称为全像思维，如果你看过多年前根据卡尔·萨根原著改编的电影《接触未来》（大陆译作《超时空接触》），一定会被影片中3D立体式图像思维法所震撼，虽说这种3D立体式图像思维法是外星人的看家本领，但西方从1980年开始已经着手运用简易图像思维法来处理极度复杂的信息。Mac（麦金塔）的创办人乔布斯早先洞察到信息形态转变的必然，便开发所谓ICON的图像式思维。最早期学习计算机的应用需从枯燥的数字0与1的程序设计开始，至DOS系统指令，乃至现今计算机窗口图像ICON的运用、Mac和Windows等软件的操作，就连5岁的小朋友也会用。从文字指令的操作思维到Mouse（鼠标）图像思维的操作，已经在计算机信息业不声不响进行了20年的改革演进。

然而东方的图像思维奥妙，早随着几千年前的繁体文字结构的演变而孕育其中，即从象形文字的演变过程就可窥视它的神奇。其实，我中华民族本就是图像思维，只可惜近代受到西方工业革命的影响，直线（逻辑）思考的介入而导致脱离或遗忘了我中华美好文化的精湛之处。

• 图像文字的优势

“图像”到底是什么呢？就中文字面上的意义来说：“图”就是图片的意义，“像”乃是大象旁站着一个人，要把整头大象全部看清楚，就要通过立体图形的方式将事物的全貌了解清楚。明白了吗？再让我们以科学的角度来解释看看：图形的学习就是利用右脑的数据库来快速帮助记忆数据与事物的全貌，通过右脑图像的快速记忆方式，再配合左脑的理性思考模式整合处理其右脑图像的数据模式。这样懂吗？我想还是一知半解吧！那就以我们的汉字来说明吧！

中国文字的肇起就是由象形（图像）文字所呈现出来的，这就是为什么前述提到的图像早已存在我们的大脑思维之中了！让我再详细地说清楚、讲明白：中国的文字是由象形、指事、转注、假借、会意、形声等方式演变而来，是依自然万物的外形、外貌或借由其声音等方式，逐渐地演进为今日的图像文字，例如“木”字本身就是借由树的外形，慢慢地演进成现在的木字，所以木本身就是树的外貌图形，在学习了解此字的意思同时，就已经兼具了图片的记忆功能；再就“册”字来举例：册字以河洛语①来发音可知为“书”的意思，借其外形我们可以来猜一猜它的由来，想到了吗？古代的书籍是由竹简一片一片地串联起来，看出来了吗？学习者在学习文字同时，记忆是十分快速的，这也是我们东方的孩子比西方孩子在学习反应上要快许多的理由之一。

当然，图像不只有记忆的功能，若这样就失去“像”的意义了，再以木字为例，通过此字，你可以联想到多少相关的字呢？想想看！再让我引申几个字来练习看看：一棵树如果再多加一些树会变成什么呢？没错！这就是“林”的产生，而多一些林子呢？又变成——对了，是“森”字。以上的字皆是由木的部首延伸而来的，也皆由图形外观的含义演进而来，这就是图像的简便之处，它不仅具有图形的记忆功能，也具备实用的思考功能（即整合的效应）。这才是我中华民族思维的精华之处，通过文字的学习过程，我们思维的模式就包含左右脑并用的思考方式了。

再就一个生活的例子来说明：如果你已经为人父母了，请你试想看看：我们的小朋友在几岁的时候，就认得他自己的名字，以及父母的名字呢？十分有意思的思考，答案应是在 3 岁左右（因人而异，有早有晚），但大都是在尚未接受正规教育前就会辨认自己及父母的名字，为什么呢？这就是图像思维在记忆效果上最佳的例子之一。然而西方的文字是以拼音字母的排列组合为方式且文字的顺序一定是从左至右一成不变的思考方向，也因此造就出大脑在思维时，易于直线思考的学习模式，而我们的汉字在编排上却是可以从左至右、从右至左，并且可以从上而下、从下而上地排列组合皆能有其意义，这就是图像文字在思考上已经突破思想空间的限制，即“全像思维”的学习。

---

① 河洛语：据传为古河洛地区语言，现于闽南语中保留较多古音。

• 东方比西方聪明

让我们再举一个例子来说明其道理，人吃五谷杂粮，谁不生病？大家都应该有去医院看病的经验吧！一进到人多嘈杂的大厅之中，第一件事是要去挂号处，但是想想要挂哪一科的门诊病号呢？就必须想想自己好像是头痛，那是要挂内科还是外科？但是胃也不舒服，又要挂哪一科呢？你是否有过此种困扰的经历呢？这就是西方的直线思考模式，将人体的功能划分成各个部分，每一个器官皆有一个专门学科的医师来诊断。但是问题又来了，往往一个病痛的起因，并不是病源的所在，所以，看一个病往往要跑好几个科室请不同的医师来会诊，只怕找到病因时，可能……

而我们的中医师问诊方式，就无须如此烦琐，两手左右经脉一把，医师在"望、闻、问、切"一番后，通过脉搏的跳动，将其全身的状况做一番详细的思索，找出其真正的病源在哪里，"对症下药—药到病除"的诊断模式，这就如同东方借以事物的全貌、图像思维的模式与西方的不同之处。只是中药的药效慢（根本在于需要时间），再加上中药煎制的过程较长且药味太苦，非一般人所能接受，但良药苦口确实有其道理。

西方全脑的应用开发，是近年来研究成果的展现，事实上早在 20 世纪 60 年代时，西方就已有提出全像学说的论文发表，从 70 年代的右脑相关应用的书籍出版，到 80 年代许多精神学、心理学等科学家陆续通过动物的临床实验报告来证明人的大脑其实是全像的整体记忆与应用，而非所谓左右脑单独地使用或发挥其功效。那西方的全像理论又是什么呢？还记得《星球大战》中的主角卢克（Luke）遇上了机器 R2-D2，它由头顶上投射出一束激光形成一个莱娅公主缩小的立体人像来求助于人。这个影像就是所谓西方"全像"概念，借由此概念是为了说明经过许多的实验证明，脑的记忆功能是以全像的方式来储存。例如：美国印第安纳大学（Indiana University）的生物研究员皮希（Paul Pietsch）设计的一系列试验，使用一种蜥蜴类动物来验证全像理论在大脑的应用。

至 20 世纪 90 年代彼得·圣吉从"系统动力学"中找出许多的可应用于

事物中的系列基模，发展出一套系统思考方式，如以“蝾螈”为样本，将其脑部任意地切割移位与左右脑互换，甚至于切碎，只要将它的脑部放回原位，并不会改变及影响蝾螈的取食行为。这是一个十分有趣的试验。当然，还有更多的人体试验验证可以跳脱出直线（逻辑）思考的范畴，以多角度的思维方式面对目前信息化的时代，并且西方专家并未就此满足，远渡重洋来到东方追寻全像思考的理论。然而，我们自己呢？

在过去的二三十年中，有大量的实验研究企图解开人类左右脑分别掌管的功能的秘密。结果证明左半部是语言控制中心，以逻辑性、时间性的思考运用见长；右半部似乎掌管着意念、印象等直觉的反应。基本上这个二分法的大脑运作理论已被推翻了，但是为了让学习者了解一些理论性的探讨，也只好将左右脑分别来讨论其功能。换一个方式来说：不知你是否有过如此的经历，某天在街头闲逛或是购物时，突然一个熟悉的身影从旁而过，一时之间，是不是想不起他的名字？但是你确定自己一定认识他。另外，我们在参加高中、初中时期的同学会时，有没有这样的经历？一时之间叫不出同学的名字，但是那熟悉的脸，让你确定他是你的同学。

这代表什么？右脑掌管着图像记忆功能，所以你很有效率地搜寻到过去十几年前同学的画面（面相），但一时却又找不到左脑掌管的逻辑，搜寻庞大而复杂的数据库中的某一个同学的名字。从例子中，可以很明确地知道，右脑的图像学习效率十分高且不易忘记。所以，从坊间的许多学习法中可知，它们都是利用右脑理论来加强图形及图片的记忆，或是通过情境的联想来帮助强化学习上的记忆效果，尤其是在英文与幼儿教育领域中的应用范围更是广泛。但是，实际上这不过是利用右脑原本的记忆功能，只是人们大都不知道如何来强化及使用我们自己的大脑的功用罢了！而且，就全像理论来说，这也只是一小部分应用于记忆的一个方法，而非做到全脑的真正开发及使用，因为大脑的应用发展不该区分左右脑而论之，而应该是如何整合其全脑的功用。图像思维就是，通过右脑的直觉记忆效应来思索左脑的分析和决策，这才是全像思维，而非仅是记忆效果。

● 图像系统思考

现在来玩个思维小游戏，动动脑来尝试想象一个画面：打开你家的冰箱，告诉我冰箱的最下层通常是放什么东西？那冷冻库那一层呢？有没有发现，当我讲到冰箱时，你们的脑海中就会浮现出家里冰箱的样子；当我说打开时，你们所想象的冰箱就真的打开了。但我只是告诉你文字跟指令，而你们却真的模拟于大脑之中并确实去做了，这就是图像。市面上有很多教记忆法的就是做到了这一层，他用冰箱的方法让你去记忆或用谐音法去记忆，这是右脑应用的基本学习法，但这仅是记忆法，没办法活用。但是我刚刚叫你打开冰箱，你就把它打开了，冰箱就变成活的、动的，在每个地方放入不同的东西，右脑是在记忆，而打开冰箱开始去搜寻物品就用到左脑了，因为指令已变成图像，很方便你去搜索。

当与人沟通时，如果我能想出你在想什么，即你的冰箱里是什么样的，其中装了些什么东西，此时你的想法跟我的想法——两个冰箱的电流就开始互动起来，这就是活的冰箱、活的图像，我们的图像整合学习的好处就在这里。这有点抽象，再举个例子，两人下象棋或围棋时，初学者通常只会想到下一步的布局想法，但是经过时间和经验的累积之后，每当对手下出一步棋时就会联想到未来好几步棋，甚至高段者早已布好全局，这就是全像思维。可是西方人却不是如此，我打你一下，看你如何做出反应。我再随即做下一步的反应，这就变成直线思考的模式。

所以，重点不在图像，图像只是帮助记忆，重点是在彼此之间的关联性。从汉字的演变来看，象形字是一个图像，通过演变的过程，你就可以睹字思物地把它记下来了。让小朋友看“木、林、森”三个字，他可能看不懂，但可以知道“林”和“森”都是跟木头有关的，因为那是活的图像，可以变化与应用，而我们的文字早就存在这种价值了，所以说我们东方的思维是全像的。西方是在直线切割之后，才会开发右脑，因为他们的左脑用得太多了。但这么一来左右脑不就又拆开了？脑怎么可以拆开单独运用呢？

一般的直线思考是垂直思考法，就像我们在挖洞，拼命地挖，挖得很深，却发现自己陷在洞里面了；水平思考则是多挖几个洞，看看哪一个洞比较好。那系统思考呢？我已经知道有 4 个洞，考虑周全要先挖哪一个洞，而不是一直挖同一个洞，或先挖一个再挖下一个。水平跟垂直结合起来只是个“十字”，只适合用于创意，这又回到只是右脑、没有左脑的情况，而图像系统思考是一个棋盘式全像思维。

从图像文字与《易经》，当然还包括如中医经脉论诊、针灸、风水说等文化遗产，可以很清楚地了解到，我们数千年的知识思维皆是以自然万物为宇宙观的运作所发展出的行为思考模式，如同人体本就是一个系统流动运行的系统，而人类也是自然界这个大系统的有机组成部分，大至宇宙间天体的运行，地球环绕着太阳在运行等，这样的生活哲学早已经融入我们的文化及生活之中，荡漾了数千年之久。所以我们的生活模式、我们的思维及行为方式，皆是以全像观为中心，而非西方的科学实验理论，也就是说，我们无须去证明地球是圆的，早在西方的“地圆理论”之前，我们的太极图就已经说明了地球是圆的外，更说明了天体的运行之道（公转自转原理），这就是东方与西方、人文与科技对全像理论的思考差异点。

• 思考的重要性

什么是“思考”？这是一个十分简单的问题，却很难下定义，直到最近一次在一所公立高中演讲前，灵感忽至，为它下了一个较学术的思考定义：对事物有极高的自省能力与正确的价值判断能力，对问题有客观的批判和建言能力，当面临问题时，能洞悉真正问题之所在，适宜地提出合理的解决方法。

“思考的学习”对有些人来说，似乎是那么陌生且没有必要，因为在飞速发展的社会中，寻求方法及技巧来快速达成目的，似乎要比改变行为及思考模式来得重要。汲汲于浮华的表象与物质，似乎也已成为现代人的工作目的。老板要求业绩的增长，不重视员工人才的培养及研发的投资；业务人员为了高业绩，无视质量要求；有人盲目追求金钱的游戏，通过人际关系大搞“老鼠会”的营销换取金钱，而忽略人与人之间的诚信。这一切可能都是目前社会结构的改变所造成的，但是所有的乱象不都是“人”所引起的吗？想想，当我们在责备卑劣政客的同时，是否也是在讥讽自己的可笑（为什么当初我要投票给他），在讥讽别人的同时，是否也在嘲弄自身的无知，我们在追求的到底是什么呢？假如不想人云亦云，假如想要跳出框框，假如真的想要找到答案，思考就是一生受用不尽的能力。

苹果公司的联合创办人乔布斯曾说，未来 10 年、20 年完全无法预测，唯一确定的是“改变”将愈来愈快，愈来愈不可预知。我们的下一代必须生存在如此多元且快速变化的时代里，假如我们的认知没有跟上时代的变化，面临的将是失业与被淘汰。要跟上时代，头脑就得保持超强的弹性，缺乏思考能力，则完全无法做任何改变。也就是说，思考力愈强，愈能够掌控变化，调整步伐，也愈能够在多变中找到机会与竞争点。举个最简单的例子：大家都知道“蓝海策略”，也都希望避开“红海”的厮杀，找寻到“蓝海”。可是，少了思考能力的基本条件，永远都想不出“蓝海”，也看不到“蓝海”，因为僵化的头脑只会习惯性地在固定范围内摸索，跳出范围是危险的，大脑会告诉他停止，所以也不会有任何勇气做改变。思考力强的人，知道改变的重要性，除了找出“蓝海”，也能够有过人的勇气与智慧开创未来。

具备思考力的父母，教育孩子一定懂得教育的本质，也懂得将“未来”的因素考虑进去。如此，孩子的学习才会有更多空间，未来才有机会找到他们自己的路。做家长的不思改变，受苦的将是孩子，更会是自己。

乔布斯离开苹果公司后曾将好莱坞一家动画公司买下，当时大家都不看好，认为此举很不明智。没想到，这家不起眼的动画公司为他赚进大把钞票，后来被迪士尼集团花高价并购，乔布斯也顺理成章地成了迪士尼最大的个人股东。所以说，永远跟着一般人的想法走而没有自己的想法，机会也永远轮不到自己身上。所谓“慧眼识英雄”，乔布斯有这样的慧眼看出这家动画公司的潜力，才能创造出自己的另一片天。这样的例子在市场上也十分常见，前几年网络刚开始热时，许多投资顾问公司一窝蜂地冒出来，大家都只看好高科技业与网络事业，对其他行业兴趣缺乏。没想到一窝蜂地投资这两个行业，结果网络泡沫化，高科技高金额的投资，没几个成功的案例。那一波让投资顾问公司损失惨重。我们在前面的章节就曾提过，一窝蜂的结果通常都很惨烈。尤其投资顾问这个行业，更需要有与市场不一样的眼光与发掘价值的前瞻性思考。“和大家想的都一样”，自然很难找到属于自己的那一片“蓝海”。

思考重要吗？我想这已经不是一个问题，而是一种真切的认知。如果你还有这样的疑问，说明你与社会真的很脱节，该好好充实充实自己了。

前面的几个章节简单地介绍过思考的形态，平日在生活中就可以常常练习，练习跳脱，练习推敲，练习用不同的角度看事情，尝试用不同的方法做事情，终有一天，你会发现竟然也开始有自己的想法。

有则故事是这么说的：3 只住在井底的青蛙在互相学习、互相成长，它们看到的天空永远只有井口那么大。有一天，小青蛙在与另外两只青蛙（大青蛙和老青蛙）仰望着天空。小青蛙觉得天空十分乏味，一点儿变化都没有，然而大青蛙与老青蛙皆不以为然，因为天空偶有云彩飘过或流星划过，只要活得像它们一样长久即可看到。突然一天，一只外来青蛙不慎掉落进来，新来的青蛙与小青蛙分享自己看过的天空是如何辽阔，夜晚的满天繁星，雨过天晴的彩虹……此时老青蛙则用老经验来反驳这只外来青蛙的谬论，试问如果你是那只小青蛙该听谁的呢？

这个故事值得我们再三玩味，如何将新信息和旧经验相结合而不抵触呢？可是又有多少人真正深入了解此问题的关键所在，并对“思考”下一个确切的定义呢？再往下看猴子的故事，也许可以帮你找到线索。

有一群科学家做过一个试验，他们将 10 只猴子捉来放入特制的笼子中。这个笼子顶端挂着一大串香蕉，而香蕉连接着一个特制的洒水系统，只要猴子一跳起来抓香蕉时，自动洒水系统即开始启动喷洒出大量的水来阻止猴子抓香蕉。

一开始，10 只猴子蠢蠢欲动，一只只争相跳上去抢香蕉吃，可是一次又一次被水柱阻拦了下来。猴子们逐渐冷静下来，即使偶尔有只冲动的猴子跃跃欲试，也会被其他猴子捉过来痛殴一顿。渐渐地，没有一只猴子敢去抓香蕉。此时，科学家开始试验，即捉一只猴子出来，放入另一只新猴子进去，新猴子一进入笼子中，看见顶端吊着的一大串香蕉，高兴得跳起来去抓，可是一个动作才刚开始即被其他的猴子阻止且毒打一顿，新猴子不知其所以然，仍好奇地想尝试去吃香蕉，却一次又一次地被群体殴打，直到新猴子放弃为止。此时，科学家见全体平静下来，又再次捉出一只旧猴子，再放入另一只新猴子。第 2 只新猴子一进入笼子中，同样地，看见顶端的一大串香蕉，就要抢来吃，也是一个动作才刚开始即被原有的猴子狠狠揍一顿，其中还包括刚进来的第 1 只新猴子（新仇旧恨，一次连本带利打回来！）。几次下来，第 2 只新猴子也放弃了。科学家如此依顺序捉出旧有的猴子换入新猴子，直到原来 10 只旧猴子全部都被换走，结果呢？仍是没有一只猴子敢跳上去拿香蕉。

此时，如果我们会说猴语的话，不禁要问这群猴子：为什么你们不跳上去抓香蕉来吃呢？我相信，它们的回答应是："我也不知道为什么啊。"有趣吧？好好地思考一下，你，是不是也是一只不明就里的猴子呢？

第10章

成果：从担心变开心

从孤僻到喜欢与人相处

“开启”学习之门的时间

资优学生与“问题”学生

从想轻生到充满自信

初中生的呐喊

结　语

一个错误的教育观念，甚至可以轻易毁掉一个原本资质聪慧的孩子，孩子现在的问题，其实大部分是家长自己造成的。你，真的思考过吗？

我们遇到过太多的父母，他们抱怨孩子学习意愿低、被动偷懒、专注力和记忆力不强，或是生活上的依赖性过强、不懂得管理自己的生活，这些问题都让父母非常担心孩子未来的竞争力。当他们把孩子送来思考课堂时，我总会告诉他们，请他们配合两件事：第一，认同自己的孩子，尊重他是一个独立的个体，对孩子多鼓励、多倾听、少责备；第二，不要强迫他去上各种补习班，其他的，就交给我们吧！

这是很简单的两件事，看似大部分的父母都可以做到，但实际上，要完全舍弃陈旧的考试为导向的思维，还需要一段漫长的时间。可是孩子进到思考班之后，虽仅 2~4 个月的时间，但他们的变化总会让父母惊奇与赞叹！前面已提过，会思考的孩子，学习成绩必然有所进步。这是因为孩子愿意拿他们想要的分数时，自然就会去努力，但这只是最基本的改变而已。

我们并不要求成绩，因为分数不是孩子生活的全部，他的思考范围也不该仅限于课业，熟记教科书不会让他们懂得生活，不会让他们明辨是非，不会使他们的价值观更成熟，也不会使他们有更好的人际关系。我们强调的是他们对生活的态度、学习的态度，所有的行为举止、言谈内容、人际互动等各方面的表现。完整的人格发展与适时的兴趣发掘，才是我们希望父母与孩子共同分享与成长的喜乐。

反过来说，我们也经常为父母对家庭教育学习不足而感叹。怎么说呢？看看现在大学毕业找不到工作的人并不鲜见，且数据仍持续上升，但是大学的录取率却已突破 90%，意即大学生不但过多，而且也没有竞争实力。可是，我们的家长还在逼孩子补习，却看不到如何培养孩子适应未来的能力，看不到尊重孩子的兴趣选择，还以为把孩子栽培到大学毕业就大功告成了。

事实是这样吗？我们的大学教授已说，现在的大学生水平参差不齐，家长认真想过为什么会这样吗？家长不清楚问题的核心，自然用错方法。最直接的反应，就是孩子一进入初中，亲子关系便显得非常紧张，孩子不听大人的话，也不肯乖乖念书。家长受挫又无力，却没想到这都是小学种的因，初中来验收成果。在这种情况下，父母如果还想将教育孩子的责任完全推给学校与补习班，而以“太忙了”作为借口缺席或因为“爱”过度干涉、过度保护，将来势必要付出巨大的代价。

说得再多，也比不上实际的例子。下面我将举几个思考班孩子的例子，与读者分享他们有趣的变化。

从孤僻到喜欢与人相处

Jenny 和 Julia 是儿童思考班里的一对可爱的双胞胎姐妹，当初她们俩进来的时候才上小学三年级。双胞胎姐妹虽然长得像一个模子刻出来的，可是性格却南辕北辙。姐姐 Jenny 很活泼，妹妹 Julia 个性十分害羞；Jenny 和别的小朋友总是很快就能打成一片，Julia 却不和陌生人交流。

让我印象非常深刻的是，Julia 来上第一堂课时，她几乎是被妈妈抓着进教室的，她一边大哭一边狂叫，抵死不进教室。开始上课后，Julia 还是一直哭，她甚至是躲在桌子底下把第一堂课上完的。

她的妈妈告诉我们，她对 Julia 实在感到很头痛，怀疑自己的女儿是不是得了什么怪病，还是天生有这种恐怖的个性。平常她上学也是这样，每天早上，妈妈总是为了让 Julia 上学搞得天翻地覆，一个拼命哭，一个拼命骂，日复一日，她的妈妈简直都要精神崩溃了！

下课后，老师用了一些技巧与 Julia 互动，结果还不错，于是告诉妈妈，假如要 Julia 来上课，不要逼她，因为在我们的课堂里，没有“强迫”两个字。上课时，问孩子问题，也让孩子自己举手来回答，而没有举手的孩子并不会刻意被“点名”。虽然我们也会出作业，但孩子要是没写作业，也不会受处罚。我们的方式一切全凭孩子自己的意愿。老师的责任是调动他们的积极性。

到了第二堂课，Julia 又一次被妈妈硬拖进来上课，不用猜，她没有做交代的作业，当然，她也没有受到处罚。只是这回，她没有躲到桌子底下，不过别的孩子一有什么举动，比如说做活动时，她的眼泪又会慢慢地从眼眶滑落。她没有号啕大哭，只是露出一脸无辜的可怜表情。其他孩子只觉得她很奇怪，但也没有搭理她。老师表面上虽然不管她，却十分留意她的举动。

到了第三堂课时，Julia 是自己走进教室的，我们心里很高兴，因为我们知道 Julia 那扇被封闭的学习之门已经缓缓打开一条缝隙了。老师在课堂上依然不管她，但是这回她不哭了，只是静静地坐着。身处众多孩子叽叽喳喳的教室里，她开始觉得自在，因为她很清楚，上我们的课不会给予她任何的压力，一切视乎她自己想不想参与。

就这样直到第五堂课时，Julia 竟然自己会举起手来和其他的孩子一起抢答，Julia 的妈妈万万没有想到，生性孤僻又害羞的小女儿竟然会主动举手回答问题，我们却是一点儿也不讶异。原因很简单，当孩子没有压力时，她的好奇心自然会表露出来，天生想学习的因子也会发酵，孩子和孩子在一起，参与感便油然而生。

几堂课下来，Julia 最大的变化是，她开始与其他孩子互动，当 Julia 愿意参与课程中的活动时，她不只需要和她的姐姐，也要和其他的孩子沟通相处，同侪之间的交流对于孩子的学习效果有莫大的帮助。没过多久，Julia 也变得活泼多了，会和其他的孩子一起玩，他们一起分工合作，完成一件又一件思考课的作业。

其实，Julia 是一个很有主见的孩子，她先前不和其他孩子说话、不肯上学，完全是因为她“不喜欢”。硬逼着她去，她就只好哭，就像她不喜欢写字，喜欢画图，所以她就曾问老师：“我的作业可不可以不要用写的，我用画的好不好？”老师笑着说：“好啊！只要你觉得你可以把你的想法用画表现出来就好了！”从此，每次收到 Julia 的作业，总是一张张色彩绚丽又创意十足的图画。

在 Julia 的学习之门被打开之后，她的成绩开始飞跃式地提高，她也愿意和其他孩子做朋友，不再只黏着她的姐姐与父母。当她愿意融入群体之中时，她就变得健康又快乐，看到她母亲脸上的笑容，真让我们也不禁会心微笑。

“开启”学习之门的时间

强强的爸爸是位有名的眼科医生，他的哥哥和姐姐也都上过思考班，由于哥哥和姐姐的天资很好，所以当强强来上思考课程时，我以为强强的表现也会像他哥哥姐姐一样优秀。但是我们错了！强强和他们完全不一样，从头到尾，强强似乎只对课程里的活动感兴趣。每次上课，他就心不在焉地等下课，他不是发呆，就是望向窗外，至于作业，当然从来不做，因为他根本就不在乎。

通常这样的孩子进到班级中，大多会像前面的 Julia 一样，刚开始也不肯写作业，但在经过三四周的学习后，便会主动做作业，通过作业的表现，我们可以了解他们的学习变化。

但是过了三四个月，强强这种情况依然没有改善。即便有些作业是以分组活动、小组竞赛的形式来进行，每个孩子在小组中都会分担不同的工作，然后共同合作完成，可是强强还是不肯做，惹得其他被分到和他同组的孩子“怨声载道”。碰到有其他孩子跑来向我告状，说：“强强都不做分配给他的工作，害得我们这组到最后作业都做不好！”我就得对跑来告状的孩子说：“所以你要想办法让他做啊！”我把问题“还给”孩子，让他们自己去解决。

但强强依然故我，不做就是不做，其他孩子拿他根本没辙，但因为课程上不容许有排挤孩子的情况，就算其他孩子不喜欢和他同组，强强依然在分组活动中有“一席之地”。他不做作业，其他的孩子只好帮他做。

第二期之后，强强依旧如此。我开始认为课程对他产生不了作用，我和强强的爸爸沟通，这样的方式也许对强强没有效，我觉得很不好意思，因此建议他不用让强强再来上课，免得他花冤枉钱。

没想到强强的爸爸说："没关系！让强强继续上课。"因为哥哥姐姐都来上过课程，强强的爸爸对我们非常有信心，看到他对我们这么信任，我心里很感动，于是答应让强强留下来。医生爸爸说，3 个子女中，强强最令他头痛，因为完全不知道强强到底在想什么！强强很沉默、不爱讲话，也从不表达自己的想法，叫他做什么，他就乖乖地做，但做什么都不起劲，所以爸爸根本搞不清楚强强到底喜欢什么或讨厌什么。

而令我意外的是，就在第三期的第一堂课，强强忽然改变了！他似乎变了一个人似的，不但积极参与课程中一切的活动，也开始交作业，而且非常用心，表现得非常棒！他的投入程度甚至比其他孩子还来得深，仿佛有一根仙女棒点了他一下，一夕之间，他从一个沉默、完全令人不知道在想什么的孩子，变成一个开朗又活泼的孩子，而他在各方面的表现，一点儿也不输给两个资质聪颖的哥哥姐姐。

每次想到强强的例子，我总是充满感激，感激这位爸爸对我们的信任，他毫不在意前两期的零进展，依然让强强来上课。如果不是爸爸的坚持，我们将看不到强强的变化，如果不是爸爸愿意给孩子机会，强强这棵幼苗可能在刚要发芽时就被折断了。虽然大部分的孩子在 4~6 周就会被启动，但仍有一些孩子启动得特别慢，例如强强这样，要在两期之后，才会柳暗花明。

从强强的身上可以发现，每个孩子的学习之门都有一把无形的钥匙。这把钥匙何时开启？不同的孩子有不同的时间表，如果我们的耐性不够，中途放弃了他，也许我们永远看不到他爆发性成长的那一刻。反之，只要方法正确，总有一天，孩子会被开启而成长。

资优学生与“问题”学生

在我们的思考班里，有很多“资优生”，但是如果看到所谓的“资优生”在课程中的表现，大家不禁都会怀疑：“这孩子真的是资优生吗？”

当然，这并不是一竿子打翻一船人，也有资优生来到我们的课程后，表现得依然很抢眼。但我们必须说，大部分的“资优生”并不是真的那么“资优”，他们在我们的教室里，通常表现平平。小杰就是这样的一个例子。小杰的妈妈对小杰期望很高，她很骄傲地告诉我们，她的儿子在学校是“资优生”，我们听了只笑一笑，没说什么。在课堂中，小杰非常勇于表现自己，他总是抢着第一个举手回答问题，直抢到让其他孩子都对他反感，但是听到他的回答，大家常常都很失望。

因为小杰的答案往往很无厘头，大家完全不知道他在说什么，既没有逻辑，也没有创意。就算不无厘头的答案，内容通常也很平淡无奇。然而，他依然对自己很有信心，照样抢答，甚至有些自傲，自觉高人一等，所以其他孩子并不喜欢他。

小杰交的作业一如他的抢答答案一样，很普通，并无任何新意。有一回，上课前，他因为没有做作业，竟然非常强势地叫他妈妈帮他写，而小杰在旁边“把风”。刚好老师走过去，这才发现居然有妈妈帮儿子代写作业的事情。

老师当下很生气，和家长沟通说：“其实作业没写也没什么关系，这只是一个训练的过程，更何况，小杰没写作业，我们也不会处罚他!”妈妈虽然觉得很抱歉，但我们还是很郑重地告诉他们：“思考课堂上，我们很在乎‘诚实’，不容许欺骗，因为这是对自己负责。父母把孩子送来这里，是希望培养孩子独立思考与解决问题的能力，如果连妈妈都帮孩子来欺骗老师，这样的学习实在是一点儿意义也没有。”

小杰的妈妈解释说，虽然小杰是资优生，但是他每次做思考的作业，都觉得很辛苦！我们当然很清楚为什么小杰会觉得辛苦，因为我们的作业没有“正确答案”，要做作业必须要动脑筋，而小杰一点儿也不习惯“动脑筋”。小杰之所以成为“资优生”，是因为他不断地练习解题技巧与背诵而来的，并非真的“资优”。

不只是小杰，大部分所谓的“资优生”在上思考课时，往往要比一般的孩子花更多的时间，才能真正开始思考。一般的孩子 2~4 个月就产生变化，通过他们交的作业，可以看到孩子的思考逐渐灵活、创意逐渐萌发、逻辑推理能力在一点一点累积的变化。但是“资优生”常常得花更长的时间，才能开始出现成效，因为他们比一般的孩子多了一段“适应期”，长久以来因补习、记忆、背诵而僵化的脑袋，一下子碰到开放式的教学、没有答案的作业、需要独立思考的课题，反而会变得无所适从，这是他们会觉得“很辛苦”的主要原因。

相反，大部分被认为是“问题学生”的孩子进来之后，过了一段时间，他们的表现通常会非常出色。事实上，他们之所以会变成“问题学生”，很大部分是因为他们有特殊的禀赋，在成长的过程中，如果不愿意在教条式的框框下成长，就会与传统的老师产生冲突。由于他们不知道该怎么表达自己的意思，只能反抗，所以才会竖起一道墙，把自己与老师、家长隔开。譬如说，在老师眼中性格特别调皮或怪异的孩子，或是像前面的 Julia 与强强，表现得特别孤僻或特别沉默等，大都是这类原因。只要这道墙消失了，他们的学习之门就会被打开，聪敏的资质与潜能便可大放异彩。简单地说：只要给他们机会，他们的表现往往令人刮目相看！

从想轻生到充满自信

小旭是我们在天津课程的孩子。

直到今天我还清楚记得当初小旭妈妈来的情景，她脸上带着很沉重的忧虑神情。小旭的妈妈对我们说的第一句话就是："请救救我的孩子！"原来，上学期小旭收到成绩单，他的数学考了0分。他冷静地流着泪告诉妈妈："我不想活了！我想自杀！"这让小旭的妈妈非常震惊！虽然知道自己的孩子在学校过得不开心，不喜欢上学，也没有自信心，但她万万没有想到，孩子居然会想要结束自己的生命！

我们和小旭的妈妈谈了很久后才知道，原来小旭学校的老师对小旭非常不好，老师对功课不好的孩子非但没有爱心、不想去辅导，而且还鼓动其他的同学一起排挤他。这位老师给班上三名学习最差的同学"封"了绰号，分别叫"大傻""二傻""三傻"，小旭就是这"三傻"之一。这种被贴标签的压力让小旭的成绩越来越差，老师的冷嘲热讽也越来越严厉。恶性循环下，长期以来的歧视、嘲笑，让小旭非常没有自信，个性上也变得非常怯懦。

听完小旭的遭遇，我要他的妈妈配合我们两件事：第一，从今天开始，不要再管小旭的功课！不管他的成绩考得多差，都不要责骂他；第二，每天小旭回到家，立刻给他一个拥抱，亲他、听他说话，不管他说今天做了什么事，都要对他说："你好棒！"总之，就是运用各种方式，不管是语言或是动作，给他鼓励，给他爱。

而小旭第一次到我的课堂时，也是一直哭（默默地流泪），他整堂课从头哭到尾，完全没有注意老师或小朋友在干什么（排斥学习）。当然，他也没有交作业，但我们就像对其他的孩子一样，不交作业也不会受到处罚。只是小旭的情况比较严重，一直哭到第六堂课时，他才终于停住不哭了！

第七堂课开始，小旭表现得就像其他孩子一样，他开始试着参与课程上的所有活动，也开始和其他孩子一起玩、一起笑。到了第二期的课程结束时，小旭已经从一个怯懦、没有自信的孩子，完全变成一个活泼开朗的孩子，他甚至和其他小朋友在我的教室里玩得满场飞，完全看不出他先前是一个想轻生的孩子。

与此同时，小旭在下学期的成绩也有明显的进步，他的在校成绩呈现跳跃式的提高，接近期末考试时，我问小旭："你觉得你这次考试，平均可以考多少分？"这是我第一次和孩子谈论到"分数"的问题，对于其他孩子，不管成绩是好是坏，我从来不和孩子谈"分数"，因为我从来不把学校成绩作为判断孩子的依据。但我知道小旭的情况不一样，在他先前的世界里，"分数"是击垮他自信的根源。

没想到，小旭告诉我："我觉得我可以考 95 分！"听到他的答案，我简直吓了一大跳！我想，这不是骗我吧！一个孩子的进步再怎么神速，也不可能从先前考 0 分变成 95 分吧？我对他说："考多少分都没关系，但要和老师说实话，要对自己负责，好吗？"他想了一下，还是告诉我，他有信心可以考九十几分。看到他信心十足的模样，我对他说："好！老师对你有信心！但不要给自己太大的压力。"小旭点点头。

期末考试成绩出炉，小旭果然考了九十几分。当他告诉我这个消息时，我笑着对他说："所以我说嘛！你一点儿都不傻！那个叫你'三傻'的人，才是傻子呢！"说完，我们俩笑成一团。

小旭的妈妈带着爸爸来找我们，她说的一句话让我直到今天仍印象深刻，那句话是："老师！我非常非常感谢你们帮我捡回了我的孩子！"

他们目睹自己的孩子一点一滴的变化，夫妻俩感激得差点要跪下来。我告诉他们，一半的功劳归于他们的配合，否则光凭课程怎么能有这么大的魔力。

父母的责任尽到了，孩子才会越来越好！

初中生的呐喊

这是我们初中班明谚的例子。第一次看到明谚的时候，我们好喜欢他。可是他妈妈却告诉我们，明谚让他们夫妻俩快疯了，因为爸爸对他的要求很严厉，希望他能好好读书，考好的学校。无奈事与愿违，明谚不喜欢读书，父子之间的关系简直是剑拔弩张，有时爸爸气极了，就会狠狠揍明谚一顿。

如今孩子已经上初二了，长得比老爸还高、还壮，爸爸根本无从打起，却天天为同样的事情闹得脸红脖子粗。妈妈害怕孩子迟早要变坏，因为明谚甚至不回家以逃避父母，妈妈说，她已经不要求明谚的功课，唯一的希望就是可以找回以前的明谚，和他多说说话。两周过后，我们告诉妈妈，应该让明谚选择自己的路，因为我们通过观察发现，明谚是一个很有想法的孩子，所谓的奇怪行径只是一种对父母不满而做的消极反抗。明谚在思考班中其实表现得不错，有两次户外活动，他不但主动帮老师带小朋友，还会一路不着痕迹地保护老师，这让我们很感动。

他实在是一个成熟的好孩子，也很好沟通，可惜父母看不到他的优点，只以成绩来判定孩子，硬生生地把一个优秀的孩子往外推。妈妈说明谚很喜欢来这里上课，脾气也变好了，她很高兴现在可以和孩子说说话了。

正当我们庆幸明谚的改变时，妈妈却决定让明谚继续去补习班加强补习，而补习的时间与我们的课程冲突，所以只好牺牲这里的课去补习班。我们听了差点没昏倒，当初只要孩子回来而不计较功课的“誓言”这么快就不攻自破，妈妈的“贪心”让我们觉得可怕。成绩已像魔咒般紧紧抓住父母的心，丝毫不顾孩子的任何感受，难怪明谚的成绩不好，也难怪会和爸爸有那么大的鸿沟。后来接到明谚的电话，他不舍地和老师说再见，还说他恨父母又把他丢回补习班……

明谚的一切都让我们心疼，我可以想见那剑拔弩张的情形又要开始，可以看到他不回家的画面，也可以看见他孤独的身影……

我真感到惋惜！

结　语

上述这些例子，都是课程中比较极端的情况，大多数的孩子情况并没有这么严重，但是接触过思考课程之后，学习动机、人际关系、自主能力都能出现明显的改善。例如 Robert，他原来是个没有自信、功课平平、不管做什么事情都要妈妈三催四请的孩子，但上过思考课程之后，他开始会自己安排时间，放学回来自己先做好功课再去玩。他开始看很多书，不只记得书中的故事情节，还会思考书里所传达的各种道理。Robert 甚至会和爸爸针对一个议题互相辩论，不是那种抬杠式的唇枪舌剑，而是尝试从各种角度来审视爸爸的立论基础是否正确。

Robert 的爸爸很好奇我们到底对他的孩子施了什么样的魔法，他刻意跑来参加我们与家长的座谈会，当他叙述 Robert 的转变时，我们只问了他一个问题："你希望你的孩子在权威式的教育下成长，成为一个照命令办事、处处被动的孩子，还是像现在一样，可以挑战你的观点，会和你辩论，又会安排自己生活的孩子呢?" Robert 的爸爸笑着说："当然是现在这样会和我辩论的孩子呀!"

相对地，我们也遇到过太功利的家长，才上了一期的课程，就忙着检验孩子的成效，对于孩子成长的关心只限于分数的数值增长，其他的表现都听不进去，也不觉得有什么重要性。甚至觉得上完一期课程，孩子就应该具备创意无限、思考独特、考上第一名、自己写功课、看书等能力。碰到这样的家长我都会告诉他们："你应该去找魔术师，而不是找老师。"这样功利的家长往往认不清孩子本身的学习问题，却又急着快速帮孩子解决问题，所以每家补习班都试一试，换来换去，只换来学习兴趣疲乏的孩子。孩子的学习动机消失后，钱花再多，也不会得到什么好效果，不但孩子难以进步，亲子关系也不见得融洽。

不管是 Robert、Julia、强强、小杰或是小旭，他们的生活背景都大不相同，因为每个孩子身处的环境、学校教育的方式、父母的期待要求都不一样，在他们的身上也会产生不同的问题。事实上，每个孩子在成长中，或多或少都会碰到一些学习困扰，造成他们学习意愿低、被动、不愿与人相处、没自信或过分自大等各式各样的毛病。这些问题的来源，都是他们不懂得如何面对问题与解决问题。如果学会了正确的思考方式，当他们遇到问题时，就会自己思考解决方法：如果问题照这样发展下去，后果会是什么？我又该如何处理？要用什么方法来解决和克服目前的障碍？

当孩子懂得思考问题且会自己解决成长中遭遇的各式各样问题时，身为父母的我们就该学习如何在教育上懂得放手的艺术，让孩子可以拥有更广阔的天地，好展翅高飞一展自己的抱负理想。毕竟，父母是不可能时时刻刻都陪伴在孩子身边，帮他解决各种问题的。更何况，孩子长大之后，在工作、生活、婚姻上，也会碰到各种困难，父母总不可能替孩子解决所有遭遇到的难题，这些都要靠孩子自己去面对、克服、解决。

这也是儿童思考教育最重要的目的。

思考能力的培养是从小开始的。前面提及，思考教育是世界的趋势，在新西兰，思考教育从小学一年级就开始培育。美国原本是在大学阶段才有思考训练，近年来由于发现大学生缺乏思考能力，所以也开始将思考教育的年龄层往下拉到中小学。北欧四小国更不用说，思考教育已是他们的教育改革目标，且已有傲人的成果。回头看看亚洲，新加坡已将思考训练放入中小学课程，中国香港紧跟潮流，中小学即开始思考教育，日本大力提倡思考教育，韩国企业挑选人才首重独立思考与创新能力。那么我们台湾地区呢？我们的家长还在烦恼中考怎么考，一纲一本还是一纲多本？明星高中是哪几所？要不要抢学区地段？

再次提醒您，孩子是活在 10~20 年后的未来社会，现在的基础训练是培养他们未来能在社会上拥有生存能力与竞争实力的关键。身为家长的你明白这个事实，如此自然不会盲目跟从于商业市场下的包装，更能聪明选择正确的教育之路。孩子是父母的心头肉，没有人不爱自己的孩子，但是，到底什么才是真正爱孩子？我们相信，没有任何一个专家学者，可以很确切地告诉我们一种方法，但是一个错误的教育观念，却可以轻松毁灭一个原本资质聪慧的孩子！仔细想想，过去式、未来式，你是哪一种呢？

你，真的思考过吗？

你的孩子是否也有这样或那样的问题呢？且慢！别忙着看他的缺点，急着说他的不是，先看看自己是否扮演好了父母的角色。也许你会发现，孩子现在的问题，其实大部分是父母造成的。

想帮助孩子，先从自己做起吧！

思考题答案

1.

E	L	I	P	M	T

2.

6459	5204	200
7288	5166	360
9768	7422	184

3. 润

4. 岩